KB193802

대승기신론 입문

大乘起信論

불성(佛性)의 믿음으로 가는 길

목경찬 지음

『대승기신론』의 핵심 가르침 가운데 "대승은 중생심(衆生心)이다"라는 말이 있다. 이 말은 『대승기신론』의 중요한 주제이지만 기존의 생각과 학습 때문에 받아들이기 쉽지 않다. 가령 정치인들은 정쟁(政爭)의 갈등을 봉합하기 위해 '대승적으로 해결하자' '대승적 차원에서 바라보자'는 등의 말을 자주 쓴다. 이 맥락에서 보면 '대승'이라는 말은 '넓은 마음' '전체적인 큰 틀'과 같은 의미로 받아들이기 쉽다.

불교 교리를 공부한 사람이 대승이라는 용어를 들으면 '소승불교'와 구분되는 '대승불교'를 떠올린다. 여기서 조금 더 공부한 사람이라면 대승은 산스크리트어로 마하야나(mahāyāna, 마하연摩訶衍)이며, '마하'는 '큰'이라는 뜻이고 '야나'는 수레라는 뜻도 알고 있을 것이다. 교리를 배운 사람은 대부분 '큰 수레'는 '큰 가르침'으로 풀이한다. 반면에 소승은 산스크리트어 히나야나(hinayāna)로 '히나'는 '버려진, 천한, 열등한'이라는 뜻이기 때문에 상대적으로 낮은 가르침으로 이해한다.

대승불교 전통의 한국 불자들은 대부분 이러한 선행 학습 때문에 "대승은 중생심이다"라는 말을 접하게 되면, "대승이 중생심이라니, 대승은 큰 가르침이라는 뜻 아닌가. 대승은 전체적인 큰 틀이라는 뜻 아닌가. 그런데 대승이 마음이라니, 이게 무슨 말인가?" 하게 된다.

그런데 『대승기신론』에서는 "대승(마하연)은 중생심"임을 선언하고 그 내용을 풀이해 나간다. 그렇게 중생의 마음이 본래 부처님 마음이고, 그 부처님 마음이 어떻게 괴로움의 덩어리인 중생의 모습으로 나타나는가를 설명한다. 그와 더불어 다시 중생의 모습에서 부처님 마음으로 돌아가는 방법과 과정을 보여준다. 그 속에서 대승을 진여의 동일 개념으로 자연스럽게 언급함과 동시에 대승의 의미를 법신, 화신, 응신 등 부처님의 다양한 모습으로 설명한다. 여기서 부처님 마음으로 돌아가는 방법이란 바로 신심과 수행이다. 물론 신심과 수행으로 이끌기 위해서 각종 수행으로 인해 일어나는 이로운 일에 대한 설명도 빠뜨리지 않는다.

『대승기신론』은 이러한 내용을 전개하면서 '대승'을 '진여' '법신' '여래장' '법계' 등의 용어와 동일한 의미로 연결하여 사용한다. 하지만 이 용어들도 아직 생소한데 '대승'과 동일한 의미라고 하니 "대승은 중생심이다"라는 말을 받아들이기가 더욱 힘들다. 그나마 이해하려고 한다면, '우리가 아는 대승의 의미와 『대승기신론』에서 말하는 대승의 의미가 다르구나!' 하는 정도이다.

　『대승기신론』 저술의 취지를 설명한 인연분(因緣分)에는 "여래께서 설한 광대하고 깊은 법의 한없는 뜻을 총괄하여…"라고 밝히고, '대승은 중생심'임을 선언하며 시작한다.

　이후 전개되는 내용 또한 이해하기 쉽지 않다. 그 이유 중 하나는 '왜 대승이 중생심인가?'라는 의문의 관점에서 이를 설명하기보다는 "대승은 중생심이다"라는 핵심 주제를 당연시하면서 '이 정도는 기본'이라는 입장에서 그 내용을 서술하는 것처럼 느껴지기 때문이다. 가령 논의 주제를 해석하는 해석분(解釋分)은 "일심법에는 두 가지 문이 있다"로 시작한다. 그리고 두 가지 문인 '심진여문(心眞如門)'과 '심생멸문(心生滅門)'에 관하여 설명해 나간다. 눈 밝은 이는 '그 설명이 바로 핵심 주제에 대한 증명'이라고 할지 모르지만, 불교에 대한 사고의 틀이 어느 정도 있지 않는 한 받아들이기 어렵다.

그렇다면 『대승기신론』을 어떻게 읽어야 핵심 주제를 제대로 이해할 수 있을까. "스스로의 힘이 약해 자세한 논에 의거하여 이해하는" 이들을 위해 여러 방법을 찾아야 한다. 물론 지금까지 여러 훌륭한 논사들의 『대승기신론』 주석서가 많이 남아있고, 현대 불교학자들의 번역도 많이 있다. 그러나 이 또한 일반 대중은 물론 어느 정도 교리를 공부한 이들조차 전문가의 도움을 받지 않으면 이해하기 어려운 부분이 많다. 이러한 사정을 잘 알고 있기 때문에 주로 사찰 교육기관에서 대중과 함께 공부하는 필자로서는 조금이라도 그들에게 도움을 줄 수 있는 방법을 모색해야만 했다. 그래서 원문을 해석하고 그에 대한 뜻을 설명하는 기존 방법을 가져오지만, 『대승기신론』을 필자 나름대로 이해한 뒤 내용을 재구성하여 설명하는 방법을 선택하고자 한다. 어떤 경우에는 글의 흐름에 맞춰 논의 내용을 생략하고, 어떤 경우에는 논의 내용 자체가 자세한 설명이므로 논의 내용만 인용하고 해석을 생략했다. 그리고 다소 어려운 용어나 내용은 과감하게 생략하거나 소개하는 정도로 언급하여 '입문'으로서의 역할을 하고자 한다.

이러한 역할을 위해 다음과 같은 구성으로 글을 전개한다.

제1부는 『대승기신론』에 관한 소개로 해제에 해당한다. 여기서는 『대승기신론』의 이름 풀이, 저자와 역자 및 주석서, 『대승기신론』의 구조, 내용 요약 등의 순서로 서술한다. 이를 통해 『대승기신론』 전체를 살펴봄으로써 제3부에서 설명할 『대승기신론』 내용 파악에 도움이 되고자 한다. 제1부에서 『대승기신론』의 전체 맥락을 살펴보면 앞으로 공

부할 내용이 더욱 쉽게 이해될 것이다.

제2부는 『대승기신론』을 읽기 전에 알아두면 좋은 부처님 말씀, 즉 교리를 설명한다. 이는 "대승은 중생심이다"라는 핵심 주제에 대해 '왜 그렇지'라는 의문을 해소하고, 이후 전개되는 『대승기신론』의 내용을 이해하는 데 도움을 주기 위해서이다. 여기에는 이전 스승들이 설명한 책의 본문 가운데 포함되어 있는 내용도 있다. 그리고 최소한 이 정도 불교 지식은 사전에 알고 있어야 한다고 판단되는 내용을 제2부 앞부분에 모아서 정리하였다. 본문을 읽을 때 어떤 맥락에서 전개되고 언급되는지 감을 잡을 수 있을 것이다.

또한 필요에 따라 『대승기신론』의 내용을 살펴보는 제3부에서도 다시 그 부처님 말씀을 언급한다. 대부분 졸저 『연기법으로 읽는 불교』, 『유식불교의 이해』를 인용 또는 참고하였다.

제3부는 『대승기신론』을 필자 나름대로 이해한 뒤 내용을 재구

성하여 설명한다. 이 책의 본문에 해당하는 주요 부분이다. 『대승기신론』을 읽는 이가 최소한 『대승기신론』에는 이런 내용이 있구나 하는 정도는 알 수 있도록 서술하고자 노력했다. 하지만 그 작업은 너무나도 어려웠다. 욕심을 버리고 필자 능력 밖의 것을 넘보지 않으면서 과감한 생략, 자세한 설명 그리고 적절한 비유로 조심스럽게 시도해 보았다.

마지막에는 부록으로 『대승기신론』 우리말 번역을 실었다. 『대승기신론』 본문의 내용보다 해설이 더 어려울 수 있기 때문에, 본문에 대한 번역이 궁금한 이를 위해 전체 번역본을 첨부하였다. 무엇보다 번역본을 통해 전체적인 흐름 속에서 『대승기신론』에 대한 필자의 생각을 살펴볼 수 있고, 왜 필자가 제3부에서 그렇게 설명했는지 공감할 수도 있다고 본다. 진제 삼장 역을 번역하되, 기존 우리말 번역과 실차난타 삼장 역도 참고하였다.

올해 여름은 유달리 더웠다. 더위를 피해 찾은 도서관에서 시작된 글쓰기는 마침내 또 한 권의 책을 이루었다. 긴 시간 『대승기신론』을 함께 공부한 분들이 있었기 때문에 이처럼 짧은 기간에 한 권 분량의 글을 쓸 수 있었다고 본다. 따라서 무엇보다 『대승기신론』을 함께 공부한 대한불교조계종 각원사(천안), 불광사(서울), 대한불교천태종 관문사(서울), 대광사(분당), 한국불교태고종 웃산불광사의 모든 이들에게 고마운 마음을 전한다. 이 책을 쓴 공덕이 조금이라도 있다면 이 모든 분들에게 돌린다.

불기 2562년(2018년) 11월
불법승 삼보에 귀의하며
목경찬 두 손 모음

일러두기

1 『대승기신론』의 글을 인용할 때는 " "로 표시하고, 그 밖에 경전 내용이나
　강조하는 글은 ' '로 나타낸다.
　예) "온 시방에서 … 대비하신 분"은 불보(佛寶)에 해당한다.
　『승만경』에는 '여래법신이 번뇌장을 떠나지 못한 것을 여래장이라고 이름한다'고 되어 있다.
　원효 스님은 이때 법을 '일심법'이라고 한다.

2 ( ) 안의 글은 동음의 한자를 표기하거나, 『대승기신론』을 번역할 때 내용의 흐름을
　이해하기 위해 추가한 글이다.
　예) 부정취(不定聚) 중생의 경우, (여래장 내의) 훈습의 힘과 (앞서 닦은) 선근의 힘이 있기 때문에…

3 [ ] 안의 글은 동의어, 또는 [ ] 앞의 글을 간단하게 설명한 글이거나 해당 한자어이다.
　예) 대승[마하연]의 믿음[신근(信根)]을 일으키는 법이 있다.
　논의 주제를 세우는 부분[입의분(立義分)]

4 〈 〉 안의 글은 논의 분석에 따른 과단을 표시하거나, 논의 내용을 분석할 때
　분석에 따른 해당 용어를 나타낸다.
　예) 앞의 〈해설편 Ⅰ.1. 『대승기신론』의 이름 풀이〉에서
　세상을 구제하는 대비하신 분〈불보〉과…

대승기신론 입문

大乘起信論

불성(佛性)의 믿음으로 가는 길

목차

제2부 『대승기신론』을 읽기 전에 알아둘 부처님 말씀

『대승기신론』 소개

제1부

1. 『대승기신론』의 이름 풀이

책의 이름은 중심 내용을 드러낸다. 우리는 그 이름을 통해 이 책이 무엇을 이야기할 것인지 짐작한다. '대승기신론(大乘起信論)'을 단순하게 풀이하면, '대승에 대한 믿음을 일으키는 것을 논하는 글' 정도가 된다. 그러나 그렇게 단순하지 않다. '대승기신'은 '대승에서 믿음을 일으킨다' '대승이 믿음을 일으킨다' '대승과 믿음을 일으킴[기신]' 등으로도 풀이할 수 있다.

여러 해석이 가능한 이유는 '대승기신론'이라는 한문 이름에는 우리나라 말과 달리 '~이' '~을'과 같은 조사가 없기 때문이다. 『대승기신론』의 범어본[산스크리트어본]은 현재 남아 있지 않다. 설사 범어본이

남아 있어 이름의 의미를 명확하게 해석할 수 있다하더라도 그 이면에 깔린 뜻을 다양한 풀이로 드러낼 수 있다.

어느 대학 철학과 교수가 말했다. "우리는 칸트 자신도 몰랐던 칸트를 발견하고, 공자 자신도 몰랐던 공자를 발견해야 한다. 그것이 학문의 발전이다." 이는 칸트나 공자가 어떤 뜻을 가지고 어떤 말을 했지만, 오늘날 우리는 칸트나 공자가 했던 그 '어떤 말'을 통해 그 당시 칸트나 공자가 미처 알지 못했던 내용까지 이야기할 수 있어야 한다는 의미이다. 만약 범어로 된 이름 역시 주어인지, 목적어인지 알 수 없는 몇몇 단어가 합쳐진 복합어로 되었다면 한문처럼 다양한 해석이 가능하다. 현재 범어 원제를 모르는 상황에서 이름 풀이는 모두 추측일 수밖에 없지만, '대승기신론'이라는 한역 이름에서도 많은 것을 유추할 수 있다.

여하튼 '대승기신론'이라는 한문 이름에는 조사가 없다. '대승' '기신' '논'이라는 세 단어가 함께 있을 뿐이다. 여기서 '대승' '기신'을 가지고 책 이름을 풀이하며 이 책의 내용을 짐작해보자. 이때 『대승기신론』 본문의 첫 문장은 큰 도움이 된다. 여기서 마하연(摩訶衍)은 범어 마하야나(mahāyāna)의 음역으로, 대승이라 의역한다.

"대승의 믿음을 일으키는 법이 있다[有法能起摩訶衍信根]."

첫째, 대승기신을 '대승에 대한 믿음을 일으킨다'는 뜻으로 풀이한다. 이때 예시문은 '대승에 대한 믿음을 일으키는 법이 있다'는 뜻으로 이해한다. 그리고 귀경게의 "대승의 바른 믿음을 일으켜[起大乘正信]"라는 문장도 똑같이 적용되어 '대승에 대한 바른 믿음을 일으켜'라고 풀이한다. 여기서 믿음의 대상은 대승이 된다.

그렇다면 『대승기신론』에서 말하는 '대승'은 무엇일까. 이 대승은 우리가 상식으로 알고 있는 의미의 대승이 아니다. 가령 '대승적으로 해결하자'나 '대승적 차원에서 보자'라고 말하는 것처럼 단순하게 '전체적인 큰 틀'이나 '넓은 마음'의 의미가 아니다. 소승불교와 구분되는 대승불교의 대승에서 우리가 느끼는 '큰 가르침'이라는 의미하고도 차이가 난다. 『대승기신론』에서는 "대승은 중생심이다"라는 핵심 주제를 풀이하는 과정에서 대승이라는 용어를 '진여' '법신' '여래장' '법계' '일심' 등의 용어와 동일한 의미로 연결하여 사용한다.

어쩌면 '진여' '법신' '여래장' '법계'라는 용어는 우리가 받아들이기 힘든 말일지도 모르겠다. 게다가 아직 깨닫지 못한 중생인 우리의 마음에 이러한 것들이 담겨 있다니 더욱 받아들이기 힘들다. 그래서 『대승기신론』은 대승에 대한 '믿음'을 강조하며 '대승에 대한 믿음을 일으키라'고 강조한다.

그렇다면 대승에 대한 믿음은 무엇을 말하는가. 원효 스님은 "믿음은 반드시 그러하다고 여기는 말이다. 이른바 이치가 실제로 있음[체대(體大)]을 믿으며, 닦아서 얻을 수 있음[상대(相大)]을 믿으며, 닦아서 얻었을 때 무궁한 덕이 있음[용대(用大)]을 믿는다"라고 설하면서 각각 대승의 체대·상대·용대에 대한 믿음으로 연결하였다. 체대·상대·용대는 『대승기신론』에서 매우 중요한 용어이다. 이후 설명하기로 한다.

둘째, 대승기신을 '대승에서 믿음을 일으킨다'는 뜻으로 풀이한다. '대승에서'란 '대승의 관점[바탕, 입장]에서' 등의 뜻이다. 이때 예시문은 '대승 관점[바탕, 입장]의 믿음을 일으키게 하는 법이 있다'는 뜻으로 이해한다. 이에 첫째와 둘째 뜻을 모두 고려하여 '대승적 믿음을 일으키게 하는 법이 있다'고 해석하는 이도 있다. 앞서 언급한 "대승의 바른 믿음을 일으켜[起大乘正信]" 역시 '대승 관점[바탕, 입장]의 바른 믿음'이라고 이해할 수 있다. 따라서 '대승기신'은 '대승의 관점[바탕, 입장]에서 바른 믿음을 일으킨다'는 뜻이 된다.

셋째, 대승기신을 '대승이 믿음을 일으킨다'는 뜻으로 풀이한다. '대승기신'에서 '대승'은 주어가 되고, '기'는 동사가 되고, '신'은 목적어가 된다. 본문 첫 문장에서 '법'은 일심법으로서 대승을 말한다. 일심이 대승이기 때문이다. 따라서 '대승의 믿음을 일으키는 대승법이 있다.' 또는 '대승법이 있어 대승의 믿음을 일으킨다'가 된다.

그렇다면 어떻게 대승이 믿음을 일으키는가? 본문 중 정법(淨法) 훈습 부분에서 "(진여는) 힘이 있기 때문에 중생으로 하여금 생사의 괴로움을 싫어하고 열반을 즐겨 구하여 스스로 자기 몸에 진여법이 있는 줄 믿어 발심하여 수행하게 한다"라는 내용이 있다.

일심인 진여법은 내면에서 끊임없이 신호를 보낸다. '이왕 분별하려면 생사의 괴로움을 싫어하고 열반의 즐거움을 좋아하라. 그리고 네 안에 진여가 있다고 믿고, 발심하여 수행하라.' 진여가 우리로 하여금 좋은 방향으로 분별하고 우리 안에 진여[대승, 불성(佛性)]가 있음을 믿고 나아가라고 영향을 준다는 말이다. 양심의 소리라고 표현하듯이, '대승의 소리'라고도 말할 수 있다. 따라서 '대승이 믿음을 일으킨다'는 뜻이 된다.

넷째, '대승과 믿음을 일으킴'이라는 뜻으로 풀이한다. '대승'과 '기신'을 병렬로 볼 때, 『대승기신론』은 '대승'과 '믿음을 일으킴'에 대해 논의하는 글이 된다. 예시문 "대승의 믿음을 일으키는 법이 있다"에서 '법'은 대승이 되고, '대승의 믿음을 일으킨다'는 기신이 된다. 대승은 대승 자체[體]를 말하고, 기신은 대승의 작용[用]을 말한다. 이러한 "대승의 믿음을 일으키는 법이 있다"라는 첫 문장은, 이후 "대승은 중생심이다"라는 주제 아래 대승의 의미에 대해 많은 부분에 걸쳐 설명한다. 그리고 신심을 닦아가는 부분을 설명하는 수행신심분(修行信心分)에서 구체적으로 네 가지 믿음[四信]을 설명한다. 그때 믿음의 대상은 근본[진여법]과 불법승 삼보(三寶)이다. 근본인 진여법은 삼보 또한 포함하니 결국 믿음의 대상은 진여인 대승으로 귀결된다.

　　이상 『대승기신론』이라는 책 이름을 네 가지 뜻으로 풀이해보았다. 여기서 '대승'은 상식적으로 아는 그 뜻이 아니라 진여, 법신, 여래장, 법계 등의 뜻이며, 믿음의 대상 또한 근본[진여법]과 삼보라는 것을 알았다. 그리고 대승[진여]은 우리로 하여금 믿음을 일으키게 함과 동시에 그 믿음의 대상에 대승[진여]도 포함된다는 사실을 알 수 있다.

2. 『대승기신론』 저자와 역자

『대승기신론』의 저자는 마명(馬鳴) 보살이고, 역자는 양나라 때 진제(499~569) 삼장 또는 당나라 때 실차난타(652~710) 삼장이다. 간략하나마 이분들에 관해 알아보자.

　　전해지기를, 마명 보살은 100~160년경에 활동하였다고 하지만 명확하지는 않다. 마명이라 이름 지은 이유는, 보살이 태어났을 때 말

[馬]이 감동하여 울었다[鳴]는 설, 보살이 거문고를 잘 탔는데 말이 듣고 슬피 울었다는 설, 월지국의 왕이 말 7필을 일주일 동안 굶긴 후 말들에게 먹이를 주었으나 보살의 법문을 듣느라고 먹지 않고 눈물을 흘렸다는 설 등이 있다.

그런데 근래 마명 보살이 누구인지에 대해 여러 학자들의 주장이 있다. 예를 들면 역사상 여러 분의 마명 보살이 있었는데 어느 분이 『대승기신론』의 저자인지, 또는 부처님의 생애를 노래한 『불소행찬』을 쓴 마명 보살과 같은 분인지 다른 분인지 등 여러 견해가 있다. 즉, 오늘날 학자들은 『대승기신론』이 여래장 사상과 유식 사상의 영향을 많이 받았다고 본다. 따라서 『대승기신론』의 저자는 1~2세기경에 『불소행찬』을 쓴 마명 보살이 아니라, 세친 보살 이후 5세기경에 활약한 인물로 보고 있다. 더 나아가 『대승기신론』의 저술 장소 또한 인도가 아닌 중국이라고 추정하는 이도 있다.

그러나 그러한 논쟁이 있다 하더라도 『대승기신론』의 가치는 훼손되지 않는다. 예로부터 『대승기신론』은 불교사에 있어서 매우 뛰어난 논서이다. 우리나라를 비롯하여 중국, 일본 등 여러 나라에서 활발하게 연구되었다. 원효 스님은 인도 대승불교의 양대 산맥인 중관 사상과 유식 사상을 지양하고 통합한 논서로 보았다. 특히 우리나라 강원에서 공부하는 중요한 논서이기도 하다. 오늘날에도 『대승기신론』은 여러 경전을 포괄하는 대승불교의 근본이며, 『대승기신론』을 통달하면 대승경전은 저절로 쉽게 이해된다고 평가한다.

『대승기신론』의 범어 원전은 현재 전해지지 않고, 두 가지 한역본만 전해진다. 양나라 때 진제 삼장의 역본, 당나라 때 실차난타 삼장의

역본이다. 전자를 구역, 후자를 신역이라 한다. 그 가운데 진제 삼장의 역본이 많이 유통되고 있다.

진제 삼장은 서북인도 출신으로 양무제의 초청으로 546년 중국에 들어왔다. 스님의 삶은 순탄하지 않았다. 중국에 들어온 뒤 난리가 나고, 난리 통에 중요한 후원자인 양무제가 사망하였다. 이후 스님은 각지를 떠돌면서 힘든 환경에서 여러 경전을 번역하였다. 특히 스님이 번역한 유식 논서인 『섭대승론』과 『섭대승론석』으로 인해 섭론종이 성립하기도 하였다. 550년에 번역한 『대승기신론』 역시 불교계에 큰 영향을 미쳤다. 스님은 71세로 입적하기 전까지 64부 278권의 경전을 번역하였다. 참고로 경장·율장·논장 삼장(三藏)에 정통하거나 번역한 이를 삼장법사라 칭하고, 줄여서 삼장이라 한다.

실차난타 삼장(652~710)은 인도 우전국 출신으로 695년 중국에 들어왔다. 여러 스님과 함께 측천무후의 후원을 받아 『화엄경』(80권)을 번역하였다. 그 외 『대승기신론』, 『입능가경』 등 19부를 번역하였다. 스님은 병으로 인해 59세에 입적하였다.

한편, 『대승기신론』을 풀이한 주석서는 오늘날까지 불교 경전과 논서 가운데 가장 많은 숫자를 차지한다. 불교사에서 『대승기신론』의 위상을 짐작할 수 있는 부분이다. 특히 『대승기신론』의 삼대 주석서로는 중국 혜원 스님(523~592)의 『대승기신론의소』, 원효 스님(617~686)의 『대승기신론소』와 『대승기신론별기』, 중국 법장 스님(643~712)의 『대승기신론의기』가 있다. 삼대 주석서 모두 진제 삼장의 구역에 대한 주석서이다. 필자는 이 책에서 원효 스님의 주석서를 중심으로 실차난타 삼장의 신역을 비롯한 여타의 주석서를 참고했다.

3. 『대승기신론』의 구조와 내용

1) 『대승기신론』의 구조

『대승기신론』은 크게 귀경게, 본론, 회향게로 구성된다. 귀경게는 삼보에 예를 올리는 게송이다. 본론은 본문에 해당한다. 회향게는 그 글의 공덕을 다른 대상에게 돌리는 게송이다. 이러한 『대승기신론』의 구조를 설명하면 다음과 같다.

귀경게는 본론에 들어가기에 앞서 삼보에 귀의하며 예를 올리는 게송이다. 귀명게라고도 한다. 옛 스승들은 부처님 말씀을 전하기 위해 논서를 쓸 때, 그 글 첫 부분에 삼보에 예를 올리는 귀경게를 넣었다. 용수 보살의 『중론』, 호법 보살 등의 『성유식론』 등이 그렇다.

본론은 『대승기신론』의 본문에 해당된다. 본론은 다섯 부분으로 구성된다. 원래 첫째[一], 둘째[二]로 되어 있지만, 필자는 편의상 제1장, 제2장 등으로 구분했다.

제1장 논을 지은 인연을 설명하는 부분[인연분(因緣分)]이다.

제2장 논의 주제를 세우는 부분[입의분(立義分)]이다.

제3장 논의 주제를 해석하는 부분[해석분(解釋分)]이다.

제4장 신심을 닦아가는 부분[수행신심분(修行信心分)]이다.

제5장 이익을 보여 수행을 권하는 부분[권수이익분(勸修利益分)]이다.

먼저 인연분에서는 『대승기신론』을 저술하게 된 인연, 즉 동기와 이유를 설명한다. 그리고 입의분에서는 무엇을 말하고자 하는지 주제를 말한다. 그다음 해석분에서는 그 주제에 대해 자세하게 설명한다. 이 해석분은 『대승기신론』의 본론 가운데 본론이다. 다음으로 수행신심분에서는 근기가 약해 수행이 힘든 이들을 위해 신심을 닦아가는 수행 방법을 설명한다. 신심을 닦아가는 이가 중생인지라 권수이익분에서는 이익을 보여 수행을 권한다.

회향게는 본론을 마치고 이 논을 쓴 공덕을 중생 등 다른 대상에게 돌리는 게송이다. 논서마다 조금씩 다르지만 어떤 경우 귀경게 또는 회향게 자체로 신심과 존경이 저절로 우러나온다.

이러한 『대승기신론』의 구조를 지금까지 내려온 전통적인 방법으로 다시 살펴보자. 그 구성법은 생소할 수도 있지만, 경전이나 논서 등을 공부할 때 자주 언급하는 내용이다. 참고삼아 알아두면 이후에 많은 도움이 될 것이다.

경전은 서분(序分), 정종분(正宗分), 유통분(流通分) 등 세 부분으로 구성된다. 서론, 본론, 결론이라는 개념은 아니다. 서분은 들어가는 말 정도로 이해하면 된다. 정종분은 말 그대로 바른 가르침을 나타내는 부분으로 경전의 본론에 해당한다. 유통분은 이 경전이 널리 유통되어 실천하게 되기를 바라는 내용을 담은 부분이다.

이때 『대승기신론』의 구분법에는 크게 두 가지 견해가 있다. 원효 스님 등 많은 이들이 귀경게를 서분, 본론을 정종분, 회향게를 유통분으로 구분한다. 이를 전통적인 구분법이라고도 한다. 한편 명나라 지욱 스님(1599~1655)처럼 귀경게와 회향게를 제외하고, 본문 가운데 인연분을 서분, 권수이익분을 유통분으로 구분하는 경우도 있다.

이상 『대승기신론』의 구조를 표로 나타내면 다음과 같다.

『대승기신론』의 구조		경전 구분법에 의한 구분	
		원효 스님 등	지욱 스님 등
귀경게		서분	
본 론	1. 논을 지은 인연을 설명하는 부분[인연분]		서분
	2. 논의 주제를 세우는 부분[입의분]	정종분	정종분
	3. 논의 주제를 해석하는 부분[해석분]		
	4. 신심을 닦아가는 부분[수행신심분]		
	5. 이익을 보여 수행을 권하는 부분[권수이익분]		유통분
회향게		유통분	

2) 『대승기신론』의 내용

『대승기신론』을 공부하기에 앞서 전체 내용의 구성을 파악하면 지금 공부하는 부분이 어디에 해당되고, 왜 이런 내용이 나오는지 그 흐름을 알 수 있어 도움이 된다. 대승불교의 중심 사상은 일승(一乘) 사상이다. 일불승(一佛乘) 사상이라고도 한다. 이 사상은 쉽게 말하면 '우리가 바로 부처다'라는 말이다. 이 핵심 내용을 중생들에게 알려주고자 불보살님과 스님들께서 다양한 가르침으로 자비를 베푸셨다. 『대승기신론』 역시 마찬가지로 이렇게 외친다. "당신이 바로 부처님이니, 한번 믿고 제 이야기 좀 들어보세요."

그래서 『대승기신론』 본문 첫 문장도 "대승의 믿음을 일으키는 (일심)법이 있다"로 시작한다. 이 문장이 『대승기신론』에서 살펴보고자 하는 핵심 내용이다. 이 핵심 내용을 다섯 부분으로 구분하여 설명한다.

제1장은 논을 지은 인연을 설명하는 부분[인연분]으로, 『대승기신론』을 짓게 된 이유, 동기를 언급함으로써 어떤 내용이 전개되는지 암시한다. 따라서 『대승기신론』의 주요 내용은 제2장부터 시작한다.

제2장 주제를 세우는 부분[입의분]은 대승을 법(法)과 의(義) 두 가

지로 구분한다. 이때 '대승이라는 법체[법]'의 측면에서 그 "(대승)법은 중생심이다"라고 선언한다. 이 선언이 앞서 언급한 '당신이 바로 부처'라는 말이다. 왜 그러한지는 심진여상과 심생멸인연상이라는 용어로 간단하게 언급한다. 그리고 '대승의 의미[의]'를 체대·상대·용대라는 『대승기신론』 특유의 용어를 사용하며 설명을 덧붙인다. 체는 (대승) 자체, 상은 (대승의) 공덕, 용은 (대승의) 작용이라는 뜻이다. 제2장은 주제를 세우는 부분이니 설명이 간단하다.

　이후 제3장에서는 중생심을 일심(一心)이라는 말로 바꿔 풀이한다. 그러면서 『대승기신론』의 핵심 주제는 바로 일심(一心), 이문(二門), 삼대(三大)라고 한다. 즉, 대승인 '일심'은 심진여문과 심생멸문[이문]에 의해 대승의 의미인 체대·상대·용대의 '삼대'를 나타낸다.

　따라서 제3장 논의 주제를 해석하는 부분[해석분]은 그 내용이 쉽지만은 않다. 제3장에서는 제2장에서 언급한 핵심 주제인 일심, 이문, 삼대에 관해 긴 설명을 하고 나서, 생멸문에서 진여문으로 들어가는 내용으로 마무리한다. 그런데 제3장은 여기서 그치지 않는다. 마명 보살은 노파심에 글을 이어나간다. 혹시 이렇게 설명했는데 잘못 이해한 부분이 있지 않을까 해서 그릇된 집착을 제시하고 그에 대한 대처법도 언급한다. 마지막 부분에는 친절하게도 도에 발심 수행하여 나아가는 모습을 분별한다.

　제4장 신심을 닦아가는 부분[수행신심분]은 신심을 닦아가는 방법을 집중적으로 다룬다. 비록 제3장에서 발심 수행에 대해 언급하였지만, 제4장에서는 특히 근기가 낮은 사람을 위해 신심 수행을 강조한다. 이때 근본과 불법승 삼보에 관한 네 가지 믿음[사신(四信)]을 언급하고, 이를

위해 보시·지계·인욕·정진·지관 등 다섯 가지 수행[오행(五行)]을 제시한다. 그리고 한편으로는 위 수행이 힘든 중생을 위해서 염불 수행을 권한다. 극락세계에 왕생하여 부처님을 친견하는 염불 수행으로 '아미타불을 오로지 생각하라'는 경전의 예를 든다. 이를 주석서에는 나무아미타불[육자(六字)]이라고 해석해 놓았다.

제5장 이익을 보여 수행을 권하는 부분[권수이익분]에서는, 『대승기신론』을 헤아리고 닦아 익히는 이익을 언급한 뒤, 이 논을 부지런히 닦고 배우기를 권하면서 마무리한다.

이를 종합하면 『대승기신론』은 "대승의 믿음을 일으키는 법이 있다"를 다섯 부분으로 설명하는데, 그 주된 내용은 일심(一心), 이문(二門), 삼대(三大), 사신(四信), 오행(五行), 육자(六字)로 요약된다.

다음은 전체 내용 파악에 도움이 되고자 제시한 목차이다. 세부목차까지 알고자 한다면 부록에 언급된 목차를 참고하기 바란다.

<〈『대승기신론』 목차로 본 내용 요약〉

『대승기신론』을 읽기 전에 알아둘 부처님 말씀

제2부

"대승은 중생심(衆生心)"이라는 가르침은 『대승기신론』의 핵심 사상 가운데 하나이다. 이 말은 『대승기신론』을 관통하고 있는 용어가 바로 "마음[心]"이라는 사실을 선언한 것과 같다. 따라서 이 마음을 중심으로 부처님의 주요 가르침을 살펴볼 필요가 있다.

　　따라서 제2부에서는 마음과 연결하여 연기법, 행과 법, 연기와 열반, 분별과 무분별지, 공과 불공, 일체유심조, 제8식[아뢰야식]과 제7식[말나식] 등을 살펴보고자 한다. 이 용어들 모두 불교를 이해하는 데 소홀히 할 수 없는 중요한 키워드이며 방대한 교리 내용을 담고 있지만, 최대한 핵심만 추려서 개념을 잡을 수 있도록 설명하였다. 차례차례 살펴가다 보면 불교에서 왜 그토록 마음이 부각되었는지 감을 잡을 수 있을 것이다.

1. 연기법, 마음 작용 간의 관계

1) 연기를 보는 자, 법을 본다

다른 사상과 가장 구별되는 부처님의 가르침은 바로 연기법(緣起法)이다. 이 연기법은 여러 시대를 거치는 동안 다양한 내용으로 언급되었다. 12연기설, 업감연기설, 아뢰야연기설, 여래장연기설, 진여연기설, 법계연기설 등등 용어만 들어도 머리가 어지러울 지경이다. 일단 여기서는 이 용어에 관심을 둘 필요는 없고, 단지 연기법이 불교에서 매우 중요한 가르침이라는 점만 알면 된다. 연기법에 관한 부처님 말씀은 많은 경전에서 자주 등장한다.

> 연기를 보는 자는 법을 보고, 법을 보는 자는 연기를 본다.
> _『중아함경』 제30권, 「상적유경(象跡喩經)」

> 연기를 보는 자는 법을 보고, 법을 보는 자는 부처님을 본다.
> _『도간경(稻芉經)』

이 경전의 내용만 보아도 '연기'의 가르침이 얼마나 중요한지 단적으로 드러난다. 위 경전 문구를 읽으면 이런 생각이 든다. 여기서 '법'은 진리를 말한다. 즉, '법을 본다'는 말은 깨우쳤다는 말이다. '법을 보는 자'는 깨우친 자이니, '부처님을 본다'는 말도 역시 깨우쳤다는 말과 동의어이다. 그렇다면 첫 번째 경전 말씀, "연기를 보는 자는 법을 보고, 법을 보는 자는 연기를 본다"라고 했을 때 '연기를 보는 자'는 '법을 보는 자'라는 말과 같은 말이다. 다시 말하면 '연기를 보는 자' '법을 보는 자'는 모두 깨우친 자라는 뜻이다.

대승불교 유식 사상을 노래하는 『유식삼십송』 가운데 다음 게송이 있다.

이것[원성실성]을 보지 않고는 그것[의타기성]을 볼 수 없네.

여기서 원성실성은 진여(眞如)를 말한다. 진여는 일단 이해하기 쉽게 진리라고만 알아두자. 의타기성은 연기를 말한다. 따라서 게송의 내용은, '진여를 보지 않고는, 즉 깨달음을 얻지 않고는 연기를 볼 수 없다'는 말로 파악할 수 있다. 앞서 언급한 『중아함경』「상적유경」, 『도간경』의 말씀 또한 같은 뜻이다.

그런데 우리는 과연 진리를 보았는가? 깨달았는가? 나는 진리를 보지 못했다. 진리를 보지 못한 이가 이처럼 연기를 이야기하고 글을 쓴다. 그렇다면 이야기하고 글로 나타낸 '연기'를 바르게 나타낸 '연기'라고 장담할 수 있을까? 스스로 인정컨대 장담할 수 없다. 필자 나름 이해한 '연기'일 뿐이다. 그렇다면 시중에 있는 다른 글은 어떨까? 그것에 대해서 필자는 모른다. 깨닫지 못한 필자가 어떻게 성인을 알아볼 수 있겠는가? 설사 그 내용이 바른 연기를 나타냈다고 하더라도 결국 그 글을 보는 우리가 깨닫지 못했다면 알 수가 없다.

이처럼 연기법은 참으로 중요하지만 알기는 어렵다. 그렇다면 이러한 상황에서 우리는 어떻게 해야 하는가? 이때 요구되는 마음이 하심(下心)이다. 자신을 내려놓는다는 말이며, 자신의 견해를 내려놓고 상대방의 이야기에 귀를 기울인다는 말이기도 하다.

연기라는 말을 통해 하심을 이야기하는 이유는, '내가 아는 게 다가 아닐 수 있다' '내가 아는 게 정답이 아닐 수 있다'는 말을 상기했으면 하기 때문이다. 그렇게 해야 다른 견해에 귀를 기울일 수 있다. 이 책을 읽는 동안이라도 그랬으면 좋겠다. 많은 이들이 대부분 연기법을 관계성으로 이해하되 바깥 대상과 대상 간의 관계성으로 이해한다. 그래서 필자는 다른 관점에서 연기법을 살펴본다. 그 관점이 부처님이 말하고자 하는 핵심이라고 필자는 생각한다. 그렇다고 필자의 의견을 강요하지는 않는다. 필자는 부처님 경전에 의거하여 이렇게 생각하고 있으니 같이 한 번 생각해 봤으면 좋겠다는 정도이다.

2) 연기의 핵심은 마음이다

연기(緣起)를 글자 그대로 해석하면 '서로 인연하여 일어나는 것' '다른 것과 관계를 맺어 일어나는 것' 등의 뜻이 된다. 이러한 풀이를 바탕으로 연기법을 '세상 만물은 홀로 존재하는 것은 없고 서로 관계하여 존재한다'고 이해한다.

가령 '물은 산소와 수소로 되어 있고, 우리가 먹는 쌀 한 톨에도 다양한 인연이 서로 얽혀 있다. 결코 홀로 있거나 홀로 생겨나는 것은 없다. 모두 상호관계 속에 있다.' 연기법을 사회 관계성으로 응용하여 설명하기도 한다. '내가 있으니 네가 있고, 네가 있으니 내가 있다. 자연이 있으니 사람이 있고 사람이 있으니 자연이 있다. 서로 관계하여 존재한다. 이것이 연기법이다.'

이러한 설명을 들었을 때, 우리는 별 생각 없이 '맞아! 연기법은 위대한 가르침이다. 세상은 결코 홀로 존재하는 것은 없어. 서로 관계 지어져 있어. 역시 부처님 가르침은 탁월해!' 하며 감탄한다. 그러면서 그러한 설명이 연기법의 핵심이라고 생각한다.

그런데 의문이 든다. '연기를 본 자'는 '깨달은 자'이고, '깨달은 자가 연기를 본다'고 앞서 언급하였다. 상식을 가진 자라면 이러한 상호관계성을 모를 리가 없다. 이러한 상호관계성이 연기법의 핵심이고 그 내용을 잘 안다면 우리는 깨달은 자인가. 이상하다. 그리고 이러한 관계성이 과연 부처님만의 독특한 가르침일까.

사실 이러한 관계성은 어느 학문에서나 전제하고 있다. 학문은 논리를 필요로 하는데, 그 논리에는 반드시 관계성이 깔려있기 때문이다. 그렇다면 이러한 설명에 감탄하는 이유는 무엇인가. 그 이유를 살펴보면 이런 배경이 작용한다. 첫째, 너무도 당연한 것인데 본인이 잠시 생각하지 않고 있던 것을 상기시켜 주었기 때문이다. 둘째, 지금 우리의 삶이 너무도 개인적이고 이기적이기에 '서로 관계하여 존재한다'는 말이 마음에 크게 와닿기 때문이다. 셋째, 지금 현대 과학으로 밝혀진 내용들이 서로 관계성을 이야기하고 있는데 부처님의 가르침은 세상 모든 학문을 포함하며, 또한 고리타분한 가르침이 아니라는 생각이 들기 때문이다. 이렇게 다양한 이유로 연기법에 대한 앞의 설명에 감탄하여 부처님을 칭송한다. 이쯤에서 찬찬히 생각해보자. 일단 연기(緣起)의 뜻을 '서로 관계하여 일어난다'로 이해하고 시작한다. 그리고 '세상 만물은 서로 관계하여 존재하며 결코 홀로 존재하는 것은 없다'는 것도 지당한 말씀이다. 그렇지만 앞의 설명만으로 연기법을 이해했다고 하기에는 무리이다. 이렇게 단순한 내용이라면 경전에서 그렇게 연기법을 찬탄하지는 않았을 것이다. 그렇다면 어떻게 이해해야 할 것인가. '서로 관계하는 것이 무엇이며, 그렇게 관계하여 일어나는 것이 무엇인지'가 열쇠이다. 만약 '서로 관계한다'라는 말이 앞서 언급한 '산소와 수소의 관계' '너와 나의 관계' '자연과 사람의 관계'를 설명하기 위한 것이라면 이러한 내용이 굳이 불교이어야 할 필요는 없다. 그러한 관계성은 훌륭한 과학자, 사회학자, 생태학자가 오히려 더 잘 안다. 그렇다고 해서 그들이 부처님처럼 마음의 평온을 얻은 이는 아니지 않은가.

반론이 있다. '산소와 수소의 관계' '너와 나의 관계' '자연과 사람의 관계' 등등. 많은 이들이 연기법을 설명할 때 언급한다. 그렇다면 그들은 연기법을 제대로 모르는 사람이라는 말인가. 그리고 불교에서는 그러한 관계성을 인정하지 않는다는 말인가. 물론 그 설명 또한 연기법으로서 부정하지 않는다. 단지 핵심이 아니라는 말이다.

불교는 마음 공부이다. 이 글의 핵심을 먼저 말하면, 연기법은 바깥 세계의 관계성에 중심을 두는 가르침이 아니라 마음 작용에 대한 관계성에 중심을 두는 가르침으로 보아야 한다.

> 일반적으로 외계의 자연 현상에 관계되는 연기를 외연기(外緣起)라고 부르고, 내계의 정신 현상에 관한 가치적 연기를 내연기(內緣起)라고 부르기도 한다. 그렇지만 외연기는 주로 복잡한 내연기를 이해하기 쉽게 하기 위해 비유적으로 예를 들어 설명하는 경우에 쓰여진 것이며, 연기가 말해진 본래의 목적은 내연기에 있다고 보는 것이 타당하다.
> _ 미즈노 고겐(水野弘元) 저, 김현 역, 『원시불교』, 벽호, 1993, 101쪽.

외연기·내연기라는 말은 연기법의 핵심이 무엇인지 돌아보게끔 하는 중요한 용어이다. 그러나 외연기·내연기는 불교학자도 생소한 용어이다. 불교 관련 책에서 거의 보기 힘들다. 필자 역시 이 용어를 처음 접했을 때 오늘날 학자가 만든 용어인 줄 알았다. 그런데 우연히 『요본생사경(了本生死經)』, 『도간경(稻芉經)』 등에서 보게 되었다. 이 경전에 의하면, 외연기는 씨앗·싹·줄기 등의 관계로 설명하고, 내연기는 무명(無明)[어리석음]에 의해 행(行)이 일어나고 나아가 노사(老死)가 일어나는 관계, 즉 12연기(十二緣起)로 설명한다.

　여기서 외연기는 마음 밖 대상과 대상의 관계, 사물과 사물의 관계를 말한다. 예를 들면 '산소와 수소의 관계' '너와 나의 관계' '자연과 사람의 관계' 등이다. 내연기는 마음 작용 간의 관계를 말한다. 예를 들면 무명에 의해 행이 일어나고 나아가 노사가 일어나는 관계, 또는 원효 스님의 유명한 일화인 마음에 의해 해골바가지 물이 달콤한 물로 인식된 경우, 또는 '돼지 눈에는 돼지로 보이고, 부처님 눈에는 부처님으로 보인다'는 이성계와 무학 대사의 대화 등이다.

　따라서 앞에 인용한 '외연기는 주로 복잡한 내연기를 이해하기 쉽게 하기 위해 비유적으로 예를 들어 설명하는 경우에 쓰여진 것이며, 연기가 말해진 본래의 목적은 내연기에 있다고 보는 것이 타당하다'는 글에 주목해야 한다. 경전에는 분명히 외연기도 설명하고, 내연기도 설명한다. 그렇지만 불교 공부는 마음 공부라고 할 때, 연기법의 중심은 내연기에 두어야 한다. 그렇다고 외연기를 부정하는 것은 아니다. 이후 살펴보겠지만 내연기의 가르침인 12연기는 마음 작용 간의 관계성이므로 매우 받아들이기 어렵다. 그래서 관계성에 대한 예로써 외연기인 바깥 사물 간의 관계를 비유로 들었다.

> 이제 비유로 말하겠소. 지혜로운 사람은 비유로써 뜻을 알게
> 되는 것이니, 비유하자면 갈대 세 개가 빈 땅에 서려고 할 때 서
> 로서로 의지하여야 서게 되는 것과 같습니다. 만일 그 하나를
> 버려도 둘은 서지 못하고, 만일 둘을 버려도 하나 또한 서지 못
> 하니, 서로 의지하여야 서게 되는 것입니다.
> ＿『잡아함경』제12권, 「노경(蘆經)」

경전에서 말하는 '갈대 다발의 비유' 역시 연기의 원리 가운데 하나인 상
호관계성을 이해시키기 위한 '비유'라는 점에 주목하길 바란다. 갈대 다
발에 대한 말씀은 갈대 다발이 서로 관계하여 서 있다는 사실을 주장하
고자 한 말씀이 아니라 상호관계성에 대한 예로써 하신 말씀이다.

옛 스승께서 '손가락으로 달을 가리키면 달을 봐야지, 왜 손가락
을 보냐'고 질책하셨다. 그런데 우리는 그 손가락이라도 제대로 보고 있
는지. 부처님께서는 마음을 보라고 내연기를 내용으로 하는 연기법을
말씀하셨는데, 그 연기법은 대중들이 이해하기 어려운지라, 이해하기
쉽게 하고자 외연기를 말씀하셨다. 마음이 달이라고 한다면, 내연기는
손가락이요, 외연기는 손가락을 가리키는 또 다른 손가락이다. 우리는
달을 가리키는 손가락은커녕 손가락을 가리키는 또 다른 손가락을 보고
있는 것은 아닌지 생각해 보아야 한다.

3) 12연기는 마음의 연기이다

연기법을 설명하면서 관계성을 말할 때 빠짐없이 등장하는 경전 구절이 있다.

차유고피유(此有故彼有) 이것이 있으므로 저것이 있고
차생고피생(此生故彼生) 이것이 생기므로 저것이 생긴다.
차무고피무(此無故彼無) 이것이 없으므로 저것이 없고
차멸고피멸(此滅故彼滅) 이것이 사라지므로 저것이 사라진다.

이 구절은 너무도 유명한 구절이다. 앞서 언급한 바깥 사물과 사물 간의 관계인 외연기를 설명하는 데 자주 인용되는 구절이기도 하다. 가령, '아버지가 있으니 아들이 있고, 아들이 있으니 아버지가 있다…'고 한다. 나아가 함께하자는 의미에서 '내가 있으니 네가 있고, 네가 있으니 내가 있다…'고 하거나 '자연이 있으니 사람이 있고, 사람이 있으니 자연이 있다…'고 한다.

불교를 쉽게 설명하기 위해, 부처님 가르침을 응용하기 위해 이렇게 설명하고 있는지도 모른다. 그런데 앞서 언급한 것처럼 바깥 대상 간의 상호관계성을 말하는 것이 연기법의 핵심일까? 그리고 이 경전 구절을 그렇게 적용해도 되는 것일까? 대부분 이 구절을 바깥 연기와 관련지어 설명하고 있기에 드는 의문점이다. 아버지와 아들이 서로 관련이 있다는 것은 누구나 아는 사실이다. 그것은 상식에 속한다. 하지만 이것이 연기의 전부라면 옛 스승들이 무엇 때문에 난해하고 알 듯 말 듯한 글을 남겼겠는가.

위의 경전 구절을 이해하려면 그 구절이 있는 경전에서 실마리를 찾아야 한다. 경전에는 '이것이 있으므로 저것이 있다…'라는 구절 다음에는 반드시 12연기의 상관관계가 나온다. 그중 하나를 예로 든다.

이것으로 인하여 저것이 있고 이것이 없으면 저것이 없다. 이것이 생기면 저것이 생기고 이것이 사라지면 저것이 사라진다. 이른바 무명을 반연하여 행이 있고, 나아가 생을 반연하여 노사가 있다. 만약 무명이 사라지면 곧 행이 사라지고 나아가 생이 사라지면 곧 노사가 사라진다.

_『중아함경』제47권, 「다계경(多界經)」

여기서 우리는 무엇을 알 수 있는가? '이것이 있으므로 저것이 있다…'라는 구절 다음에 반드시 12연기가 나온다는 것은, 여기서 '이것'과 '저것'은 무명·행·식 등 12지 각 지분을 나타내는 지시대명사이지, 아버지와 아들·자연과 사람 등 서로 관계있는 모든 대상을 나타내는 지시대명사가 아니라는 것을 나타낸다. 어느 것에나 적용되는 '이것'과 '저것'이 아니다.

그러므로 '이것이 있으므로 저것이 있다…'라는 구절은 세상 만물 간의 관계성을 설명하는 것이 아니라 12연기 각 지분 상호 간의 연관성을 설명한다. '이것이 있으므로 저것이 있다…'라는 구절은 '무명이 있으므로 행이 있고, … 무명이 사라지므로 행이 사라지고…'라는 12연기에 대한 전제 말씀이다. 서로 관계되는 대상 어디에나 적용할 수 있는 구절이 아니다.

또한 경전 구절은 그 관계성이 한 방향이지 쌍방향이 아니다. '이 것이 있으므로 저것이 있다.' 혹은 '무명이 있으므로 행이 있고, 행이 있으므로 식이 있고…'라고 하지, '이것이 있으므로 저것이 있고, 저것이 있으므로 이것이 있다.' 혹은 '행이 있으므로 무명이 있고, 무명이 있으므로 행이 있다'라고는 하지 않는다. '아버지가 있으니 아들이 있고, 아들이 있으니 아버지가 있다'는 말처럼 쌍방향이 아니다. 따라서 '이것이 있으므로 저것이 있다…'라는 구절을 아버지와 아들, 자연과 사람 등 서로 관계하는 대상 어디에나 적용하고 있는 사고는 돌이켜 볼 필요가 있다. 이 구절을 인용하여 응용하는 사고마저 부정하지는 않지만, 이 구절의 가르침이 나타내는 중심이 무엇인가에 대해서는 명확하게 살펴봐야 한다. 달을 가리키는 손가락이 무엇인지 말이다.

그렇다면, 12연기를 어떻게 이해할 것인가?

12연기의 12지분은 무명(無明), 행(行), 식(識), 명색(名色), 6입(六入), 촉(觸), 수(受), 애(愛), 취(取), 유(有), 생(生), 노사(老死)이다. 그런데 이 12항목 하나하나에 관한 개념 설명은 부처님 가르침 이후 부파불교를 거쳐 대승불교, 심지어 오늘날까지 다양하게 논쟁되고 있다. 그렇지만 간단하게 살펴보면, 어리석음인 무명으로 인해 온갖 마음 작용[행~취]이 꼬리에 꼬리를 물고 일어나서 집착한 대상[유]으로 인해 생·노사의 괴로움을 일으킨다. 즉, '이것이 있으므로 저것이 있고, 이것이 생기므로 저것이 생긴다.' 반대로 수행을 통해 무명이 사라지면 꼬리에 꼬리를 물고 괴로움이 사라진다. 즉, '이것이 없으므로 저것이 없고, 이것이 사라지므로 저것이 사라진다.'

12연기의 가르침은 각 지분이 마음 작용이기 때문에 마음 작용

간의 관계, 즉 내연기를 나타낸다. 이는 앞에서 말한 『요본생사경』, 『도간경』 등에서 '내연기는 무명(無明)에 의해 행(行)이 일어나고 나아가 노사(老死)가 일어나는 관계, 즉 12연기로 설명한다'는 내용으로 귀결된다.

이처럼 12연기는 마음 작용 간의 관계성을 통해 고통받는 현실의 모습을 보이고, 마음 다스리는 수행을 통해 안락한 열반으로 나아가는 길을 제시한 가르침이다. 즉, '너희가 이러한 어리석음으로 인해 이러한 괴로움을 받게 되니, 수행을 통해 어리석음을 없애면 결국 괴로움이 사라지고 열반을 얻게 되리라'라는 말씀이다. 따라서 '이것이 있으므로 저것이 있다'라는 경전 구절을 내연기로 이해하고 12연기를 마음의 연기로 이해할 때, 자연스럽게 마음을 다스리는 수행으로 연결된다. 이것이 바로 진리로 다가가는 첫걸음이다.

덧붙이자면, 공부가 진척됨에 따라 외연기는 내연기 안에서 이야기되는 것이 아닐까 생각하게 된다. 바깥 대상과 대상의 관계성 역시 우리가 그렇게 인식하고 규정하기 때문이다. 인식하고 규정하는 것이 바로 마음 작용 간의 관계, 즉 내연기이다. 가령 '아버지와 아들' 두 사람에게는 다양한 관계가 존재한다. 부자지간인 동시에 사제 간일 수 있다. 그 외 정치, 문화 등 여러 사항과 관련하여 다양한 관계가 성립한다. 그처럼 다양한 관계 가운데 우리는 지금 '아버지와 아들' 관계만을 이야기하고 있다. 그렇게 한정 짓고 이야기하는 것은 마음 작용이며, 내연기이다. 따라서 외연기 또한 내연기 안에서 이야기된다. 그런 의미에서 외연기는 내연기 안에 포함된다.

2. 행(行)과 법(法)의 의미

분야가 무엇이든 용어의 의미를 정확히 이해하는 것은 매우 중요하다. 앞서 연기법의 의미를 어떻게 이해하는가에 따라 내용이 달라졌다. 따라서 연기법을 설명하는 각각의 불교 용어도 조심스럽게 접근하는 자세가 필요하다. 그 자세의 일환으로 삼법인(三法印) 가운데 중요한 용어인 행(行)과 법(法)의 의미를 살펴보기로 한다.

삼법인에서 '인(印)'은 인증, 증명의 뜻을 담고 있다. 삼법인의 세 가지 도리에 의지하여 어떤 교설이나 이론을 인증한다는 뜻이다. 어떤 교설이나 이론이 삼법인의 내용에 맞으면 부처님 가르침이고, 맞지 않으면 마구니의 가르침이다. 그만큼 삼법인은 중요한 가르침이다.

그런데 삼법인을 남방불교에서는 '제행무상(諸行無常), 일체개고(一切皆苦), 제법무아(諸法無我)'로 설명하고, 북방불교에서는 '제행무상(諸行無常), 제법무아(諸法無我), 열반적정(涅槃寂靜)'으로 설명한다. 또한 북방에서는 삼법인에 일체개고를 합쳐 사법인(四法印)이라고도 한다.

1) 행은 사물의 운동이 아니라 마음 작용이다

제행무상은 '모든 것은 변한다'는 말이다. 보통 제행무상을 이해시키고자 다음과 같이 설명한다. '자, 봐라. 겨울이 가면 봄이 온다. 해가 뜨면 해가 진다. 어린이는 청년이 되고, 곧 노년이 된다. 어느 것 하나 항상한 것은 없다. 모든 것은 다 변화한다. 무상이다. 이 무상을 가장 잘 가리키는 말이 행(行)이다. 그래서 제행무상이다.'

여기서는 행의 의미를 사물의 변화, 운동, 움직임으로 이해한다.

세상 모든 것은 변화, 운동한다는 측면에서 '세상 모든 것'을 '제행'이라는 말로 대신한다. 세상 모든 것은 그렇게 변화, 운동하는 것이며, 항상한 것이 아니라고 한다. 이렇게 말하는 저변에는 '세상은 이처럼 변화하는 것이니, 무엇을 붙잡아 두려고 하지 말라. 붙잡아 두려고 하니, 괴롭지 않은가!'라는 교훈이 깔려있다. 참으로 쉽게 와닿는 설명이다.

그런데 다음 경전 구절을 보면 문제가 생긴다. '행'에 대한 의미를 사물의 변화, 운동, 움직임으로 이해하면 그 구절의 내용을 도저히 풀 수 없다. 많은 이들이 인용하고 풀이하지만 과연 '행'의 의미를 고민하고 풀이하는지 의구심이 들 때가 많다. 그런 의미에서 필자는 이 경전 구절을 매우 중요하게 생각한다.

제행무상(諸行無常) 모든 행은 항상함이 없으니

시생멸법(是生滅法) 이는 났다가 사라지는 법이라.

생멸멸이(生滅滅已) 나고 사라짐이 사라지면

적멸위락(寂滅爲樂) 고요함을 즐거움으로 삼네.

＿『(대승)대반열반경』제13권

앞서 제행무상을 '세상의 모든 것은 변한다'는 뜻으로, '행'을 세상 모든 것의 '운동' '변화'로 쉽게 설명하였다. 경전 구절 '제행무상(諸行無常) 시생멸법(是生滅法)'도 그렇게 이해할 수 있다. '세상의 모든 것은 항상한 것이 없다. 세상 모든 것은 생겨났다 사라지는 것이다.' 여기서 행(行)은 바로 생멸(生滅)의 뜻을 가진다.

그런데 문제가 있다. '제행무상(諸行無常) 시생멸법(是生滅法)'을

'세상의 모든 것은 항상한 것이 없다. 세상 모든 것은 모두 생겨났다 사라지는 것이다'는 뜻으로 이해한다면, 뒤 게송 '생멸멸이(生滅滅已)'는 어떻게 이해할 것인가? '생겨났다 사라졌다 하는 것이 사라지면'은 무슨 뜻일까?

앞에서 '행'을 세상 모든 것의 '운동' '변화'를 뜻하는 '생멸'로 이해하였다. 그렇다면 '생멸이 사라진다(生滅滅已)'는 말은 생멸, 즉 운동, 변화가 사라진다는 말이 되니, 앞에서 예를 든 '겨울이 가고 봄이 온다'거나 '해가 뜨고 해가 진다'는 것은 어떻게 되는 것인가? 지금 겨울이 그냥 멈춰버린다는 말인가. 아침에 뜬 해가 그냥 중천에 멈춘다는 말인가. 청년은 젊은 나이로 쭉 간다는 말인가. 설사 그렇게 계절이 멈추고 해가 중천에 있고 청년의 모습으로 쭉 가게 되면 '고요함(열반)'을 즐거움으로 삼'게 되는가?

무언가 이상하다. 열쇠는 행을 어떻게 이해하는가에 있다. 여기서 행을 세상 사물의 운동, 변화가 아니라 분별하는 마음 작용으로 풀이해보자. 우리는 끊임없이 분별하여 '이것이다' '저것이다' 하며 살아간다. 지금 내 앞에 펼쳐진 세상은 내 마음과 별도로 있는 세상 그 자체가 아니라 내 마음의 분별로 인해 나에게 드러난 세상이다.

원효 스님의 해골바가지 물에 관한 이야기를 떠올려 보면 이해가 쉽지 않을까 한다. 똑같은 물이었는데 어두운 밤에 목말라 먹었을 때는 왜 달콤하게 마셨고, 다음날 밝은 날 해골바가지에 담긴 물인 줄 알았을 때는 왜 구역질이 났을까? 마음의 분별 작용으로 해골바가지에 담긴 물은 더럽다는 분별이 일어났기 때문이다.

생멸이란 단순하게 사물이 생겨나고 사라지는 것만을 뜻하지 않는다. 한 생각이 일어나는 것을 생(生)이라 하고, 한 생각이 사라지는 것을 멸(滅)이라고 한다. 분별하는 마음 작용을 행이라 하고, 마음 작용에 의해 드러난 세상을 법이라고 한다. 물론 마음 작용도 법에 속한다. 드러난 세상인 법의 무상함을 마음 작용인 행으로 나타낸 것이 제행무상이다. 즉, 제행에서 행은 마음 작용이다. 경전에서 '일체법무상' 또는 '제법무상'이라고도 하지만, '법'이라는 용어보다는 '행'이라는 용어 자체에서 행위 또는 움직임이라는 의미로 무상의 뜻이 더 드러나기 때문에 보통 제행무상이라고 한다.

따라서 그 경전 구절을 다시 해석하면 이렇다. '마음 작용으로 드러난 이 세상은 항상함이 없는 것이니[諸行無常], 이는 마음에 의해 생겨났다 사라졌다 하며 나에게 드러난 세상이라[是生滅法]. 이 생겨났다 사라졌다 하는 마음 작용이 일어나지 않으면[生滅滅已], 고요함[열반]을 즐거움으로 삼게 된다[寂滅爲樂].'

이처럼 '제행무상'의 가르침은 세상 자체가 무상하다는 것에 중점이 있지 않다. 내 앞에 드러난 세상은 내 마음 작용으로 이해된 세상이기에 분별하는 내 마음 작용에 따라 흘러간다는 뜻이다.

그런데도 이러한 내용이 와닿지 않는 이유는 '마음'이라는 단어 때문이다. '마음'이라고 하면, 관념, 생각, 의지의 개념으로 대부분 생각한다. 따라서 불교를 마음 중심으로 보면 객관적이지 않고 주관적이고 관념적인 가르침이 된다고 여긴다. 그러나 불교에서 '마음'은 더 넓은 의미를 가진다. 이 책을 읽어가면서 '마음'의 다른 의미를 알아가겠지만, 〈제2부 5. 일체유심조〉, 〈제2부 6. 마음[식]의 분류, 제8식과 제7식〉을 미리 읽어도 좋다.

2) 법은 마음 작용으로 드러난 세상이다

불교에서 '법'은 매우 중요한 용어로서 의미 또한 다양하다. 그러나 오늘날의 언어로 번역하기 쉽지 않다.

법은 크게 세 가지 의미로 사용한다. 첫째, 진리[진여]를 말한다. 앞에서 '연기를 보는 자는 법을 본다'라고 할 때 그 법이다. 둘째, '부처님 가르침'을 뜻한다. 불법승 삼보 가운데 법보가 그 법이다. 또는 '자등명법등명(自燈明法燈明)[자신을 등불로 삼고 가르침을 등불로 삼아라]'에서 그 법이다. 그런데 법보와 법등명에서 법은 첫 번째의 의미도 있다. 셋째, 삼법인 가운데 제법무아에 해당하는 '법'이다. 지금 이야기할 법은 바로 세 번째 제법무아의 법이다.

보통 '법'을 '세상 만물' '사물' '존재'로 풀이한다. 그리고 '제법무아'에 대해 다양한 예를 들면서 그 사물[법]에 사물[법]이라고 할 자성(自性)이 없다고 설명한다. 가령, '이 볼펜은 볼펜 뚜껑, 볼펜 대, 볼펜 심, 스프링 등 여러 가지가 모여서 만들어진 것이기 때문에 볼펜이라고 할 것이 없다. 물도 산소와 수소가 결합하여 만들어졌기 때문에 물이라고 할 고정된 자성이 없다. 제법무아에서 아(我)는 자성을 말한다'와 같은 예문들이다.

이러한 예와 이해는 외연기의 측면이다. 이 역시 '무아'의 측면을 강조할 수 있는 예로써는 유효하다. 그러나 여기서 '법'을 '세상 만물' '사물' '존재' 등이라고 할 때, '세상 만물 그 자체' '사물 그 자체' 등으로 이해하는 듯하다. 이럴 경우 '일체유심조' '만법유식'의 가르침은 받아들이기 쉽지 않다. 법을 '세상 만물 그 자체'의 의미로 이해한다면 '일체유심조'나 '만법유식'의 가르침은 '모든 세상 만물(그 자체)은 오직 마음이 만든다.' '모든 세상 만물(그 자체)은 오직 식이다'라는 뜻이 된다. 즉, '마음이 실제 산이나 강이나 바다를 만든다.' '산과 강이나 바다는 오직 마음이다'라는 뜻이 된다.

보통 이렇게 이해하는 사람은 거의 없다. 하지만 '법'이라는 용어를 '세상 만물 그 자체' '사물 그 자체' 등으로 이해하면서, '일체유심조' '만법유식' 등의 가르침이 '마음이 산 그 자체, 강 그 자체를 만든다'는 뜻은 아니라고 한다면 모순이 생기게 된다. 물론 '우리는 일체유심조, 만법유식의 가르침은 안 받아들인다'고 하면 그뿐이다. 그러나 사고의 확대를 위해 자신의 생각을 내려놓고 다른 견해를 살펴볼 여유가 필요하다.

이제 마음 작용 간의 관계인 내연기의 측면에서 법을 살펴보자. 필자가 자주 드는 예이다. 더운 여름날 친구 집에 놀러 가 세수를 하고 눈에 보이는 수건으로 얼굴을 닦았다. 장난꾸러기 친구는 그 광경을 지켜보다가 물었다.

"얼굴 다 닦았나?"

"응."

"그거 걸레다."

"…."

또 다른 예이다. 언젠가 앞에 찻잔이 있고 그 밑에 찻잔 받침대가 있었다. 그런데 어느 날 그 받침대에 과일이 놓여 있었다. 나중에는 조그마한 화분 받침대로, 또 지나서는 재떨이로 사용하였다.

하나의 사물이 여러 가지 모습으로 나에게 드러난다. 이렇게 드러난 '수건' '걸레' '찻잔 받침대' '접시' '화분 받침대' '재떨이' 등이 바로 '법'이다. '수건'인 줄 알았는데 '걸레'로 사용한다고 한다. '찻잔 받침대'

였는데 '접시' '재떨이' 등으로 사용한다. 하나의 사물에 그것이라고 할 고정된 이름이 없다. 그것이라고 할 고정된 자성도 없다. 고정된 자성이 있다면 결코 여러 이름으로 나에게 펼쳐질 수 없다. 수건은 수건이어야 하고, 걸레는 걸레여야 한다. 그러나 그렇지 않다.

이렇듯 '제법무아'의 이치가 드러난다. 덧붙여 언급하자면, 공(空)이란 아무것도 없다는 뜻이 아니다. 바로 내 눈앞에 보이는 수건을 수건이라고 할 고정된 자성이 없다는 뜻이다. 수건이라고 여기는 그 수건 자체는 없지만, 수건으로 드러나게 하는 작용 또는 현상마저 없지는 않다. 마음 작용으로 이름 붙여진 수건은 있다. 단지 수건이라고 이름 붙여졌을 뿐 이름 너머에 그렇게 수건이 고정된 모습으로 있지 않다.

즉, 법은 '세상 그 자체'를 말하는 것이 아니라 여러 여건 속에서 마음 작용을 따라 '나에게 드러난 세상'을 말한다. 앞에서 연기법을 이해할 때 '서로 관계하는 것이 무엇이며, 그렇게 관계하여 일어나는 것이 무엇인지가 연기법을 이해하는 열쇠'라고 하였다. '서로 관계하는 것'을 마음 작용이라고 하였다면, '관계하여 일어나는 것'은 바로 법이다. 따라서 그 법은 '나에게 드러난 세상'이다. 법은 '내가 본 세상'이다. 나와 별도로 있는 세상이 아니다. 이때 '나에게 드러난' '내가 본'이라는 말은 행의 의미인 마음 작용을 말한다. 물론 그때 마음 작용도 법이다. 행 또한 법의 범주에 들어가기 때문이다. 법을 '인식 현상' '현상'으로 번역하는 현대 학자도 있다.

참고로, '법'에 대한 전문적인 정의는, 법은 궤지(軌持), 또는 임지자성(任持自性) 궤생물해(軌生物解)의 뜻으로 나타낸다. 이 말을 풀이하면, 법은 자성을 보존하고 (그 자성을) 본보기[궤범(軌範)]로 하여 그 사물

[법]에 대한 이해를 내게 한다. 다시 풀이하면, 법이란 '그것이라고 할 수 있는 어떤 특성[자성]'을 가지고 있어서 그 특성을 통해 우리는 '그것이 무엇이라는 것'을 안다. 예를 들면, 컵은 가운데 텅 빈 공간이 있어서 그 안에 물 등을 담아 마실 수 있다는 특성을 가지고 있다. 그러한 특성을 통해 우리는 그것이 컵이라는 것을 안다. 그런데 그 특성은 저 밖에 홀로 있는 것이 아니라 인연화합으로 우리 앞에 드러난다.

3. 연기와 열반

1) 생멸이 사라지면 열반이라?

'모든 것은 무상(無常)하다'라는 말에 걸려 상(常)이라고 하면 부처님 가르침과 위배된다고 생각하는 이가 있다. 앞서 언급한 『(대승)대반열반경』 게송을 다시 보자.

> 제행무상(諸行無常) 모든 행은 항상함이 없으니
> 시생멸법(是生滅法) 이는 났다가는 사라지는 법이라.
> 생멸멸이(生滅滅已) 나고 사라짐이 사라지면
> 적멸위락(寂滅爲樂) 고요함을 즐거움으로 삼네.

여기서 '생멸'은 무상에 해당된다. 그러면 '생멸이 사라지면 고요함[적멸]을 즐거움으로 삼네'라고 하는데, 이때는 무상인가 아닌가. 만약 무상이라면 변화가 있으니 생멸이 있는 상태이고, 열반[적멸] 또한 무상하게 된다. 만약 무상이 아니라면 '세상은 모두 무상하다'는 말에 모순된다.

대승경전의 게송이므로 어떤 이는 게송 자체를 받아들이지 않을 수도 있다. 그렇다면 『잡아함경』의 다음 말씀은 어떠한가. 그 경전을 보면, 부처님께서는 대중들에게 12연기를 말씀하시는데, 대중들이 오히려 그 가르침을 듣고서 근심과 장애 등이 생겼다고 하면서 다음과 같이 말씀하신다.

> 왜 그러한가[근심 등이 생기는가]? 이는 지극히 깊은 경우이니, 이른바 연기이다. 몇 곱으로 다시 지극히 깊어 알기 힘든 것이 있으니, 이른바 모든 집착을 떠나고 애욕을 떠나고 탐욕이 없어 적멸한 열반이다. 이와 같은 두 가지 법은 이른바 유위와 무위이다. 유위는 혹은 생겨나고 혹은 머물고 혹은 다르게 되고 혹은 사라진다. 무위는 생겨나지 않고 머물지 않고 다르게 되지 않고 사라지지 않는다.
> 所以者何 此甚深處 所謂緣起 倍復甚深難見 所謂一切取離 愛盡無欲寂滅涅槃 如此二法 謂有爲無爲 有爲者 若生若住 若異若滅 無爲者不生不住不異不滅
> ＿『잡아함경』제12권, 「심심경(甚深經)」

연기법을 이해하는 데 매우 중요한 대목이다. 그리고 유위법(有爲法)과 무위법(無爲法), 연기와 열반의 관계를 살펴보는 데 매우 중요하다. 필자는 가끔 경전을 통해 아는 것이 아니라 알아야 경전을 볼 수 있는 것은 아닌지 하고 생각해 본다. 대학원 시절 누구 못지않게 『잡아함경』을 공부하였고 사찰에서도 앞의 경전 구절을 여러 해 반복해서 공부하였는데, 그때는 그 구절의 중요성이 다가오지 않았다. 그런데 문득 어느 날 '이런 경전 구절이 있었다니'하며 반가움과 부끄러움이 교차하였다. 앞서 언급한 내연기·외연기 용어처럼 아마 기존 불교 논문 등에서 이 경전 구절을 강조해서 언급하지 않은 점도 있으리라.

여하튼 이 경전 구절을 단순하게 정리하면 이렇다.

연기 – 유위법 – 생주이멸(生住異滅)
열반 – 무위법 – 불생부주불이불멸(不生不住不異不滅)

즉, 연기는 유위법으로서 생주이멸하지만, 열반은 무위법으로서 불생부주불이불멸이다. 생주이멸이 무상이라면 불생부주불이불멸은 무상이 아니다. 따라서 연기는 무상이고 열반은 무상이 아니게 된다. 그렇다면 '모든 것이 무상하다는 말'은 성립되지 않는다. 또 하나, 무위법인 열반은 연기가 아니다. 게다가 연기의 특징은 생주이멸인데 생주이멸하지 않는 상태가 열반이라고 한다. 그러면 앞의 게송에서 '생멸멸이(生滅滅已) 적멸위락(寂滅爲樂)'이라 하였으니, 연기[생멸]가 사라져야 열반[적멸]에 이른다는 말이 아닌가. 하나하나 살펴보자.

2) 연기는 유위법이고 분별이다

일체유위법(一切有爲法) 모든 유위법은
여몽환포영(如夢幻泡影) 꿈, 환상, 거품, 그림자 같으며

여로역여전(如露亦如電) 이슬 같고 또한 번개와 같으니

응작여시관(應作如是觀) 응당 이와 같이 관하여라.

_『금강경』

『금강경』 마지막 부분에 나오는 게송이다. 여기서 중요한 용어는 '유위법'이다.

유위법을 글자 그대로 '함이 있는 법'이라고 번역하기도 한다. 그런데 '함이 있는 법'이라는 번역 역시 와닿지 않는다. 보통 유위법을 '인간이 인위적으로 만든 존재'라고 풀이하기도 한다. 이는 '무위자연(無爲自然)'이라는 용어와 함께 이해함으로써 인간의 조작이 진행된 것은 유위이고, 그렇지 않은 것은 무위인 자연이라고 보는 측면이 있기 때문이다. 또는 '운동' '변화' '무상'의 의미로 '끊임없이 변화하는 세상 모든 것'을 유위법으로 풀이하기도 한다.

이처럼 '유위법'을 '인간이 조작하여 만든 것'이나 '생주이멸하며 변화하는 세상의 모든 것'으로 이해한다면, 『잡아함경』「심심경」에서 정의한 '무위법'을 어떻게 이해해야 할지 자못 당혹스럽다.

첫째, '인간이 조작하여 만든 것'을 유위법이라고 한다면, 인간이 조작하지 않은 '자연'은 무위법으로서 '생겨나지 않고 머물지 않고 다르게 되지 않고 사라지지 않는 것'이어야 한다. 그런데 보통 '인간과 자연'이라고 할 때 그 자연은 결코 그렇지 않다. 인간이 조작하지 않은 자연 역시 생주이멸하기 때문입니다.

둘째, 보통 '제행무상'을 세상 어느 것도 항상한 것은 없다고 이해하는데, '생주이멸하며 변화하는 세상 모든 것'을 유위법으로 이해한다면, 경전에서 말하는 '생겨나지 않고 머물지 않는' 무위법은 무엇이며, 어떻게 그러한 무위법이 있을 수 있겠는가?

이러한 문제는 바깥 대상과 대상 간의 관계성인 외연기에 의한 사고로써는 결코 해결할 수 없다. 내가 세상을 어떻게 보고 있는가, 내 마음속에 왜 세상이 그렇게 드러나는가 하는 점에서 마음 작용 간의 관계성, 내연기의 사고로써 살펴봐야 실마리가 보인다.

지금 나에게 보이는 것은 그 자체가 아니라 마음의 분별 작용으로 드러난 현상일 뿐이다. 가령 앞서 언급한 걸레, 수건, 찻잔 받침대, 접시, 해골바가지 물 등처럼 말이다. 이때 '마음의 분별 작용으로 드러난 현상'을 유위법이라고 한다. 분별 작용으로 생겨나고 사라질 유위법이기에 '꿈과 같고 환상과 같아서' 그것이라고 할 자성이 없다. 단지 마음 작용으로 '이것이다' '저것이다' 분별하여 나타날 뿐이다. 그렇다고 앞에 있는 것을 전혀 없다고 할 수 없다. 상황에 따라 분별 작용에 의해 또다시 나에게 드러나니 말이다.

3) 열반은 무위법이고 연기가 아니다

그렇다면 무위법은 어떻게 이해해야 하나? 옛 스승께서는 '무위법은 연기가 아니다'라고 하였다. 필자가 이 말을 처음 접할 때 충격을 받았다. 연기법은 부처님 최고의 가르침이고, 최고의 경지인 열반은 무위법인데, 무위법은 연기가 아니라니. 그 무렵 앞에서 인용한 『잡아함경』「심심경」에서 연기를 유위법으로, 열반을 무위법으로 구분하는 내용이 눈에 들어왔다.

불교에서 궁극적으로 추구하는 삶은 바로 열반이다. 가끔 '연기적으로 사고하자'고 한다. 물론 이 말에는 모든 관계성을 고려하고 종합적으로 사고하자는 의도가 포함되어 있다. 그리고 이 말에는 연기법을 사물과 사물 간의 관계성으로 보는 외연기의 사고가 깔려있다. 그러나 이러한 사고로는 인용한 경전 말씀을 받아들이기 쉽지 않다. 왜냐하면, 경전에서는 연기와 열반을 각각 유위와 무위로 나눠 설명하였으니, 우리가 불생부주불이불멸한 열반을 추구한다면, 생주이멸하는 연기는 떠나야 하기 때문이다. 단순하게 말하면 경전 말씀은 '연기의 삶을 내려놓고 열반에 머물라'라는 해석이 가능하다. 만약 '연기적으로 사고하자'라는 입장에서 본다면, 이러한 해석을 결코 받아들일 수 없다. '연기의 삶을 내려놓고'라는 말은, 그 관계성을 끊으라는 말이 되고 연기적 사고를 오히려 하지 말라는 뜻이 되기 때문이다. 물론 경전에서는 12연기를 설명하는 가운데 연기와 열반을 말씀하셨기 때문에 이때 연기를 외연기로 이해하지는 않았을 것이다.

연기법에 대한 여러 견해가 있을 수 있겠지만, 최소한 연기는 인연생기(因緣生起)의 준말로서 '인연화합으로 일어난다'는 뜻이다. 일어난 것은 사라진다. 따라서 연기법은 유위법이고 항상함이 없다. 그래서 경전에서 연기인 유위법은 생주이멸한다고 하였다. 그렇다면 열반인 무위법은? 경전 말씀에 의하면, 열반인 무위법은 연기가 아니다. 사물과 사물 간의 관계성보다는 마음 작용 간의 관계성으로 연기법을 이해한다면, 연기법은 분별하는 마음 작용 간의 관계성이며, 유위법은 그러한 분별 작용으로 드러난 현상이다. 이때 경전에서 말하는 무위법은 이러한 마음의 분별 작용이 사라진 자리이다. 그 자리가 바로 열반이다.

그러나 불교에서 궁극적으로 추구하는 삶이 열반이라고 해서 무위에만 머무는 삶을 강조하지 않는다. 불보살님께서는 중생과 함께하기 위해서 자비심으로써 마음의 분별 작용을 일으킨다.

4. 분별과 무분별지 그리고 방편

1) 분별을 내려놓고

연기법은 분별하는 마음 작용 간의 관계성인 내연기가 핵심이라는 전제 아래 이야기를 진행하였다. 그리하여 행은 마음 작용이며, '법은 마음 작용으로 드러난 세상(현상)'이라 하였다. 그리고 유위법은 마음 작용으로 드러난 현상이고, 무위법은 이러한 마음의 분별 작용이 사라진 자리라고 하였다. 이때 법은 마음 작용으로 드러난 세상에서 유위법에 해당된다. 그렇다면 이러한 법은 어떻게 마음 작용으로 드러나는가. 앞에서 걸레니 찻잔 받침대니 하며 예를 들어 언급했지만, 또 하나의 주요 내용을 이끌기 위해 한 번쯤 들어봤을 이야기를 가지고 간단하게 살펴보자.

무학 대사와 이성계의 이야기인 '돼지 눈에는 돼지밖에 안 보이고, 부처님 눈에는 부처님밖에 안 보인다'는 말에는 불교 교리가 함축되어 있다. 본인이 그런 사고를 가지고 있으니 상대방도 그렇게 보인다는 말인데, 그렇다면 '그런 사고'는 어디로부터 왔을까? 평소 좋은 모습을 보인 사람이 약속 시간을 어기면 '왜 늦지?' 하며 걱정하지만, 반대로 안 좋은 모습을 보인 사람의 경우에는 '또 늦는군. 그럼 그렇지' 하게 된다. 우리는 왜 그렇게 반응할까?

우리는 수많은 행위를 통해 다양한 사건과 정보를 받아들인다.

여기서 행위는 업에 해당한다. 그 업은 사라지지 않고 어딘가 저장되는데, 불교에서는 마음에 저장된다고 한다. 그 업을 근거로 이런저런 분별을 하며 살아가고, 또 수많은 업 짓기를 반복한다.

다시 말하면 지금 이전 우리가 살아온 삶의 터전에서 보고 듣고 느끼고 아는 마음 작용을 통해 여러 정보를 받아들이고, 그것을 토대로 지금 또 이렇게 보고 듣고 느끼고 알고서 판단한다. '보고 듣고 느끼고 아는 마음 작용'과 '판단' 등을 총칭하여 불교에서는 '분별'이라 한다. 그리고 '보고 듣고 느끼고 아는 마음 작용'이 왜곡되었음을 강조한다. 왜냐하면 그 밑바닥에는 자기중심적인 사고가 전제되어 있기 때문이다. 이에 『대승기신론』을 풀이할 때 염(念)을 망념(妄念)으로 풀이한다.

그럼에도 우리는 '보고 듣고 느끼고 아는 마음 작용'과 '판단' 등이 옳다고 생각한다. 반대로 상대방은 틀렸다고 여긴다. 내 판단과 다를 수 있는데 말이다. 삶의 흔적이 다르기 때문에. 반면에 불보살은 그 분별된 생각을 내려놓고 중생에게 다가간다. 그것과 관련된 용어가 '무연대비(無緣大悲)'이다. 부처님의 자비심을 무연자비(無緣慈悲)라고 한다. 이를 '인연 없는 중생에게도 자비심을 베푼다'고 풀이하는 이가 있다. 그런데 부처님께서는 '인연 없는 중생은 제도할 수 없다[불능도무연중생(不能度無緣衆生)]'고 하셨다. 따라서 무연대비에서 '연'을 '인연'의 의미로 해석하지 않는다. 무연대비는 세상의 이치를 살피고 일으키는 대비이다. 즉, 불보살이 실상(實相)에 깊이 들어가 일으키는 자비로서, 대상에 대한 분별심이 없이 베푸는 자비를 의미한다. 따라서 '연(緣)'을 '분별하는 마음 작용'으로 볼 때는, '못난 놈이다' '잘난 놈이다'라는 분별을 두지 않고 차별 없이 중생들에게 자비를 베푼다고 풀이한다.

불교에서는 '분별하지 마라' '분별을 내려놓아라'라고 한다. 지난 세월 동안 살아왔던 삶의 흔적을 근거로 지금 이 순간을 분별한다. 그 모든 분별은 자기중심적인 삶 속에서 축적되어온 정보를 가지고 지금 이 순간의 조건 아래에서 진행된다. 이때 축적되어온 정보를 인(因)이라고 하며 직접적인 원인이라고 해석하고, 지금 이 순간의 조건을 연(緣)이라고 하며 간접적인 조건이라고 해석한다. 정보가 다르거나 조건이 다르다면 다른 분별을 한다. 같은 정보와 같은 조건이라도 각자의 입장에서 다르게 분별하기도 한다. 이처럼 사람들은 각자의 정보와 각자 분석한 조건을 근거로 분별을 한다. 당연히 그 분별은 절대적이지 않다. 설령 절대적으로 옳다 하더라도 상대방은 그 분별을 각기 다르게 받아들인다.

분별에는 언어[개념]가 동반된다. 언어는 한계를 짓고 의미를 규정한다. 우리가 돼지라고 하는 순간 돼지로 분별하여 돼지가 아닌 것과 구분한다. 걸레라고 하는 순간 걸레로 분별하여 걸레가 아닌 것과 구분한다. 연기된 유위법은 분별하는 마음 작용으로 드러나고, 언어가 동반되어 다른 것과 구분된다. 그렇다면 무위법인 진여는 어떻게 되는가? 그 경지를 『법화경』 등에서는 '언어의 길이 끊어지고 마음 작용하는 곳이 사라졌다[언어도단 심행처멸(言語道斷 心行處滅)]'고 한다. 진여, 진리의 세계는 언어로 표현할 수 없고, 마음으로 분별할 수 없다. 언어로 표현할 수 있고 마음으로 분별할 수 있다면 한계가 있는 것이니 절대적인 진리의 세계가 아니다. 이러한 진여, 진리의 세계는 언어로 전할 수 없기 때문에 이심전심(以心傳心)이라 하였다. 마음에서 마음으로 전한다는 뜻이다. 이심전심과 관련된 일화가 있다. 부처님께서 법상에서 연꽃을 드셨다. 다른 대중들은 그 뜻을 알지 못했는데, 이때 마하가섭만이 그 뜻을 알고 미소를 지었다. 이를 염화미소라고 한다. 그런데 이 이야기를 전해 들은 어떤 스님은 부처님께서 실없는 일을 했다고 한 소리 하였다. 필자가 생각건대, 부처님께서 연꽃을 든 행위가, 잔잔한 호수에 돌 하나 던진 것처럼, 진여라는 호수에 또 하나 분별의 물결을 일으켰다는 뜻이 아닐까 한다. 옛 성인은 '입을 여는 즉 오류(開口卽錯)'라고 하였다. 진여를 진여라고 이름하는 순간, 진여가 아니다. 그러나 언어를 통하지 않고서는 대중들에게 전달할 수 없으니 '억지로 이름 하여 진여라고 한다.' 이에 『대승기신론』에서는 "진여라고 말한 것도 또한 모습이 없다. 이른바 언설의 궁극은 말에 의해 말을 버리는 것이다"라고 가르친다.

2) 열반의 자리에서 법을 설하다

부처님의 가르침은 분별을 내려놓음에 그치지 않는다. 부처님의 가르침은 '연기로 펼쳐진 세상은 마음의 분별로 드러난 세상이다. 분별을 내려놓고 무위, 열반, 진여로 가자. 그리고 다시 중생과 함께하고자 방편으로 분별을 일으키자'로 요약된다. 이 말은 부처님의 가르침을 관통하는 기본 뼈대라고 감히 주장한다. 다음 게송을 보자.

> 노승이 삼십 년 전 참선하기 전에는 산을 보면 산이었고 물을 보면 물이었다.
> 그 뒤 훌륭한 선지식을 만나게 되어 선정에 들어가 보니 산을 보아도 산이 아니었고 물을 보아도 물이 아니었다.
> 그러나 이제 진실로 깨달음을 얻고 나니 예전과 다름없이 산을 보면 단지 산이고 물을 보면 단지 물이다.

참선하기 전에는 분별심으로 '산을 보면 산이었고 물을 보면 물이었다.' 그리고 '산이다' '물이다' 분별하고 그것에 온갖 마음 작용이 달라붙는다. 그 산이 어떻다는 둥 저 물이 어떻다는 둥, 온갖 생각의 윤회가 일어난다. 선정에 들면 분별하는 마음 작용이 사라지고 마음 작용으로 드러난 삼라만상은 그것이라고 할 자성이 없으니, 굳이 표현하자면 '산을 보아도 산이 아니고 물을 보아도 물이 아니다.' 그런데 산은 산이 아니고 물은 물이 아니라고 한다면 이 세상과 함께 할 수 없다. 여기서 한 걸음 더 나아가 진실로 깨달음을 얻게 되면 '산을 보아도 단지 산이고, 물을 보아도 단지 물이다.' 더 이상 군더더기가 붙지 않는다. 참선 이전과 진실로 깨달음을 얻었을 때 차이는 '단지[지(只)]'뿐이다. 숭산 스님(1927~2004)과 그의 제자들이 '단지 ~할 뿐'이라는 법문과 맞닿아 있다.

다시 정리해보자. 분별심으로 보면 '산산 수수(山山 水水)'이다. 그 뒤 선정에 들어 분별심을 내려놓고 보면, '산비산 수비수(山非山 水非水)'이다. 그러나 진실로 깨닫고 보니 '산지산 수지수(山只山 水只水)'이다. 이는 다음과 같이 간단하게 정리된다.

'산산 수수' → '산비산 수비수' → '산지산 수지수'

이러한 전개는 『금강경』에서 반복되어 나오는 'A는 곧 A가 아니라 A라 이름한다[A 即非A 是名A]'라는 구절을 이해하는 데 도움이 된다. 가령 '제일바라밀은 곧 제일바라밀이 아니라 제일바라밀이라 이름한다(如來

說第一波羅蜜 卽非第一波羅蜜 是名第一波羅蜜).' 여기서 '제일바라밀'은 분별심으로 드러난다. 따라서 '제일바라밀'은 그것이라고 할 자성이 없으니 따져보면 '제일바라밀이 아니다.' 그러나 이름으로 나타내야 전할 수 있다. 그러므로 '제일바라밀이라 이름한다.'

이때 'A[제일바라밀]'는 분별심이라면, '卽非A[곧 제일바라밀이 아니다]'는 분별을 내려놓은 자리, 이를 무분별지(無分別智)라고 하고, '是名A[제일바라밀이라 이름한다]'는 무분별지를 얻은 다음에 얻게 되는 지혜라고 하여 무분별후득지(無分別後得智)라고 한다. 무분별지의 상태에서는 일체 분별이 사라졌기 때문에 눈을 감은 것과 같다고 하였다. 그런 상태에서는 중생을 위해 법을 설할 수가 없다. 따라서 다시 중생에 대한 자비심으로 마음 작용을 일으켜 산은 산이고 물은 물이라고 이름한다. 무분별지는 일체 분별이 사라지고 진여와 하나가 되었기에 근본지(根本智)[실지(實智)]라 하고, 무분별후득지는 중생을 위해 방편으로 마음 작용을 일으키므로 방편지(方便智)[권지(權智)]라고 한다. 『대승기신론』에서는 무분별심과 자재업이라 표현한다.

『반야심경』의 '색즉시공 공즉시색(色卽是空 空卽是色)'도 같은 맥락에서 이해할 수 있다. '색즉시공'에서 색은 분별로 드러난다. 그러므로 색은 그것이라고 할 자성이 없기 때문에 공이다. 공은 분별이 사라진 자리이다. 다시 중생을 위한 방편으로 마음 작용을 일으킨다. '공즉시색'의 색은 방편에 해당된다. 즉 색즉시공의 색은 분별심이라면, 공은 무분별지이고, 공즉시색의 색은 무분별후득지가 된다. 앞서 '산산 수수' '산지산 수지수'처럼 색즉시공의 색과 공즉시색의 색은 다른 색이다.

이때 '색즉시공 공즉시색'은 공(空)만 나타내는 것이 아니다. 불공

(不空)도 나타낸다. 공즉시색의 색이 불공을 전제로 드러난다. 색즉시공의 색은 중생의 분별심으로 드러났지만, 중생은 그것이 실재한다고 집착한다. 이러한 집착을 없애고자 인연화합으로 일어난 것은 자성이 없으며 그렇기 때문에 공이라고 강조한다. 모든 것이 공이라[없다]고 한다면, 이 삼라만상은 어떻게 드러나는가. 혹은 인연화합으로 드러난다고 한다면 그 인과 연은 어떻게 되는가. 그 인과 연 또한 인과 연으로 드러난다고 한다면 무한 소급의 오류에 빠진다. 공과 불공은 함께한다. 중생의 집착을 없애고자 공을 이야기하지만, 공은 불공을 전제로 하고 있으며, 불공은 공을 통해서 드러난다. 공을 '없다'라고 풀이한다면 무엇이 없는가? 보통 자성이 없다고 한다. 자성은 번뇌로 인해 생긴 집착이다. 결국 번뇌가 없다는 말이다. 불공은 '없지 않다'는 말이니 '있다'로 풀이하면 무엇이 있는가? 『대승기신론』에 의하면 공과 불공은 진여의 모습이다. 진여는 정법(淨法)을 드러내는 무한한 능력[공덕(功德)]을 가지니 이를 불공이라 이름한다. 이는 또한 취할 만한 모습이 없다. 중생의 분별로 알 수 없는 부분이다. 오직 깨달음의 지혜로 알 수 있다고 한다.

　　광덕 스님(1927~1999)은 '내 생명 부처님 무량 공덕 생명'이라고 표현하였다. 따라서 번뇌의 구름이 걷히면[공] 진여의 달빛은 온 세상을 비춘다[불공]. 진리 그 자체[진여]인 법신은 공이기에 청정하며, 불공이기에 다양한 방편을 보인다. 언어로 나타낸 부처님 말씀[경전]이나 모습으로 드러난 부처님[화신]은 모두 방편이다. 옛 스승은 달을 가리키는 손가락이라고 하였다. 『금강경』 등에서는 부처님 말씀을 뗏목이라고 하였고, 보신불(報身佛)과 화신불(化身佛)은 참이 아니라고 하였다. 진여인 법신은 모습으로 나타낼 수 없다. 중생을 위해 보신, 화신으로 작용을 보일 뿐이다. 드러난 것은 참이 아니기 때문이다. 다음은 송나라 종경 스님(?~?)의 게송이다.

보화비진료망연(報化非眞了妄緣)

보신 화신은 참이 아니오, 헛된 인연일 뿐.

법신청정광무변(法身淸淨廣無邊)

법신은 청정하여 넓고도 끝이 없도다.

천강유수천강월(千江有水千江月)

천강에 물이 있으면 천 개의 달이 있고

만리무운만리천(萬里無雲萬里天)

만 리에 구름이 없으면 만 리가 다 하늘이다.

_『금강경오가해』「제5 여리실견분(如理實見分)」

지금까지 이야기한 내용을 아래 표로 정리해본다. 세로 칸의 항목들이 같은 뜻으로 일치한다는 의미는 아니다. 논리 구조상 유사성이 있기 때문이니 참고하기 바란다.

〈 분별심, 무분별지 그리고 방편의 대조 〉

분별심 →	무분별지[근본지] →	무분별후득지[방편지]
산산 수수(山山 水水)	산비산 수비수(山非山 水非水)	산지산 수지수(山只山 水只水)
A는	A가 아니라[卽非A]	A라 이름한다[是名A]
색	즉시'공' '공'즉시	색
번뇌	공	불공
중생	법신	보신, 화신

5. 일체유심조

지금까지는 마음을 중심으로 부처님 가르침을 살펴봄으로써 왜 마음이 부각되는지, 그 이유를 자연스럽게 드러내고자 하였다. 그리고 마음을 마음 작용, 분별이라고 표현하였다. 마음 작용 또는 분별이라는 말은 마음을 인식, 이해, 판단 정도로 이해하는 수준이다. 앞으로 이야기를 진행하다 보면 마음의 의미가 그렇게 단순하지 않다는 것을 알게 된다.

1) 마음먹기 나름이라는 착각

일체유심조(一切唯心造). 글자 그대로 풀이하면 '모든 것은 마음이 만들었다'는 뜻이다. 그런데 일체유심조라는 말을 보통 '마음먹기 나름' '생각대로'라고 풀이한다. 이때 마음을 '의지' '생각'의 뜻으로 이해한다.

그런데 과연 모든 것은 우리 의지대로 되는 것일까. 만약 의지대로 된다고 한다면, 그 범위가 어디까지인가, 세상 자체를 마음대로 할 수 있다는 것인가, 아니면 세상이 어떻게 있든지 자신의 마음에 따라 이렇게도 저렇게도 볼 수 있다는 것인가.

필자는 지금까지 세상 자체를 마음먹은 대로 하는 사람을 보지 못했다. 혹 깨닫게 되면 그 모든 것이 다 가능하다고 말하는 이도 있을 것이다. 하지만 이렇게 이해하게 되면 신비주의로 빠질 수 있다. 중생은 자신의 의지대로 할 수 없지만, 도인은 자신의 의지대로 할 수 있다고 믿게 된다. 만약 세상이 어떻게 있든지 자신의 마음에 따라 이렇게 저렇게 볼 수 있다는 뜻으로 받아들인다면, 곧 이것은 자신의 마음[의지]에 따라 세상을 그렇게 본다[받아들인다]는 뜻이다. 하지만 이렇게 이해하는 것

역시 많은 문제점이 생긴다. 세상이 어떠하든 내가 생각한 대로 받아들인다는 뜻이 되기 때문이다. 대부분 사람들은 일체유심조를 이런 측면에서 이해한다. 이는 세상을 관조하는 측면이 굉장히 강하다. 물론 '마음먹기 나름'이라는 풀이는 힘든 이에게 어느 정도 위로가 될지는 모른다. 그러나 이러한 풀이는 세상의 일이나 사회 문제를 개인 심정으로 돌리는 측면이 강하다. 세상이 어떻든 개개인이 잘하면 된다는 뜻으로 말이다. 이는 강자의 문제점은 숨기면서 약자의 고통을 비웃는 말이 될 수 있다.

따라서 일체유심조의 뜻을 '마음먹기 나름' 또는 '생각대로'라는 뜻으로 이해한다면 왜곡될 소지가 있다. 또한 본래 그러한 뜻도 아니다. 그렇다면 일체유심조는 어떤 뜻인가?

2) 모든 것은 마음에 의해 그렇게 본다

일체유심조는 '모든 것은 마음에 의해 그렇게 본다'로 풀이한다. '본다'는 말은 '인식한다' '이해한다'는 뜻이다. 그리고 이때 그 마음은 '저장과 생성'의 뜻을 지닌다.

밖에서 개가 짖는다. 우리에게는 '멍멍'으로 들린다. 그런데 미국 사람에게는 '바우와우'로 들린다. 같은 개 짖는 소리가 왜 다르게 들리는가. 우리는 개가 '멍멍' 짖는다고 알아 왔고, 미국 사람들은 개가 '바우와우' 짖는다고 알아 왔기 때문이다. 그렇다면 실제 개 짖는 소리는 어떠한가. 사실 알기 어렵다. 그 소리를 듣는 순간, 듣는 사람마다 각자의 선입견이 함께 덧칠되기 때문이다.

앞서 언급한 '해골바가지 물 이야기'에서 원효 스님은 해골바가지에 담긴 물을 마셨다는 사실을 알고 구역질 했다. 해골바가지 물은 더럽다는 내용이 마음에 있었기 때문이다. 원효 스님이 '구역질을 해야지' 하는 의지가 발동하여 구역질을 한 것은 아니다. 마음에 그러한 내용이 있어 사실을 안 순간 구역질을 한 것이다. 만약 마음에 '해골바가지 물을 마시면 무병장수한다'는 내용이 있었다면 그 반응은 달랐을 것이다.

　　이런 논의는 앞에서 연기법을 내연기로 살펴본 내용과 통한다. 우리는 수많은 행위를 통해 다양한 정보를 받아들인다. 그러한 정보는 사라지지 않고 마음에 '저장'된다. 앞에 어떤 상황이 펼쳐지면 마음에 저장된 정보를 근거로 또 온갖 분별을 '생성'한다. 그리고 또 그 분별된 정보를 '저장'한다. 그렇게 반복한다. 이때 마음은 '저장과 생성'의 뜻을 지닌다. 유식에서는 저장된 정보를 종자(種子)라고 한다.

　　그렇다면, 우리가 긍정의 정보를 간직한다면 세상은 긍정으로 보일 것이고, 부정의 정보를 간직한다면 세상은 부정으로 보일 것이다. 이러한 원리를 응용한 것이 마인드컨트롤이다. 앞서 '마음먹기 나름'이라는 풀이는 '일체유심조'의 본래 의미가 아니라 이러한 내용을 응용하였다고 본다.

3) 모든 것은 마음이 실제로 만든다

한 걸음 더 나아가 일체유심조는 '모든 것은 마음이 실제로 만든다'는 뜻으로 확대된다. 이 부분은 참으로 받아들이기 힘든 부분이다. 이때 마음 역시 '저장과 생성'의 뜻이다. 이때 마음은 제8식을 말한다. 반면 앞서 '본다' '인식한다'는 풀이에서는, 제8식에 저장된 정보를 바탕으로 제7식과 안의비설신의 6식이 일어나서 인식한다는 뜻이다. 일체유심조에 대한 설명이 끝난 뒤 제8식과 제7식을 설명하겠다.

이런 생각을 할 수 있다. '개가 짖을 때 멍멍, 바우와우는 내 마음에 있는 내용이라고 하더라도 밖에 있는 개나 개가 실제 짖는 소리는 어떻게 되는가? 그것은 마음과 별도로 있는 것이 아닌가. 그것을 마음이 만들었다고 할 수 없지 않은가.' 쉽게 말하면 '산과 바다를 마음이 만들었다고 할 수 없지 않은가.'

그런데 대승불교에서는 '내가 인식하기 전의 세상[개, 개가 실제 짖은 소리]'을 부정하지는 않지만, 이 또한 마음이 만든 것이라고 본다. 쉽게 말하면 산과 바다도 마음이 만든 것이라고 본다는 뜻이다. 그뿐만 아니라 마음을 떠나서 결코 세상은 존재하지 않는다고 한다. 이 모든 것이 다 마음이다. 이를 만법유식(萬法唯識)이라고 말한다. 이 점이 대승불교의 특징이자 다른 가르침과 구분하는 중요한 기준이 된다.

이 내용은 참으로 받아들이기 힘들다. 아니 받아들일 수 없다. 『대승기신론』을 풀이한 어느 유명한 외국학자도 불교는 '모든 것은 마음이 실제로 만든다'는 점을 인정하지 않는다고 할 정도이니 말이다. 그렇다면 왜 우리는 이 말을 받아들일 수 없는가. 무엇보다 이런 생각도 있기 때문이다. 우리 주위에 누군가가 죽어도 이 세상은 그대로 있다. 즉, 내가 사라져도 이 세상은 그대로 있다. 그러므로 이 세상은 나[마음]와 별도로 있다. 이러한 생각을 불교에서는 이렇게 반박한다. 이 세상은 우리 모두가 만든 것이기 때문에, 우리 가운데 몇몇이 사라져도 남은 이들에 의해 이 세상은 있다.

이 부분을 이해하려면 '인셉션'이라는 영화가 도움이 될 수 있다. 영화의 기본 설정은 이렇다. 가까운 미래, 꿈을 조작할 수 있는 기계가 개발된다. 이를 이용해 여러 사람이 동시에 한 사람의 꿈속으로 들어가 그 사람의 무의식을 조종한다는 내용이 영화의 기본 줄기이다. 영화에서는 주인공들이 거대 기업의 상속자를 목표로 삼아 상속자의 꿈속으로 들어간다. 상속자가 스스로 회사를 망하도록 하게끔 꿈속에서 그의 무의식을 조작하기 위해서이다. 상속자의 꿈속에서 주인공들은 뜻하지 않게 살해당하거나 사고로 죽는다. 하지만 그것은 꿈일 뿐 실제로 죽지는 않는다. 다만 그 상속자의 꿈속에 있는 주인공들이 한 명이라도 살아남아 있으면 그 꿈은 계속 지속된다.

성경의 창세기처럼 불교 경전 『기세경』, 『대루탄경』, 『기세인본경』 등에도 세상의 탄생에 대한 이야기가 있다. 특히 『기세인본경』, 『구사론』 등에서는 세상은 중생의 업력에 의해 생겨난다고 설명한다. 이러한 경전의 내용을 자기 견해로 다양하게 이해할 수도 있겠지만, 그래도 받아들이기 쉽지 않다. 물론 받아들이지 않더라도 『대승기신론』을 엄밀하게 따져가면서 공부하지 않는 한 그렇게 지장은 없다. 그렇지만 이 부분이 해결되지 않으면, 경전이나 논서를 볼 때 왜 이런 이야기를 하는지 도통 감을 잡을 수 없는 부분이 나온다. 그렇다면 왜 일체유심조를 '모든 것은 마음이 실제로 만든다'고 풀이하는지 간단하게 살펴보자.

4) 유식무경

유식무경(唯識無境), 여기서 식(識)은 일체유심조(一切唯心造)의 심(心)과 같은 뜻으로 보아도 무방하다. 즉, '모든 것은 오직 마음이 만든다'는 뜻이나 '오직 식만 있고 대상은 없다'는 같은 가르침이다. '모든 것은 마음이 만들었기' 때문에 '오직 식만 있고 대상은 없다.'

물론 대승불교의 유식학파 논사들이 단순히 이렇게만 주장한 것은 아니다. 그들은 실재한다고 여겨지는 것에 대해 하나하나 검토해 나가면서 그것이 결코 실재하지 않음을 논리적으로 증명하였다. 여기서는 그 가운데 색법이 결코 식을 떠나서 홀로 있지 않다는 증명에 대해 간단하게 살펴보자.

색법이라고 하면 우리는 보통 마음 밖의 바깥세상을 생각하게 된다. 하지만 색법이 마음을 떠나 결코 있지 않다는 것을 증명하게 되면 바깥세상이 마음을 떠나 있지 않다는 증명이 되는 셈이기도 하다.

보통 색법은 극미(極微)로 이뤄졌다고 본다. 극미는 색법을 이루는 가장 작은 알갱이로 이해할 수 있다. 쉽게 설명하자면 색법을 물질의 집합으로 보고, 이 물질을 이루는 가장 작은 알갱이, 즉 더 이상 쪼개지지 않는 극미로 보는 것이다.

근대 물리학 분야에서 물질을 구성하는 가장 작은 알갱이를 한때 원자로 보았지만, 이제는 핵이나 미립자까지 발견하여 원자도 더 쪼개진다는 사실을 알게 되었다. 그 미립자도 앞으로 어떻게 될지 모르지만, 어쨌든 이러한 작은 알갱이들이 모여 색법[물질]을 이룬다. 그런데 그 극미는 정말 실재할 수 있을까. 만약 극미가 있고, 그 크기가 매우 작아 현미경으로도 보기 힘들다고 해도 존재하는 이상 부피를 가질 수밖에 없다. 부피를 갖는 이상 나눌 수 없다고 말할 수는 없다. 공간을 점하는 물질은 끝없이 나뉘게 된다. 그렇다면 '극미는 가장 작은 알갱이'라는 정의와 모순이 된다.

결국 극미는 또 다른 극미의 집합이 된다는 뜻이다. 따라서 임시로 있는 것이지 진실이 아니다. 어떤 것이 모여서 무엇이 되었다[A+B+C=D]고 한다면 그 무엇[D]은 임시로[가(假)] 있는 것이지 진실이 아니다. 이것은 불교 내외 사상가의 공통된 생각이다.

　　반면에 만약 극미는 부피가 없다고 하면, 부피 없는 극미가 어떻게 화합하여 우리 눈앞에 보이는 사물처럼 큰 덩어리가 되겠는가. 부피 없는 극미는 아무리 많아봐야 부피가 없다. 숫자 영에 아무리 큰 수를 곱해도 영이다. 이처럼 극미는 부피가 있어도 모순이고, 없어도 모순이다. 부처님께서는 다만 바깥세상이 실체 없음을 나타내기 위해 극미로 이뤄졌다고 말씀하셨을 뿐, 따지고 보면 극미는 없다. 단지 '가장 작은 알갱이'를 가정하여 극미라고 이름할 뿐이다.

　　그렇다면 우리 눈앞에 보이는 사물은 어떻게 된 것인가? 극미가 실로 있지 않은데 극미로 이뤄진 사물이 있다고 할 수 없다. 그런데도 우리 앞에 있다. 이것을 어떻게 설명할 것인가? 그래서 불교[특히 대승불교]에서는 마음에 의해 드러나고, 모든 것이 마음 안에서 펼쳐진다고 본다. 마치 꿈속의 사물처럼 꿈에서는 꿈인 줄 모르다가 꿈에서 깨어나면 꿈인 줄 알듯이, 우리는 그 진실을 모르다가 깨달음을 얻게 되면 이 모든 것이 마음속의 일임을 알게 된다.

　　유식무경(唯識無境), 단순하게 사고하여 이 말은 모순이라고 주장하는 이도 있다. 왜냐하면 인식에는 반드시 대상이 있기 때문이다. 그런데도 '오직 식만 있고 대상[경]이 없다'고 하니 잘못되었다는 것이다. 그러나 그렇지 않다. 그 가르침은 마음 밖에 있다고 하는 대상을 부정하지, 마음 안에 있는 대상을 부정하지 않는다. 유식무경에서 경은 '마음 밖의 대상[心外境]'을 말한다. '유식무경, 오직 식만 있고 대상은 없다'에서 '없다'는 '아무것도 없다'라는 뜻이 아니다. 세상은 내 마음 안에서 펼쳐진 것이다. 내 앞에 펼쳐진 세상을 없다고 부정하지 않는다. 다만 그 세상이 마음 밖에 있다는 것을 부정한다. 유식무경의 가르침은 세상을 부정하는 것이 아니라, 세상이 어떻게 있는가를 다르게 볼 뿐이다.

6. 마음[식]의 분류, 제8식과 제7식

앞에서 일체유심조의 의미를 살펴보는 가운데, 마음은 '저장과 생성'의 뜻이 있으며, 그 마음은 제8식·제7식·6식[안식, 이식, 비식, 설식, 신식, 의식] 등이라고 가볍게 언급하였다. 이는 대승불교 유식 사상의 중심 가르침이다. 안이비설신의(眼耳鼻舌身意) 6식이 우리가 평소 알고 있는 마음이라면, 제8식과 제7식은 어떻게 이해해야 하는가. 일단 제8식은 저장식, 제7식은 자기 집착식이라고 쉽게 생각하면 된다. 그러면 제8식과 제7식이 왜 등장하는지 상식선에서 살펴보자.

1) 제8식의 등장

유식 사상에서는 제8식이 있어야 하는 이유에 대해 여러 가지 증명을 한다. 그 증명에는 전문 용어가 너무 많아 이해하기 어렵다. 이에 여기서는 상식선에서 왜 제8식이 있어야 하는지 살펴보고자 한다.

일단 우리가 알고 있는 6식에 대해 알아보자. 6식은 일어나지 않을 때가 있다. 안식·이식·비식·설식·신식은 말할 것도 없고, 의식도 끊어질 때가 있다. 가령, 깊은 잠에 빠졌을 때나 기절했을 때, 그때는 의식이 작용하지 않는다. 이 점이 참으로 중요한 부분이다.

깊은 잠에 들었다가 아침에 깨어났을 때, 우리는 자신의 이름이 아무개라는 것을 알고, 주위 사람이 가족이라는 것을 알고, 몇 번 버스를 타고 직장에 가야 하는지를 안다. 그렇다면 이 정보가 어디에 저장되어 있었을까?

오늘날 과학에서는 뇌, 신경세포, DNA 등에 기억이 담겨 있다고 한다. 이것은 현대인들에게 또 하나의 상식이 되었다. 마음이라는 것도 뇌의 활동이며 모든 정보는 뇌에 저장된다고 생각하는 사람이 있다. 하지만 과연 그렇다고 장담할 수 있을까?

우선 전생과 내생 등 윤회를 믿는 경우라면 어떻게 될까? 뇌 역시 몸의 일부이자 물질이기 때문에 죽으면 이생에서 흙으로 돌아간다. 뇌에 삶의 흔적[업, 정보]이 있다고 한다면 죽는 순간 그 흔적 역시 사라지게 된다. 따라서 뇌에 담긴 정보는 다음 생으로 연결되지 않게 되고, 그렇게 되면 윤회는 설명되지 않는다.

다음은 윤회를 믿지 않는 경우이다. 이 경우 특히 뇌에 모든 정보가 저장된다고 강하게 믿는다. 아니 믿는 것이 아니라 과학적 사실이라고 말한다. 과연 이 또한 장담할 수 있을까? 뇌에 정보가 있다고 보는 이유 가운데 하나가 실험으로 나타나기 때문이다. 그 실험이란, 가령 뇌의 어느 부위를 조작했을 때 언어 행위가 일어나지 않으면 그 부위가 언어 기능을 담당한다고 본다. 그런데 잘 생각해보자. 그 부위가 언어 기능과 관련은 있겠지만 그 부위에 언어와 관련된 정보가 반드시 있다고는 장담할 수 없다. 가령 라디오를 듣다가 기계 장치에 이상이 생겨 소리가 들리지 않는다고 해서 그 기계 장치에 소리에 대한 정보가 있다고 말할 수 없다. 또 뇌를 자극하여 특정 기억이 떠올랐을 경우 역시 마찬가지이다. 뇌의 자극을 통해서 특정 기억이 떠올랐다 하더라도 특정 기억과 관련은 있겠지만 그 뇌에 특정 기억에 대한 정보가 있었다고 장담할 수는 없다. 만약 이러한 기능을 뇌를 중심으로 사고한다면, 사람이 죽음에 이르렀을 때의 경험을 의미하는 임사체험은 어떻게 볼 것인가. 뇌의 95%가 비어있는 사람은 또 어떻게 볼 것인가.

DNA에 저장된다는 주장은 DNA가 유전정보라는 말을 잘못 이해한 것이 아닌가 한다. DNA에 저장된다고 한다면 DNA에 변화가 있다는 말이 된다. 순간순간 변화하는 DNA을 통해 사람을 찾는 일은 있을 수 없다.

이처럼 6식은 끊어지기 때문에 우리 삶의 흔적을 간직할 무엇이 있어야 한다는 것을 우선 공감하였다. 그리고 오늘날 뇌 등 물질에 그러한 정보들이 있다고 보는 견해가 있지만, 그것 역시 장담할 수 없다고 필자는 생각한다. 그렇다면 어디에 우리 삶의 흔적이 간직되는 것일까? 부파불교의 논사들도 이러한 고민을 하였다. '6식 이외에 무엇인가 있어야 하는데' 그리하여 그들도 그 무엇인가를 상정하고 근본식이니, 유분식이니, 궁생사온이니 하는 이름을 붙여 이론을 정립하는 데 힘썼다.

한편 유식학파 논사들은 경전에 근거하여 제8식을 언급한다. 제8식은 우리의 삶을 종자[씨앗]의 형태로 간직하여 유지하고 나타낸다. 제8식을 부르는 이름은 여럿 있다. 아뢰야식, 이숙식, 일체종자식, 심(心), 아말라식[청정무구식], 아다나식[집지식] 등이다. 그런데 제8식 하면 아뢰야식이라고 많이 부른다. '아뢰야'라는 말은 범어로 ālaya(알라야)의 음역이다. 책마다 아리야(阿梨耶), 아려야(阿黎耶) 등으로 다르게 표기하기도 한다. '저장하다'는 뜻이 있기 때문에 아뢰야식을 장식(藏識)이라 번역한다. 그리고 중요한 내용 하나, 바로 집장이다. 집장이란 제8식이 아애(我

愛)에 의해 집착된다는 점에 의거한다. 즉, 다음에 설명하는 제7식이 제8식을 나[아(我)]라고 여겨 아애로써 집착한다. 『대승기신론』에서는 "여래장에 의거하여 생멸심이 있다. 이른바 불생불멸이 생멸과 더불어 화합하여 같지도 않고 다르지도 않은 것을 아려야식(阿黎耶識)이라고 한다"라고 언급한 뒤 하나하나 설명해 나간다.

2) 제7식의 등장

제7식이 있어야 하는 이유 역시 여러 가지 논증이 있지만, 이 역시 상식선에 살펴보고자 한다. 앞에서 살펴본 제8식, 우리가 상식으로 알고 있는 6식 그리고 '나를 집착하면 중생이고 집착이 없으면 성인'이라는 점만 가지고 출발하자. 여기에는 앞에서 설명한 것처럼, 가령 깊은 잠을 잘 때나 혼절했을 때 6식이 일어나지 않을 때가 있다는 점을 알아두는 것이 중요하다.

　　나를 집착하면 중생이고 집착이 없으면 성인이다. 그런데 집착은 마음이 한다. 마음이란 상식으로는 6식이다. 만약 마음이 일어나지 않으면 당연히 집착도 없다. 앞에서 집착이 없으면 성인이라고 하였다. 그런데 깊은 잠을 잘 때나 혼절했을 때 등등, 그때는 6식은 일어나지 않는다. 6식이 일어나지 않으니 집착도 일어나지 않는다. 따라서 깊은 잠을 잘 때나 혼절했을 때는 집착이 없으니 성인이 된다.

　　하지만 아무리 생각해도 깊은 잠을 자는 사람이나 기절한 사람을 성자라고 보지는 않는다. 깨어 있을 때처럼 여전히 중생이다. 그런데 '집착이 없으면 성인이 된다'라는 전제에서 출발하여 살펴본 결과, '깊은 잠을 잘 때나 혼절했을 때는 집착이 없으니' 그때는 성인이 되어버린다.

다시 생각해보자. 아무튼 우리는 깊은 잠을 자는 자나 기절한 사람을 성자로 보지 않는다. 그런데 그에게는 집착하는 마음인 6식은 일어나지 않는다. 집착하는 마음은 없지만 그냥 그를 중생이라고 본다. 집착하는 마음이 일어나지 않아서 집착이 없는데 왜 중생으로 보는가? 중생과 집착이 연결 단어라면, 집착과 연결되는 마음과 관련된 단어가 있어야 한다. 집착하는 무엇인가 있어야 깊은 잠에 든 사람도 성인이 아니라 중생이라는 것이 풀린다. 그것도 의식 밑바탕에서 말이다.

혹 제8식을 배웠다고 제8식을 생각할지 모르겠다. 제8식은 집착하지 못한다. 집착은 번뇌에 해당된다. 앞에서 제8식은 종자를 간직하여 유지한다고 하였다. 즉, 저장하는 창고의 의미이다. 제8식이 집착을 한다면 창고인 제8식이 번뇌로 오염되었다는 말이 된다. 창고는 오염이 되면 창고로서 자격이 없다. 창고 속에 저장된 것을 오염시키기 때문이다.

이때 유식불교에서는 제7식을 등장시킨다.

앞에서 제8식이라는 말을 듣는 순간, 또는 지금 이 순간에도 제8식이 윤회의 주체라는 이미지가 부각되면서 우리는 제8식을 나[아(我)]라고 집착하기도 한다. 그런데 이때 집착은 제6식[의식]의 분별로 인한 집착이다. 즉, 지금 이 집착은 제8식이라는 말을 배움으로써 그릇된 분별로 인한 제6식[의식]의 집착이다. 제8식이라는 용어를 듣기 이전부터 끊어지지 않고 의식 밑바닥에서 제8식을 나라고 집착하는 놈이 있으니, 바로 제7식이다. 6식이 일어나든 일어나지 않든, 제7식은 성인(聖人)이 되기 전까지 끊이지 않고 제8식을 나라고 집착한다. 따라서 깊은 잠을 자거나 기절했을 때에도 제7식이 제8식을 나라고 집착하고 있기 때문에 성인이 아니라 중생이다.

제7식은 제8식을 보고 아(我)로 끊임없이 헤아려서[사량(思量)] 집착하기 때문에 사량식이라고 한다. 사량은 범어로 마나스(manas)이며, 의(意)에 해당되는 뜻이다. 보통 제7식을 말나식(末那識)[마나식]이라 한다. 그런데 제7식을 의역하면 의식이 되지만, 제6식인 의식(意識)과 구분하기 위해 단순히 의(意)라고 한다. 한편 『대승기신론』에서는 심생멸문 가운데 삼세육추(三細六麤), 5의(五意)와 의식 등을 설명한 부분이 있는데, 무엇이 제7식을 가리키는지는 명확하지 않다. 무엇이 제7식에 해당하는지, 옛 스승들의 논쟁은 지금까지 이어지고 있다.

3) 여러 식의 관계

이처럼 유식 사상에서는 6식을 비롯하여 제8식과 제7식을 언급한다. 안식(眼識)·이식(耳識)·비식(鼻識)·설식(舌識)·신식(身識)·의식(意識) 등을 통칭하여 6식이라고 한다. 6식은 제6식인 의식과 안식 등의 5식으로 구분한다. 5식은 제6식인 의식 앞이라고 해서 전(前)5식이라고 한다. 마찬가지로 6식은 제7식 앞이라고 해서 전6식이라고 한다. 제8식을 비롯한 모든 식은 제8식에 저장된 종자로부터 일어나서 현행한다.

초기경전부터 마음을 심(心), 의(意), 식(識)으로 이름하였다. 심은 집지(執持)[잡아서 유지함]의 뜻이고, 의는 사량(思量)[살펴 헤아림]의 뜻이고, 식은 요별(了別)[인식, 분별]의 뜻이다. 8식[제8식, 제7식, 제6식, 전5식] 모두 앞의 심, 의, 식의 뜻을 다 갖추고 있다. 그렇지만, 제8식은 세상의 씨앗[종자]을 간직하고 이 몸을 잡아 유지하기 때문에 심[집지]의 뜻이 강하고, 제7식은 제8식을 항상 살펴 헤아려 나[아(我)]와 나의 것[아소(我所)]이라고 집착하기 때문에 의[사량]의 뜻이 강하고, 제6식과 전5식은 육진 경계[색성향미촉법]를 두드러지게 분별하기 때문에 식[요별]의 뜻이 강하다. 따라서 심은 제8식, 의는 제7식, 식은 6식에 연결하기도 하지만, 반드시 그런 것은 아니다. 모든 식이 심, 의, 식의 뜻을 다 갖추고 있기 때문이다.

한편 전 5식은 제6식과 함께 일어나야 인식이 일어난다. 전 5식만으로는 인식이 일어나지 않는다. 가령 지금 여러분은 의자에 앉아 있다는 말을 필자가 했을 때, 지금 이 말을 듣는 순간 여러분은 의자에 앉아있다는 사실을 인식한다. 이 말을 듣기 전에도 분명히 여러분은 의자에 앉아있었다. 그런데 왜 그때는 의자에 앉아있다는 사실을 인식하지 못한 것일까. 몸이 의자에 앉아있다는 사실을 받아들이는 것은 신식(身識)이다. 신식만으로는 인식이 일어나지 않는다. 의식이 함께해야 한다. 의식이 함께하는 순간 의자에 앉아있다는 사실을 인식한다. 그렇지만 전 5식 없이 의식만으로도 인식은 일어난다. 미래를 상상하거나 꿈을 꾸거나 할 때가 그 예이다.

그런데 의식이 일어나려고 하면 반드시 의근(意根)이 있어야 한다. 안식이 일어나려면 안근(眼根)이 있고, 이식이 일어나려면 이근(耳根)이 있는 것처럼. 그렇다면 의근은 무엇일까? 부파불교의 한 부파에서는 앞 찰나 의식을 뒤 찰나 의식의 의근이라고 보았다. 유식 사상에서는 이를 인정하지 않는다. 왜냐하면 앞 찰나 의식은 이미 과거로서 현재 없기 때문에 근의 기능을 가질 수 없다고 본다. 근과 식은 지금 동시에 있어야 한다고 보기 때문이다. 따라서 유식 사상에서는 제7식을 제6식인 의식의 의근으로 본다. 이때 제7식도 의식이고, 제6식도 의근의 식으로서 의식이다. 제7식인 의식과 제6식인 의식을 구분하기 위해서 제7식은 그냥 의(意)라 하거나 말나식이라 하고, 제6식을 의식이라 한다.

정리해보자. 제8식을 비롯한 모든 식은 제8식에 저장된 종자로부터 일어나서 현행한다. 그런데 인식이 일어나려고 하면 제6식인 의식이 있어야 한다. 그런데 의식은 제7식을 의근으로 한다. 하지만 제7식은 제8식을 '나' '나의 것'이라고 집착한다. 이러한 집착이 있는 이상, 제7식을 의근으로 하는 제6식인 의식의 인식은 바르다고 단정할 수 없다. 이때 소크라테스의 명언이 떠오른다. '내가 너희들하고 다른 것은, 너희들은 모른다는 사실을 모르지만, 나는 모른다는 사실을 안다.'

수행을 통해 제7식 등이 '나' '나의 것'이라는 집착을 내려놓지 않는 이상, 중생의 삶은 이어진다. 제7식 등이 그러한 집착을 내려놓으면 8식의 모든 식은 지혜와 함께하는 청정한 식으로 전환된다. 이를 유식 사상에서는 전식득지(轉識得智)라고 한다. 자기중심으로 분별하는 식을 바꾸어 지혜를 얻는다는 뜻이다.

7. 보살 계위(단계)

여기서 보살 계위[단계]를 살펴보자. 보살 계위란 보살이 처음 보리심[깨닫고자 하는 마음]을 일으킴으로부터 수행하여 불과(佛果)에 이르기까지 단계를 말한다. 『대승기신론』에서는 보살 계위를 별도로 설명하는 부분이 없지만, 보살 계위에 따른 깨달음의 범위, 무명과 염법(染法)의 제거 등을 설명한다. 따라서 보살 계위를 이해하고 있으면 『대승기신론』을 공부하는 데 도움이 된다. 굳이 여기서 다 이해하거나 외울 필요는 없다.

본문을 읽어가면서 필요할 때 이 부분을 참고하면 된다.

그런데 대승 보살의 계위는 경전마다 다르게 구분하고, 보통 10신(十信), 10주(十住)[10해(十解)], 10행(十行), 10회향(十回向), 10지(十地), 등각(等覺), 묘각(妙覺)[불지(佛地)]으로 구분한다. 10주, 10행, 10회향에 있는 보살을 삼현(三賢)이라고 한다. 이들은 아직 인아견(人我見)[인아집, 아집(我執)]과 법아견(法我見)[법아집, 법집(法執)]을 내려놓지 못하였다. 아집이란 나에 대한 집착을 말하고, 법집이란 나에게 펼쳐진 삼라만상[현상]에 대한 집착을 말한다. 나[아] 또한 법에 포함되니, 아집이 있으면 당연히 법집이 있다. 아집과 법집에는 각각 구생과 분별이 있다. 구생아집 또는 구생법집은 가르침이나 분별없이 선천적으로 태어나기 전부터 함께하며 스스로 일어난다. 분별아집 또는 분별법집은 살아가면서 누군가의 그릇된 가르침이나 분별에 의해 비로소 일어난다. 구생아집과 구생법집은 제7식과 제6식에 모두 있지만, 분별아집과 분별법집은 제6식에만 있다.

분별로 인한 인아견[분별아집]과 법아견[분별법집]을 끊으면 십지 보살의 첫 단계인 초지보살에 들어간다. 초지보살에 들어서는 순간을 견도라고 하며, 초지보살 이후를 수도라고 한다. 초지보살부터 성인(聖人)이라고 한다. 초지 이전에는 제6식과 관련된 분별아집과 분별법집을 다스렸을 뿐, 제7식과 관련된 구생아집과 구생법집은 손도 대지 못하는 경지이다. 초지부터 제6식과 제7식이 관련된 구생아집과 구생법집을 다스린다. 구생아집을 다스려 구생아집이 일어나지 않으면 제8지 보살에 들어선다. 그리고 구생법집을 초지 이후 점차로 끊어나가다가, 제10지가 원만하게 성취되고 금강유정(金剛喩定)이 나타날 때 완전히 끊고 불지에 들어간다.

　제10지가 원만하게 성취된 최종의 시기인 금강유정을 등각이라고 한다. 내용적으로는 부처님의 깨달음과 다를 바 없지만 실제로는 그 일보 직전의 단계에 있다. 또는 보살 인행(因行)[부처님을 이루는 원인이 되는 수행 단계]을 거쳐 과위(果位)[수행의 결과로 부처님을 이룬 단계]로서 단계를 등각이라고 한다면, 인행에 상대한 과위가 아니라 부처님 본래 깨달음의 세계를 묘각이라 한다. 『대승기신론』에서는 등각 등의 용어는 등장하지 않고 주석서에 등장한다.

　따라서 보살 계위의 큰 매듭은 삼현의 첫 단계인 10주의 제1주 발심주, 견도인 초지보살[정심지], 구생아집을 다스린 제8지 보살[색자재지], 구생 법집까지 완전히 끊어지는 금강유정이다. 제10지[보살진지] 마지막 단계에서 금강유정이 나타날 때 모든 집착이 끊어지고 여래지에 들어간다. 『대승기신론』은 이 큰 매듭을 중심으로 깨달음의 범위, 염법의 제거 등을 설명한다.

　이를 표로 정리해보자.

〈보살 계위와 아집 법집의 소멸〉

보살 계위[52위]		『대승기신론』에서 계위 명칭	아집과 법집의 소멸			
			분별아집	분별법집	구생아집	구생법집
10신		신상응지	조금씩 다스림		일어남	
10주[10해]						
10행						
10회향						
10지	초지 환희지	정심지	완전히 끊고 초지에 들어섬		조금씩 다스림	조금씩 다스림
	제2지 이구지	구계지				
	제3지 발광지					
	제4지 염혜지					
	제5지 극난승지					
	제6지 현전지					
	제7지 원행지	무상방편지				
	제8지 부동지	색자재지			일어나지 않음	
	제9지 선혜지	심자재지				
	제10지 법운지	보살진지[무구지]				
등각		여래지				일어나지 않음
묘각						

『대승기신론』 살펴보기

제3부

1. 삼보에 예를 올리다〔귀경게〕

목숨 바쳐 귀의합니다, 온 시방에서

가장 뛰어난 업과 두루 한 지혜를 갖추고

색신(色身)은 걸림 없이 자재하며

세상을 구제하는 대비하신 분〈**불보**〉과

아울러 저 몸의 체(體)와 상(相)인

법성 진여의 바다〈**법보**〉와

무량한 공덕을 갖춘 이의

여실한 수행 등〈**승보**〉에게.

중생으로 하여금

의혹을 제거하고 잘못된 집착을 버리게 하여

대승의 바른 믿음을 일으켜

부처님의 종자를 끊어지지 않게 하고자 하기 때문입니다.

『대승기신론』 제일 앞에 등장하는 귀경게이다. 옛 스승들은 부처님 말씀을 전하는 글을 쓸 때, 그 글 첫 부분에 귀경게로써 불법승 삼보에 예를 올렸다. 그 이유는 삼보의 은혜에 감사함을 나타냄과 동시에 이 글이 삼보의 가르침에 어긋남이 없음을 내외에 알리고자 하기 때문이다.

『대승기신론』의 귀경게는 크게 두 부분으로 나뉜다. "목숨 바쳐 귀의합니다, … 여실한 수행 등에게"까지는 삼보에 귀의하는 게송이고, "중생으로 하여금 … 때문입니다"의 뒷부분은 이 논을 지은 목적을 나타내는 게송이다.

앞부분에 나온 각 삼보에 대한 구분은 『대승기신론』 자체에서는 명확하게 나타나지 않는다. 따라서 스님마다 차이가 나지만, 여기서는 원효 스님의 가르침에 따라 구분하여 〈 〉 안에 나타냈다.

"온 시방에서 … 대비하신 분"은 불보(佛寶)에 해당한다. 즉, 중생 교화의 뛰어난 활동과 일체를 꿰뚫고 두루 한 지혜를 갖추고, 여래의 몸[색신]을 걸림 없이 드러내며, 세상을 구제하는 대자대비하신 부처님께 예를 올리는 구절이다. 무연자비(無緣慈悲)가 모든 자비 가운데 뛰어나기 때문에 대비라고 하였다. 제2부에서 살펴보았듯이, 이때 무연자비는 대상에 대해 분별없이 베푸는 자비를 의미한다. 인연 없는 중생에게 자비를 베푼다는 의미가 아니다.

"아울러 저 몸의 체(體)와 상(相)인 / 법성 진여의 바다"는 법보(法

寶)에 해당한다. 깨달은 부처님은 진리로써 몸을 삼는다. 진리를 법성, 또는 진여라고 한다. 따라서 부처님 몸 자체[체]와 공덕[상]은 바로 법성 진여이다. 그러한 진여를 바다로 비유한다. 바다가 매우 깊고, 광대하고, 그 속에 온갖 보배가 다함 없고, 바다에 온갖 형상이 비춰어 나타나는 것처럼, 진여의 큰 바다도 그러하다. 모든 잘못을 영원히 끊고, 만물을 포용하고, 갖추지 않은 덕이 없고, 나타내지 않는 형상이 없기 때문이다. 불법승 삼보에서 법보를 부처님 가르침이라고 하는데, 그 가르침 또한 법성 진여의 바다로부터 흘러나온다.

"무량한 공덕을 갖춘 이의 / 여실한 수행 등"은 승보(僧寶)에 해당한다. 한 가지 행을 닦음에 만 가지 행이 모여 이루어지고, 하나하나의 행이 모두 진여와 같아서 무량 공덕이 있다. 이러한 공덕이 모두 보살에 속하고, 보살이 그 덕을 잘 가지고 있기 때문에 "무량한 공덕을 갖춘 이" 라고 한다.

이상 삼보에 귀의하고, 이 논을 지은 목적을 나타내는 내용에 관해 설명하였다. 이러한 목적은 〈3. 논의 주제를 해석하는 부분[해석분]〉에서 자세히 다루고 있다. 조금 요약해 정리하자면, "의혹을 제거하고"자 대승의 바른 뜻을 나타내고[현시정의(顯示正義)], "잘못된 집착을 버리게" 하고자 그릇된 집착을 다스리는 방법[대치사집(對治邪執)]을 설명하고, "대승의 바른 믿음을 일으켜" 도에 발심하여 나아가는 모습을 분별한다[분별발취도상(分別發趣道相)].

이와 같이 삼보에 대한 예경과 논을 쓰게 된 목적, 이유를 밝힌 귀경계를 마친 뒤 본론으로 들어간다.

2. 논의 핵심 내용

논하여 보자.

대승[마하연]의 믿음[신근(信根)]을 일으키는 법이 있다. 그러므
로 설명해야 한다.

『대승기신론』 본문의 첫 문장인 "대승의 믿음을 일으키는 법이 있다[有
法能起摩訶衍信根]"는 논의 핵심 내용이다.

앞의 〈제1부 1. 『대승기신론』의 이름 풀이〉에서 '대승기신'을 풀
이할 때 이 첫 문장을 제시하였다. 이 문장은 '대승기신'과 같은 의미로
서 '대승기신'을 좀 더 풀어쓴 글이다. 『대승기신론』이 '대승기신에 대해
논의하는 글'이라고 한다면, 논에서는 '대승의 믿음을 일으키는 법'을 당
연히 설명해야 한다. 따라서 이 문장이 논에서 설명하고자 하는 핵심 내
용이다.

한편 '법'은 부처님 가르침, 현상[나에게 드러난 세상, 사물, 삼라만상]
등의 뜻이 있다. 위 문장에서 법은 '가르침'이라는 뜻으로 이해하여, '대
승의 믿음을 일으키는 가르침이 있다'고 풀이할 수 있다. 그런데 원효 스
님은 이 법을 '일심법'이라고 한다. 이 일심법을 잘 이해하면 반드시 광
대한 믿음을 일으키게 되므로 논에서 '대승의 믿음을 잘 일으킨다'고 말
한다. 이때 스님이 말한 일심법이 '일심에 대한 가르침'의 뜻이라면, 윗
문장은 '대승의 믿음을 일으키는 일심의 가르침이 있다'는 뜻이 된다. 만
약 '일심이라는 현상'의 뜻이라면 '대승의 믿음을 일으키는 일심이 있다'
는 뜻이 된다. 물론 둘 다 가능하다. '일심'을 설명하는 내용이 '일심의 가

르침'이기 때문이다. 법을 '일심'으로 이해하든, '일심의 가르침'으로 이해하든 결국 논은 '일심에 대한 가르침'이다. 논에서는 이러한 핵심 내용, 또는 법을 다섯 부분으로 구분하여 설명한다.

> 첫째, 논을 지은 인연을 설명하는 부분[인연분(因緣分)]이다.
> 둘째, 논의 주제를 세우는 부분[입의분(立義分)]이다.
> 셋째, 논의 주제를 해석하는 부분[해석분(解釋分)]이다.
> 넷째, 신심을 닦아가는 부분[수행신심분(修行信心分)]이다.
> 다섯째, 이익을 보여 수행을 권하는 부분[권수이익분(勸修利益分)]이다.

이 부분은 앞의 〈제1부 3.『대승기신론』의 구조와 내용〉에서 반복해서 설명하였다. 따라서 여기서는 이 정도로 소개만 하고 다음으로 넘어간다. 그리고 이 글에서는 편의상 '첫째' '둘째' 등 대신에 '제1장' '제2장' 등으로 나타낸다. 이후 논을 풀이하는 가운데 언급하는 '제1장' '제2절' '제3항' 등은 〈부록『대승기신론』 우리말 번역〉에 제시한 차례를 말한다.

3. 논을 지은 인연을 설명하는 부분〔인연분(因緣分)〕

> 먼저 '논을 지은 인연을 설명하는 부분[인연분(因緣分)]'을 설명한다.
> 묻는다.

"어떤 인연으로 이 논을 지었는가?"

본론 다섯 부분 중 제1장은 '논을 지은 인연을 설명하는 부분[인연분]'이
다. 이때 '인연'은 동기, 연유, 이유, 목적 등의 의미이다.

1) 논을 지은 여덟 가지 인연
그 인연으로 다음과 같이 여덟 가지를 제시한다.

> 첫째, 모든 인연을 총괄할 수 있는 인연[인연 총상(總相)]이다. 이
> 른바 중생으로 하여금 모든 괴로움을 벗어나고 궁극의 즐거움
> 을 얻게 하고자 하는 것이지, 세간의 명예와 이익 그리고 공경
> 을 구하고자 하는 것은 아니기 때문이다.
> 둘째, 여래께서 (설한 일체 법문의) 근본 뜻을 해석하여 모든 중생
> 으로 하여금 바르게 이해하여 틀리지 않도록 하기 위해서이다.
> → 〈제3장 제1절 대승의 바른 뜻을 나타냄〉, 〈제3장 제2절 그릇된 집착
> 을 다스림〉
> 셋째, 선근(善根)이 성숙한 중생으로 하여금 대승법[마하연법]
> 을 감당하여 신심이 물러나지 않게 하기 위해서이다. → 〈제3장
> 제3절 도에 발심 수행하여 나아가는 모습을 분별함〉
> 넷째, 선근이 미진한 중생으로 하여금 신심을 닦아 익히게 하
> 기 위해서이다. → 〈제4장 제1절 네 가지 믿음〉, 〈제4장 제2절 제1항
> 네 가지 수행〉
> 다섯째, 방편을 보여 나쁜 업장(業障)을 없애서 그 마음을 잘 보

호하고, 어리석음과 교만을 멀리 떠나 사악한 그물에서 벗어나게 하기 위해서이다. → 〈제4장 제2절 제1항 네 가지 수행〉 끝부분

여섯째, 지관(止觀)의 수행을 보여 범부와 이승이 지니는 마음의 허물을 다스리기 위해서이다. → 〈제4장 제2절 제2항 지관문〉

일곱째, 오로지 염불에 힘쓰는 방편을 보여 부처님 앞에 태어나서 결코 신심이 물러나지 않게 하기 위해서이다. → 〈제4장 제3절 염불 수행〉

여덟째, 이익을 보여 수행을 권하기 위해서이다. → 〈제5장 이익을 보여 수행을 권하는 부분〉

'첫째, 모든 인연을 총괄할 수 있는 인연[인연 총상]'이란 이 논을 지은 모든 인연의 바탕이 되는 근본 인연이다. 그 근본 인연의 내용을 짧게 말하면, 중생으로 하여금 '괴로움을 떠나고 즐거움을 얻게[이고득락(離苦得樂)]' 하고자 함이다. 이는 자비의 뜻이다. 자비를 여락발고(與樂拔苦)라고 풀이한다. 즉, '자(慈)'는 사랑으로서 그 중생이 예뻐 보이기에 즐거움을 주고자[여락] 하고, '비(悲)'는 연민으로서 그 중생이 가여워 보이기에 괴로움을 뽑아주고자[발고] 하는 마음이다. 따라서 중생에 대한 자비심이 이 논을 짓게 된 근본 이유이자 목적이다.

　　이러한 인연 총상을 바탕으로 별도 일곱 가지 인연인 이유, 목적을 밝힌다. 이후 그 이유와 목적을 이루고자 본문에서 자세하게 설명한다. 자세한 설명에 해당하는 부분을 위 인용한 각 인연 끝에 '→'로 표시하였다.

2) 저술 동기에 따른 논의 특징

다시 문답으로 저술 동기를 다른 측면에서 언급한다. 질문은 다음과 같다.

> 묻는다.
> "경전 가운데 이러한 가르침이 갖추어 있는데, 어찌하여 거듭
> 설명해야 하는가."

이 질문의 뉘앙스는 이렇게 느껴진다. '그러한 이유로 앞에서 언급한 핵심 내용을 설명하는 논을 쓴다고 한다면, 그러한 가르침은 여러 경전 가운데 이미 다 갖추고 있다. 굳이 다시 논을 쓸 필요가 없다. 그런데 또 설명해야 한다고 하니, 혹시 말로는 세간의 명예와 이익 그리고 공경을 구하지 않는다고 하지만, 내심은 그런 마음이 있는 게 아닌지. 그러지 않고서야 굳이 거듭하여 같은 내용을 쓸 필요가 뭐 있겠는가.' 이 책을 쓰는 필자에게도 해당하는 질문이다. '시중에 많은 『대승기신론』 풀이집이 있는데 왜 또 그런 책을 쓰려고 하는가….'

마명 보살은 다음과 같이 답한다.

> 답한다.
> "경전 가운데 비록 이러한 가르침이 있지만, 중생의 근기에 따른 행위가 같지 않아서 받아 이해하는 조건이 다르다. 이른바 여래께서 세상에 계실 적에는 중생의 근기도 예리하고 설법하는 사람도 색·심의 업이 뛰어나서 원음(圓音)으로 한 번 연설하면 다른 종류의 중생들이 똑같이 이해하므로 논을 필요로 하

지 않았다.

여래께서 돌아가신 후에는, 혹 어떤 중생은 자력으로 널리 듣고서 이해하고, 혹은 어떤 중생은 자력으로 적게 듣고서 많이 이해하고, 혹은 어떤 중생은 자기 마음의 힘이 없어서 광범위한 논에 의거하여 이해하고, 또한 어떤 중생은 반대로 광범위한 논에는 글이 많은 것을 번거롭게 여겨서 총지(總持)[요약, 다라니]에는 글이 적지만 많은 의미를 담은 것을 좋아하여 잘 이해한다.

이처럼 이 논은 여래께서 설하신 광대하고 깊은 법의 한없는 뜻을 총괄하여 담아내고자 하기 때문에, 이 논을 말해야 한다."

답변의 핵심은 상황에 따라 다양한 형태의 전달 방법이 필요하다는 주장이다. 부처님 당시에는 부처님도 계시고 중생의 능력 또한 뛰어나기 때문에 별도의 풀이가 필요 없었다. 그러나 부처님이 계시지 않는 현재 상황에서는 그렇지 않다. 능력이 뛰어난 중생도 있고 뛰어나지 않은 중생도 있으며, 자세한 설명을 담은 많은 양의 글을 좋아하는 중생도 있고, 짧은 글에 많은 의미를 담은 글을 좋아하는 중생도 있다. 따라서 이 논은 짧은 글에 많은 의미를 담은 글을 좋아하는 중생을 위해 "여래께서 설하신 광대하고 깊은 법의 한없는 뜻을 총괄하여 담아내고자" 쓴 글이다.

　이처럼 짧은 글에 광대하고 깊은 법의 한없는 뜻을 총괄하여 담은 논이기 때문에 『대승기신론』은 결코 쉬운 내용이 아니다. 그러므로 이 논 또한 상황에 따라 여러 스님이 중생을 위해 다양한 방법으로 풀이한다. 진리는 변함이 없지만, 진리를 설명하는 방법은 시대와 장소에 따라 변하기 때문이다.

사족을 붙여, 필자에게 앞의 질문을 한다면, 이 책 머리말인 '들어가는 말'이 필자의 답변이다. 즉, 대중들이 이 논을 조금이라도 더 이해하기 쉽게 하고자 이 책을 쓴다. 물론 세간의 명예와 이익 부분은, 필자도 중생인지라 아니라는 말은 감히 못 하겠다.

4. 논의 주제를 세우는 부분〔입의분(立義分)〕

이미 '논을 지은 인연을 설명하는 부분〔인연분(因緣分)〕'을 설명하였다. 다음에는 '논의 주제를 세우는 부분〔입의분(立義分)〕'을 설명한다.

본론 제2장은 논의 주제를 세우는 부분〔입의분〕이다. 『대승기신론』은 '대승의 믿음을 일으키는 법'에 대해 설명한다고 했으니, '대승' '믿음' '법' 등이 핵심 용어이다. 따라서 대승은 무엇인지, 믿음은 무엇이고 그 믿음의 대상은 무엇인지, '법'은 무엇인지 설명해야 한다.

앞에서 살펴보았듯이, 원효 스님은 이때 법을 '일심법'이라고 한다. 일심 또한 앞에서 언급하였듯이, 대승이 곧 일심이다. 믿음 또한 대승의 믿음이다. 어떤 이는 법은 '일심, 이문, 삼대 등'이라고 한다. 이 법 또한 대승을 설명하는 가운데 등장하는 법이다. 따라서 논의 주제는 대승이 핵심이다. 논에서는 대승을 법(法)〔법체〕과 의(義)〔의미〕 두 가지로 설명한다.

대승[마하연]이란 총괄하여 설명하면 두 가지가 있다.

두 가지는 무엇인가?

첫째, 법(法)[대승법]이다.

둘째, 의(義)[대승의 의미]이다.

1) 대승법: 일심(一心) 이문(二門)

이른바 (대승)법이란 중생심(衆生心)을 말한다.

이 마음이 곧 일체 세간법과 출세간법을 포괄한다.

이 마음에 의해 대승의 의미를 나타낸다.

대승의 법이란 무엇인가? 이때 법은 '가르침'의 뜻이 아니라 '현상[나에게 드러난 세상]'의 뜻이다. 쉽게 말하자면, 책은 이것이고, 연필은 저것이고 하는 것처럼 대승에 해당하는 것은 무엇인가? 이때 논의 핵심 주제가 등장한다. "대승법이란 중생심을 말한다." 이 책 〈들어가는 말〉과 제1부에서 언급하였지만, '대승'은 우리가 알고 있는 그러한 상식적인 말이 아니다. "대승은 곧 중생심이다." 이 중생심이 곧 일체 세간법과 출세간법을 포괄한다고 하니, 제2부에서 '마음은 저장과 생성의 뜻이 있다'고 한 설명 등을 상기하길 바란다. 물론 이후 〈제3장 논의 주제를 해석하는 부분〉에서 자세히 설명한다. 그리고 제3장에서는 중생심 대신 일심(一心)이라는 용어도 사용한다.

그런데 대승법인 이 마음에 의해 대승의 의미를 나타낸다고 한다. 그 이유를 논에서 다음과 같이 말한다.

이 마음의 진여상[심진여상(心眞如相)]은 대승의 체(體)를 보이기 때문이고, 이 마음의 생멸인연상[심생멸인연상(心生滅因緣相)]은 대승의 자체(自體)·상(相)[공덕]·용(用)[작용]을 보이기 때문이다.

대승법인 중생심은 두 가지 모습이 있다. 심진여상과 심생멸인연상이다. 심진여상은 일체 분별이 일어나지 않은 참된 그 자체 그대로를 말한다. 심생멸인연상은 심진여상을 바탕으로 하여 분별이 일어나 이 세상이 펼쳐지는 모습을 말한다. 〈제2부 3. 연기와 열반〉에서 말한 무위법과 유위법을 참조하면 이해에 도움이 된다. 이후 심진여상과 심생멸인연상은 심진여문과 심생멸문의 두 가지 문[이문(二門)]으로 설명한다. 심진여상은 대승의 체를 보이고, 심생멸인연상은 대승의 자체, 상, 용을 보인다. 여기서 말하는 체, 상, 용이 대승의 의미가 된다.

2) 대승의 의미: 삼대(三大)

그렇다면 대승이라고 하는 이름의 의미에 대해 살펴보자. 논에서는 '대'의 의미와 '승'의 의미를 진여에 입각하여 간단하게 제시한다.

우선 왜 '크다[대]'고 했는지, 세 가지 큰 것으로 설명한다.

첫째, 체대(體大)이다. 일체법은 진여로서 평등하여 늘지도 줄지도 않기 때문이다.
둘째, 상대(相大)이다. 여래장(如來藏)에 한량없는 성품의 공덕[성공덕(性功德)]을 갖추고 있기 때문이다.

셋째, 용대(用大)이다. 일체 세간과 출세간의 선(善)한 인과(因果)를 잘 생성하기 때문이다.

그 유명한 체대, 상대, 용대의 삼대(三大)이다. 체는 일체법의 자체, 상은 공덕, 용은 작용을 말한다. 가령 자동차[체]는 이러한 특성과 기능[상]이 있기에 저러한 작용[용]이 있다. 체는 자동차라고 불리는 그 자체를 말한다. 상은 자동차에 있는 특징과 기능을 말한다. 즉, 엔진이 있고, 바퀴가 있고, 핸들이 있고, 그것들의 기능은 이러저러하다 등등을 말한다. 용은 그러한 특징과 기능이 드러난 작용을 말한다. 대승법인 중생심은 그 본체가 진여로서 체, 상, 용 세 가지가 크기 때문에 체대, 상대, 용대라고 한다. 이때 '대'는 단지 언어로 표현한 것일 뿐, 다른 무엇과도 비교할 수 없는 절대 무한의 의미이다.

　체대란, 일심 또는 마음으로 드러난 일체법은 그 바탕이 진여로서 평등하여 더하거나 덜하거나 하지 않는다는 말이다. 상대란, 여래장에 한량없는 성품의 공덕을 갖추고 있다는 말이다. 여기서 여래장(如來藏)은 여래의 창고라는 뜻이며, 일심의 다른 이름이다. 용대란, 이러한 공덕으로 인해 일체 세간, 출세간의 좋은 인과를 잘 생성한다는 말이다.

　'수레[승]'라고 한 이유는 다음과 같다.

일체 모든 부처님께서 본래 타는 것이기 때문이고, 모든 보살이 모두 이 법을 타고 여래의 경지에 이르기 때문이다.

수레는 비유이다. 이는 일심의 본체인 진여를 말한다. 또는 진여로부터 홀러나온 부처님 가르침을 말하기도 한다. 이러한 일심의 본체인 진여에 의거하여 일체 모든 불보살이 여래의 경지에 이르기 때문에 '승'이라고 한다. 이와 같이 〈제2장 논의 주제를 세우는 부분[입의분]〉에서는 '대승의 믿음을 일으키는 법'에 대해 설명한다는 논의 의도에 맞게 "대승법은 중생심"이라는 핵심 주제를 언급하면서 일심(一心), 이문(二門), 삼대(三大)라는 용어는 등장하지 않지만, 일심, 이문, 삼대라는 주제를 자연스럽게 제시한다.

5. 논의 주제를 해석하는 부분〔해석분(解釋分)〕의 구성

이미 '논의 주제를 세우는 부분[입의분(立義分)]'을 설명하였다.
다음에는 '논의 주제를 해석하는 부분[해석분(解釋分)]'을 설명한다.

앞에서 세운 논의 주제에 대해 〈제3장 논의 주제를 해석하는 부분[해석분]〉은 세 부분으로 구성된다.

'논의 주제를 해석하는 부분[해석분]'은 세 가지가 있다.
세 가지는 무엇인가?
첫째, 대승의 바른 뜻을 나타냄[현시정의(顯示正義)]이다.
둘째, 그릇된 집착을 다스림[대치사집(對治邪執)]이다.
셋째, 도에 발심 수행하여 나아가는 모습을 분별함[분별발취도상(分別發趣道相)]이다.

제3장은 논의 주제에 대한 해석인 만큼 그 내용이 만만치 않다. 그 내용은 세 부분으로 구성된다. 첫째, 대승의 바른 뜻을 나타내고자[현시정의] 제2장에서 언급한 핵심 주제인 일심, 이문, 삼대에 대한 긴 설명을 하고 나서, 생멸문에서 진여문으로 들어가는 내용으로 마무리한다. 둘째, 이렇게 대승의 바른 뜻을 나타냈음에도 혹시 잘못 이해한 부분이 있지 않을까 해서 그릇된 집착을 제시하고 그에 대한 대처법[대치사집]도 언급한다. 셋째, 마지막 부분에는 친절하게도 도에 발심 수행하여 나아가는 모습을 분별한다[분별발취도상].

첫째, 대승의 바른 뜻을 나타냄[현시정의(顯示正義)]의 구성에 대해 좀 더 자세하게 알아보고 내용으로 들어가자. 이 부분은 본론 가운데 본론이라고 할 수 있다. 이 또한 크게 두 부분으로 나누어 풀이한다. 법(法)[대승법]에 대한 해석, 의(義)[대승의 의미]에 대한 해석으로 나눈다. 법[대승법]을 해석하는 부분에서 일심(一心)과 이문(二門)에 대한 설명이 전개되고, 의[대승의 의미]를 해석하는 부분에서 삼대(三大)에 대한 설명이 전개된다.

그런데 대승법을 해석하는 부분이 매우 복잡하다. 여기서 『대승기신론』의 독특한 용어가 대부분 등장한다. 〈제2장 논의 주제를 세우는 부분〉에서 언급한 심진여문, 심생멸문의 이문으로 구분하여 전개되는데, 심생멸문에 대한 설명이 많은 부분을 차지할 뿐만 아니라 매우 복잡하다. 본각, 시각, 불각, 생멸, 훈습 등 이 정도 단어만 제시해도 무엇인가 복잡한 느낌이 들 정도인데 그 이상의 어려운 단어가 등장하기 때문이다. 이는 『대승기신론』이 "대승법이란 중생심"이라는 전제에서 전개되는 내용이기 때문에, 진여에서 중생의 분별하는 마음으로 펼쳐지는 모습을 설명하고, 거꾸로 다시 진여로 돌아가는 모습을 설명하다보니 그렇게 될 수밖에 없다. 따라서 이 부분에 대한 이해가 어쩌면 무엇보다 중요하다 할 것이다.

　　힘들다고 하지만 용어에 빠지지 말고 논의 흐름에 따라 무엇을 말하려고 하는지 그 뜻을 살펴보면 될 일이다. 지금부터 한 걸음 한 걸음 그 내용으로 들어가 보자.

6. 일심(一心)과 이문(二門)의 관계

논에서는 대승의 바른 뜻[현시정의(顯示正義)]을 나타내고자 다음과 같이 시작한다.

　　일심법에 의하여 두 가지 문이 있다.
　　두 가지는 무엇인가?
　　첫째, 심진여문(心眞如門)이다.
　　둘째, 심생멸문(心生滅門)이다.
　　이 두 가지 문이 각각 일체법을 모두 포함하고 있다.
　　이 의미는 무엇인가?
　　이 두 문이 서로 여의지 않기 때문이다.

앞에서 "대승법은 중생심을 말한다"고 하였다. 여기서는 중생심 대신 '일심'이 등장한다. 나중에는 여래장이라고도 한다. 중생심, 일심, 여래장은 모두 우리의 마음을 일컫는 말이다. 여래장은 여래의 창고라는 뜻도 있지만, 여래의 성품이 번뇌 등에 의해 숨겨졌다는 뜻도 있다.

본래 깨끗한 우리의 마음은 홀연히 무명[어리석음]에 의해 헛된 분별[망념]을 일으켜 온갖 더러운 법[염법]이 함께한다. 본래 깨끗한 모습, 분별로 더러워진 모습을 모두 합쳐 우리의 마음이라고 한다면, 중생심은 더러워진 측면에서 지칭하는 마음이고, 일심은 본래 깨끗한 측면에서 지칭하는 마음이며, 여래장은 더러워진 측면에 의해 숨겨져 있는 본래 청정한 측면을 일컫는 마음이다.

이처럼 마음은 본래 깨끗한 측면이 분별로 더러워진 측면과 함께한다. 그런데 깨끗함과 더러움도 따져보면 분별이다. 분별이 사라진 진여의 측면에서 보면 깨끗함[정(淨)]과 더러움[염(染)]의 모든 법은 그 본성이 둘이 없어 참됨[진(眞)]과 그릇됨[망(妄)]이 다름이 없다. 이러한 뜻 등이 있기 때문에 일심(一心)이라고 한다. 일심이라는 말 또한 따져보면 분별이다. 이에 원효 스님은 '이러한 도리는 말을 여의고 생각을 끊은 것이니 무엇이라고 지목할지를 모르겠으나 억지로 이름하여 일심이라 한다'고 하였다. 여기서 '억지로 이름하여'라는 말이 중요하다. 언어를 통하지 않고는 전달할 수가 없다. 그러니 '억지로 이름하여' 표현한다는 뜻이다. 이는 중생을 위한 자비이자 방편이다.

일심은 분별없는 진여의 측면에서만 머물지 않는다. 일체법의 바탕으로서 끊임없이 세상을 드러낸다. 따라서 일심법은 진여문과 생멸문 두 가지 문이 있다. 진여문은 일체법의 바탕으로서 진여를 떠나서 별도의 법이 없기 때문에 일체법을 포함한다. 생멸문은 일체법을 나타내어 포함하지 않는 법이 없기 때문에 일체법을 포함한다.

진여문은 일체법의 공통된 모습[통상(通相)]이다. 공통된 모습 밖에 다른 법이 없으니, 일체법은 모두 공통된 모습에 포함된다. 가령 흙은 질그릇의 공통된 모습이다. 공통된 모습인 흙 밖에 다른 질그릇이 없다. 그러므로 질그릇은 모두 흙에 포함된다. 생멸문은 진여를 바탕으로 하여 모든 법을 만들어 낸다. 모든 법을 만들어 내지만, 바탕인 진여의 성품을 무너뜨리지 않기 때문에 이 생멸문에서도 진여를 포함한다. 가령 흙의 성품이 모여서 질그릇을 이루지만 항상 흙의 성품을 잃어버리지 않기 때문에 질그릇이 흙의 성품을 포함한다.

질그릇에서 흙과 질그릇이 서로 여의지 않는 것처럼 일심에서 진여문과 생멸문은 서로 여의지 않는다. 두 가지 문은 각각 일체법을 모두 포함한다. 단지 어떤 측면이 중심인가에 대한 차이일 뿐 그 상대 측면을 배제하지 않는다. 따라서 진여문이 일체법의 공통된 모습에서 일체법을 포괄한다면, 생멸문은 각각 별도의 모습[별상(別相)]에서 일체법을 포괄한다. 진여문이 본질[이(理)]의 측면에서 본질과 현상을 포괄한다면, 생멸문은 현상[사(事)]의 측면에서 본질과 현상을 포괄한다.

이러한 마음 설명에 대해 어느 정도 이해가 없으면 진도 나가기가 사실 어렵다. 물론 진도에 따라 차츰 알 수도 있다. 그래도 제2부에서 언급한 연기와 열반[유위와 무위], 분별과 무분별지 등을 다시 보면 도움이 되지 않을까 싶다. 가령 분별인 연기는 유위로서 생멸이지만, 진여인 열반은 무위로서 불생불멸이라고 하였다. 따라서 진여문은 무위이니 유위이니 이름할 수 없지만 무위이고 불생불멸의 측면에서, 생멸문은 유위이고 분별이고 생멸인 측면에서 일체법을 나타낸다.

여하튼 단순하게 정리하면, 중생의 마음은 본래 깨끗한 마음이 더러운 마음과 함께하여 모든 법을 나타낸다. 본래 깨끗한 마음은 진여로서 분별이 없어 불생불멸인데, 본래 깨끗한 마음에 무명으로 인해 헛된 분별이 일어나 더러운 마음이 생멸한다. 이때 불생불멸의 측면이 진여문이라면, 생멸의 측면이 생멸문이다. 따라서 마음[일심(一心)]에 의해 진여문과 생멸문[이문(二門)]이 있다.

이렇게 정리하고 이제 좀 더 자세하게 살펴보자.

7. 심진여문(心眞如門)

진여란 모든 분별[망념]이 사라진 자리이다. 분별은 언어를 동반한다. 따라서 분별이 사라진 자리인 진여는 언어를 떠난다. 그러나 언어를 떠난 진여이지만 이를 표현하기 위해서는 언어를 사용하지 않고서는 불가능하다. 이에 진여문은 언설을 떠난 진여[이언진여(離言眞如)], 언설에 의거한 진여[의언진여(依言眞如)]로 설명한다.

1) 언설을 떠난 진여[이언진여(離言眞如)]
● 진여는 일법계 가운데 대총상 법문의 체이다

심진여란 곧 일법계(一法界)의 대총상(大總相) 법문(法門)의 체(體)이다.

한문 문장 자체[心眞如者 卽是一法界大總相法門體]가 '일법계' '대총상' '법문' '체' 등 명사의 연속이라 해석하기도 이해하기도 힘들다. 우선 일법계의 뜻을 살펴보자. '법계'를 보통 우주 법계로 많이 풀이하는데, 그렇게 단순하지 않다. 여기서 법은 가르침의 의미가 아니라, 보통 삼라만상, 존재, 사물, 인식 현상, 현상 등으로 풀이하듯이 그런 의미의 법이다. 필자는 제2부에서 법을 쉽게 이해하고자 '나에게 드러난 세상'이라고도 풀이하였다. 계는 인(因)[원인, 씨앗], 종족[종류]의 뜻이다. 곧 계는 이러이러한 종족[종류]의 원인[씨앗]이라는 뜻이다. 따라서 법계는 삼라만상[법]의 원인, 씨앗이 된다. 나에게 펼쳐진 세상의 원인, 씨앗이다. 그러면 그러한 원인은 무엇인가. 바로 마음이다. 일체유심조(一切唯心造)[모든 것은 오직 마음이 만든다], 만법유심(萬法唯心)[삼라만상은 오직 마음이다]의 뜻을 이해한다면 당연하다. 세상은 마음으로부터 나오니, 세상의 씨앗[법계]은 마음이다. 따라서 일법계는 곧 일심을 말한다. 한편 모든 것이 마음 안에서 펼쳐진다고 이해할 때 삼라만상 또한 마음 안에서 펼쳐지니 펼쳐진 측면에서 법계를 우주 법계라 풀이해도 무방하다. 이렇게 이해해도 결국 법계는 마음이고, 일법계는 일심이다.

　　일심인 일법계는 진여문과 생멸문 두 문을 통틀어 포괄한다. 그런데 지금은 진여문을 설명한다. 진여문은 생멸문처럼 일법계 가운데 개별적인 상[별상(別相)]의 법문을 취하는 것이 아니라 전체적인 상[총상(總相)]의 법문을 취한다. 총상 가운데 특히 무자성(無自性) 등이 나타내는 진여를 설명하므로 대총상이라고 한다. 법문에서 법은 법계의 법과 같은 의미이고, 결국 이를 통한 참다운 이해로 열반으로 들어가기 때문에 문이라고 한다.

따라서 위 문장을 좀 더 풀어쓰면 '심진여는 일법계 가운데 대총상 법문의 체'라는 뜻이다. 일심인 일법계에는 별상과 총상의 법문이 있는데, 그 가운데 총상, 특히 대총상 법문의 체가 바로 심진여라는 말이다.

● 진여는 언어를 떠나고 모습을 떠난다

그렇다면 이러한 심진여의 특성은 무엇인가. 심진여는 곧 진여이다. 진여는 무위로서 불생불멸이다. 모든 분별[망념]이 사라지고, 언어를 떠난다. 분별이나 언어는 규정을 짓고 한계를 짓는다. 진여는 일체 규정이나 한계를 벗어나기 때문에 전체적인 모습의 체로서, 걸림 없이 삼라만상을 드러낼 수 있다. 규정이나 한계를 짓는 순간 다른 무엇이 될 수 없다. 가령 걸레라고 규정하는 순간, 그것은 수건이 될 수 없다. 해골바가지 물이라고 규정하는 순간 달콤한 물이 될 수 없다. 나쁜 사람이라고 규정하는 순간 좋은 사람이 될 수 없다. 등등.

이 정도 이해라도 있으면 다음 『대승기신론』의 문장이 일단 무슨 말을 하는지는 알 수 있다. 논에서는 분별보다는 망념(妄念) 또는 염(念)이라는 말을 사용한다.

> 이른바 심성은 생겨나지도 않고 사라지지도 않는다. 일체 모든
> 법은 오직 망념(妄念)에 의해 차별이 있다. 만약 망념을 여의면
> 일체 경계상은 없다. 그러므로 일체법은 본래부터 말[언설상(言
> 說相)]을 떠나고 글[명자상(名字相)]을 떠나고 마음의 분별[심연
> 상(心緣相)]을 떠난다. 결국 평등하여 변화가 없고 파괴할 수 없
> 다. 오직 일심뿐이다. 그러므로 진여라 이름한다. 일체의 언설

은 임시 이름이고 실체가 없으며, 다만 망념을 따른 것으로 그 실체를 얻을 수 없기 때문이다.

진여라 말한 것도 또한 모습이 없다. 이른바 언설의 궁극으로서 말에 의해 말을 버린다. 이 진여의 체는 버릴 만한 것이 없다. 일체법은 모두 다 참되기[진(眞)] 때문이다. 또한 세울 만한 것이 없다. 일체법은 모두 똑같기[여(如)] 때문이다. 마땅히 알라. 일체법은 말할 수 없고 생각할 수 없기 때문에 진여라고 이름한다.

간단하게 살펴보자.

마음의 본성은 불생불멸이다. 일체법은 망념에 의해 차별이 있지만, 망념을 떠나면 일체 경계상[대상]은 없다. 이때 일체법은 말과 글과 개념으로 인한 분별을 떠난다. 결국 평등하여 변화가 없고, 파괴할 수 없다. 오직 일심뿐이다. 그러므로 진여라 이름한다. 모든 언설은 또한 임시 이름이며 그 실체가 없다. 망념에 따라 이름할 뿐 그 이름에 해당하는 실체는 얻을 수 없기 때문이다.

진여 자체는 언어를 떠나고 모습을 떠난다. 그러나 언어를 통하지 않고서는 나타낼 수가 없다. 진여는 언어를 떠났지만 표현하기 위해서는 언어를 사용해야 한다. 그래서 진여라 이름한다. 언어가 없으면 어떻게 나타내고 어떻게 가르침을 줄 수 있겠는가. 하지만 진여라고 말한 것도 이름일 뿐 그것이라고 할 모습이 없다. 진여라는 말로써 말을 버린 경지를 나타낼 뿐이니, 궁극에 진여라는 말로써 말을 버리기 때문에 언설의 궁극이라고 한다.

진여라고 말한 것도 또한 모습이 없다고는 하지만, 이는 무엇이라고 규정할 수 없다는 뜻이지, 진여의 체가 없다는 뜻은 아니다. 진(眞)은 망념(妄念)이 없어 참되다[진]는 뜻이고, 여(如)는 차별이 없어 똑같다[여]는 뜻이다. 즉, 진여의 체는 망념이 없어 일체법이 모두 다 참되기[진] 때문에 버릴 만한 것이 없고, 진여의 체는 차별이 없어 일체법이 모두 똑같기[여] 때문에 별도로 각기 세울 만한 것이 없다.

일체법은 말할 수 없고 생각할 수 없기 때문에 진여라고 이름한다. 무위인 진여는 언어가 끊어졌기에[언어도단(言語道斷)] 말할 수 없고, 마음 일어나는 곳[분별]이 사라졌기에[심행처멸(心行處滅)] 생각할 수 없다. 그러나 표현하지 않고는 나타낼 수 없기에 억지로 이름하여 진여라고 한다.

● **진여에 따르고 들어가는 길**

이처럼 진여는 언어가 끊어지고 망념이 떠났기 때문에 말할 수도 없고 생각할 수도 없다면, 어떻게 진여에 따라서 들어갈 수 있는가. 이러한 물음에 대해 논에서는 다음과 같이 답한다.

> 비록 일체법을 말한다고 하여도 말하는 자도 없고 말해지는 것도 없으며, 비록 생각한다고 하여도 역시 생각하는 자도 없고 생각되는 것도 없는 줄 안다면, 이를 '따른다[수순(隨順)]'고 한다. 만약 망념을 여읜다면 '들어간다[득입(得入)]'고 한다.

'어떻게 따르는가'는 수행 방편에 대한 물음이다. 윗글에서 "말한다고"

와 "생각한다고"는 법이 없지 않음[비무(非無)]을 나타낸다. 이는 공(空)에 그릇되고 집착하는 견해를 떠난다. "말하는 자도 없고 말해지는 것도 없으며", "생각하는 자도 없고 생각되어지는 것도 없는"은 법이 있지 않음[비유(非有)]을 나타낸다. 이는 유에 집착하는 견해를 떠난다. 인연 화합에 의해 일어나는 법을 부정하지는 않지만[비무], 그 법은 실체가 있지 않다[비유]. 말을 하고 생각을 하지만[비무], 그것은 인연화합에 의해 분별로써 일어났을 뿐, 그 말하는 자도 말하는 대상도 없으며, 생각하는 자도 생각하는 대상도 실제 없다[비유]는 것을 여실히 안다면, 중도관을 따르는 것이므로 '따른다[수순]'고 이름한다.

'어떻게 들어가는가'는 바른 지혜[정관(正觀)]에 대한 물음이다. 분별하는 망념을 여읜다면 곧 바른 지혜에 들어간다. 이것이다 저것이다 하는 생각을 내려놓으면 곧 바른 지혜로 들어가며, 곧 진여에 이른다.

2) 언설에 의거한 진여[의언진여(依言眞如)]

진여는 말을 떠나고 모습을 떠났지만, 아무것도 없는 허공은 아니다. 따라서 진여를 언어에 의해 분별하면 두 가지 의미가 있다.

> 첫째, 여실공(如實空)이다. 궁극적으로 참모습[실(實)]을 나타
> 내기 때문이다.
> 둘째, 여실불공(如實不空)이다. 무루(無漏)[번뇌 없는] 성품 공덕
> 을 갖춘 자체가 있기 때문이다.

즉, 진여는 언어에 의해 분별하면 공(空)과 불공(不空)의 두 가지 의미가

있다. 공은 '비었다' '없다'는 뜻이고, 불공은 '비지 않았다' '있다'는 뜻이다. 그렇다면 공과 불공의 주어는 무엇인가. 즉, 진여는 무엇이 없기에 비었고, 무엇이 있기에 비지 않았는가. 번뇌인 염법이 없고, 무루 성품 공덕이 있다. 진여는 번뇌 등이 없기 때문에 공하여 일체법의 참모습을 나타내고, 무루 성품 공덕을 갖추고 있기 때문에 공하지 않아서 모든 법을 니티낸다.

공(空)이라고 말하는 것은, 본래부터 일체 염법(染法)과 상응하지 않기 때문이다. 이른바 일체법의 차별된 모습을 떠난다. 허망한 분별심[심념(心念)]이 없기 때문이다. 마땅히 알라. 진여의 자성은 모습이 있는 것도 아니고, 모습이 없는 것도 아니고, 모습이 있지 않은 것도 아니고, 모습이 없지 않은 것도 아니고, 있음과 없음 두 모습을 함께 갖춘 것도 아니다. 또한 같은 모습도 아니고, 다른 모습도 아니고, 같은 모습이 아닌 것도 아니고, 다른 모습이 아닌 것도 아니고, 같음과 다름 두 모습을 함께 갖춘 것도 아니다. 나아가 전체적으로 설명한다. 일체중생은 망심(妄心)이 있으므로 찰나찰나 분별하여 모두 (진여와) 상응하지 않기 때문에 (진여를) 공이라 말하지만, 만약 망심을 떠나면 실로 공이라 할 것도 없기 때문이다.

불공(不空)이라 말하는 것은, 이미 법체가 공하여 허망함이 없음을 나타냈기 때문에 곧 이 진심(眞心)은 항상하여 변하지 않고 정법(淨法)을 충만하게 갖추고 있다. 그러므로 불공이라 이름한다. 또한 (진여에는) 취할 만한 모습이 없다. 망념을 떠난 경계는 오직 깨달음과 상응하기 때문이다.

진여는 본래부터 염법, 차별상, 허망한 분별심이 없다. 따라서 있다거나 없다거나 등등의 모든 분별을 떠난다. 그러므로 "진여의 자성은 모습이 있는 것도 아니고 없는 것도 아니고…"라고 하였다. 망심에 의해 분별이 있을 뿐, 분별은 진여와 함께하지 않는다. 진여에는 이러한 분별이 없다는 뜻에서 진여를 공이라고 한다. 공이라 하는 것도 분별일 뿐, 분별 망심을 떠나면 실로 공이라 할 것도 없다.

　　그러나 진여는 허공처럼 아무것도 없는 것이 아니다. 구름 없는 하늘에 달빛이 가득한 것처럼 진여는 항상하여 변하지 않고 정법(淨法)을 충만하게 갖추고 있어서 불공이라 한다. 불공이지만 진여는 언어와 모습을 떠났기에 진여에는 취할 만한 모습이 없다. 망념을 떠난 경계는 오직 깨달음과 함께한다. 사족을 붙이자면, 우리 중생은 그 경계를 알 수가 없다. 앞에서도 진여는 말할 수도 없고 생각할 수도 없다 하였는데, 알 수 없는 경계를 어떻게 따르고 들어가는가. 이에 믿음이 필요하다. 가령 뒷동산만 올랐던 이가 히말라야 정상에 오른 자의 마음을 어찌 알겠는가. 앞서 올랐던 사람을 믿고 준비하여 도전하는 수밖에.

8. 심생멸문(心生滅門)

마음[일심(一心)]에 의해 진여문과 생멸문[이문(二門)]이 있다. 중생의 마음은 본래 깨끗한 마음이 더러운 마음과 함께하여 모든 법을 나타낸다.

본래 깨끗한 마음은 진여로서 분별이 없어 불생불멸인데, 본래 깨끗한 마음에 무명으로 인해 헛된 분별이 일어나 더러운 마음이 생멸한다. 이때 불생불멸의 측면이 진여문이라면, 생멸의 측면이 생멸문이다.

　　앞에서 진여문을 살펴보았으니, 이제 생멸문을 살펴보자. 우선 '생멸'의 의미를 이해하고자 제2부에서 언급한 게송을 다시 인용한다.

　　　제행무상(諸行無常) 모든 행은 항상함이 없으니

　　　시생멸법(是生滅法) 이는 났다가는 사라지는 법이라.

　　　생멸멸이(生滅滅已) 나고 사라짐이 사라지면

　　　적멸위락(寂滅爲樂) 고요함을 즐거움으로 삼네.

　　　_『(대승)대반열반경』제13권

이 게송에서 '행'을 삼라만상의 '운동' '변화'를 뜻하는 '생멸'로 이해한다면, '생멸멸이 적멸위락'을 설명할 수 없다고 하였다. 그래서 '행'과 '생멸'을 '분별하는 마음 작용'으로 풀이하였다. 한 생각이 일어나는 것을 생(生)이라 하고, 한 생각이 사라지는 것을 멸(滅)이라고 한다. 이러한 분별하는 마음 작용[생멸]이 멸하고 나면[멸이] 고요함[적멸]을 즐거움으로 삼는다[위락]. 이러한 분별하는 마음 작용을 행(行)이라 하고, 마음 작용에 의해 드러난 세상을 법(法)이라고 한다. 물론 마음 작용도 법에 속한다. 드러난 세상인 법의 무상함을 마음 작용인 행으로 나타낸 것이 제행무상이다.

　　『대승기신론』에서 생멸 역시, 심생멸이라고 하듯이, 마음 작용의 생멸이다. 심생멸이지만 마음의 생멸만 말하지 않는다. 일체유심조, 만법유심인지라, 마음 작용의 생멸에 의해 생멸하는 세상이 나타난다. 깨끗한 마음이 더러운 마음과 함께하여 모든 법을 나타낸다.

따라서 심생멸문에서는 더러운 법[염법(染法)]과 깨끗한 법[정법(淨法)]이 생멸하는 모습〈염정생멸〉과 그 두 법이 어떻게 서로 영향을 주고받는지〈염정훈습〉에 대해 살펴본다. 정법은 진여와 진여로 인해 일어난 법이며, 염법은 무명과 무명으로 인해 일어난 법이다.

사족을 붙이자면, 생멸문의 내용은 『대승기신론』의 본론 가운데 본론이다. 생멸문에는 불각, 본각, 무명업상, 업식, 집상응염 등 생소한 용어가 많이 등장한다. 용어 대부분이 초기불교와 부파불교는 물론 중관 사상과 유식 사상 등 대승불교에도 거의 등장하지 않을 정도로 독특하다. 『능가경』 등에 등장하는 용어도 있지만, 『대승기신론』에서만 저용되는 용어라고 해도 무방할 정도이다. 따라서 각 용어에 대해 여러 스님들의 견해 차이가 있다. 이 책에서는 그 용어를 전체적인 흐름 속에서 살펴볼 뿐, 그러한 견해 차이를 두드러지게 명시하지 않을 예정이다.

1) 염정생멸

여래장에 의지하여 생멸심이 있다. 이른바 불생불멸이 생멸과 더불어 화합하여 같지도 않고 다르지도 않은 것을 아려야식(阿黎耶識)이라고 한다.

여래장은 진여의 다른 말이다. 불성이라고도 하며 자성청정심이라고도 한다. 곧 여래의 마음이다. 자성청정심[여래]이 무명에 의해 일어난 염법에 가려져 있기[장(藏)] 때문에 여래장이라고 한다. 즉, 모든 중생은 진여인 자성청정심을 간직하고 있지만, 무명으로 인한 염법에 가려져 있다. 신라의 태현 스님(742~764)은 '숨을 때는 여래장이라 하고, 드러날 때는 법신이라고 한다'는 『승만경』을 인용한다. 현재 『승만경』에는 '여래법신이 번뇌장을 떠나지 못한 것을 여래장이라고 이름한다'고 되어 있다.

진여인 여래장은 불생불멸이다. 그러나 무명에 의해 생멸이 일어난다. 그 생멸은 여래장에 의지한다. 마치 홀연히 바람이 불어 바다에 의지하여 파도가 일어나듯이, 홀연히 무명의 바람이 불어 여래장의 바다에 의지하여 생멸의 파도가 일어난다. 여래장에 의해 생멸이 일어난다는 말이 아니다. 무명에 의해 생멸이 일어나는데, 그 일어난 생멸이 여래장에 의지한다는 말이다. 바람에 의해 일어난 파도가 바다에 의지하는 것처럼.

그리고 이러한 불생불멸심이 생멸과 화합하여 같지도 않고 다르지도 않은 것을 아려야식이라고 한다. 마치 파도가 일어날 때 바다 전체가 움직이는 것처럼 생멸이 일어날 때 불생불멸심 그 전체가 일어나기 때문에 그 마음은 생멸과 다르지 않다. 마치 파도가 일어나더라도 바다 고유의 모습을 잃어버리지 않는 것처럼 불생불멸을 잃지 않기 때문에 그 마음은 생멸과 같지 않다.

그런데 부처님의 경지에서는 화합의 뜻이 없다. 오직 진여만 있기 때문이다. 지금 논에서는 윤회의 흐름을 따르는 중생에 의거하므로 불생불멸이 생멸과 화합한다고 말한다.

아려야식은 〈제2부 6. 마음[식]의 분류 제8식, 제7식〉에서 미리 다루었다. 보통 아뢰야식이라고 하지만, 『대승기신론』 한문본에는 아려야식 또는 아리야식(阿梨耶識)이라고 음역 되었기에 여기서는 아려야식이라는 용어를 사용한다. 불생불멸인 여래장이 생멸과 화합한 것을 아려야식이라고 하니, 생멸문이라고 해서 여래장을 배제하고 생멸심만 취하여 생멸문으로 삼지 않았다. 따라서 생멸문에는 각(覺)과 불각(不覺)의 두 가지 의미가 있다.

> 이 식에 두 가지 의미가 있어 일체법을 포괄하며, 일체법을 생성한다.
> 두 가지는 무엇인가?
> 첫째, 각(覺)의 의미이다.
> 둘째, 불각(不覺)의 의미이다.

앞에서 진여문과 생멸문이 각각 일체법을 포괄한다는 것과 달리, 각과 불각이 각각 일체법을 포괄하지 않는다. 그리고 앞에서는 포괄한다고만 하고 생성한다고는 하지 않았는데, 여기서는 포괄과 생성을 다 언급하고 있다. 이유를 간단히 설명하면 이렇다.

불각이 각[본각]에 영향을 끼치기[훈습] 때문에 모든 염법(染法)을 내며, 또 본각이 불각에 영향을 끼치기 때문에[훈습] 모든 정법(淨法)을 낸다. 아려야식에는 각과 불각의 두 가지 뜻이 있어 일체법을 포괄하며, 일체법을 생성한다. 〈제2부 5. 일체유심조〉에서 마음은 단순하게 인식 등의 의미만 있는 것이 아니라 '저장과 생성'의 뜻이 있다고 했음을 상기하자.

(1) 각(覺)의 의미

① 본각과 시각의 관계

> 각의 의미라고 하는 것은 심체가 망념을 떠난 것을 말한다. 망
> 념을 떠난 모습이란 허공계와 같아 두루 하지 않는 바가 없어
> 서 법계일상(法界一相)이다. 바로 여래의 평등한 법신이다. 이
> 법신에 의거하여 본각(本覺)이라 이름한다.
> 왜 그러한가?
> 본각의 의미란 시각(始覺)의 의미에 상대해 말한다. 그런데 시
> 각이란 바로 본각과 같기 때문이다. 시각의 의미란, 본각에 의
> 거하기 때문에 불각(不覺)이 있으며 불각에 의거하므로 시각이
> 있다고 말하기 때문이다.

각, 법계일상, 법신, 본각 등은 진여와 같은 말이다. 망념을 떠난 모습이
란 불각이 없다는 말이다. 즉, 각은 무명과 무명으로 인한 염법이 없다.
허망 분별이 없다. 구름을 벗어난 달처럼, 각은 무명 등의 어두움이 없을
뿐만 아니라 지혜의 광명이 법계에 두루 비춰 평등하여 둘이 없다. 평등
하여 둘이 없으니 법계 그대로 차별 없는 하나의 모습이며, 바로 여래의
평등한 법신이다. 법신이란 진리의 몸, 깨달음 그 자체이다. 이 법신에
의거하여, 중생이 본래부터 가지고 있는 깨달음이라는 의미에서 본각이
라고 한다.

　　본각, 시각, 불각 등 『대승기신론』의 독특한 용어가 등장한다. 본
각, 시각, 불각은 서로 상대해서 하는 말이다. 비로소 깨달음을 얻었다는

의미에서 시각(始覺)이다. 그런데 시각은 새로울 것이 없는 바로 본래 있는 깨달음이다. 즉, 시각은 본각과 같다. 시각의 의미에 상대하여 새로울 것이 없는 '본래 있는 깨달음'이라는 의미에서 본각(本覺)이라고 한다. 즉, 본각은 시각에 상대하여 한 말이다. 가령 파도가 거칠게 일어나다가 파도가 약해지면 바다는 조금씩 잔잔해진다.

그런데 잔잔해진 바다[시각]는 새로울 것도 없이 본래 잔잔한 바다[본각]이다. 잔잔해지는 바다와 본래 잔잔한 바다는 같은 바다이다. 잔잔해지는 바다가 새로울 것도 없기에 그 의미에 상대하여 본래 잔잔한 바다라고 이름한다.

시각 역시 마찬가지이다. 본각에 의거하기 때문에 불각(不覺)이 있다. 불각은 무명에 의해 미혹한 상태이다. 밝음이 있으니 밝음을 가리는 어두움이 있다. 본래 깨달음이 없다면 미혹할 것도 없다. 즉, 본각이 있기 때문에 불각이 있다. 미혹한 상태가 있으니 미혹을 벗어나 깨달음으로 나아가는 단계가 있다. 즉, 불각이 있기 때문에 시각이 있다. 가령, 애초에 잔잔한 바다[본각]가 없다면 파도가 거칠다[불각]라는 말도 없다. 잔잔한 바다[본각]가 있기 때문에 파도가 거칠다[불각]고 한다. 파도가 거칠다가[불각] 잔잔해지면, 바다가 비로소 잔잔해진다[시각]고 한다.

따라서 본각에 의거하기 때문에 불각이 있고, 불각에 의거하기 때문에 시각이 있다. 본각, 불각, 시각은 서로 상대적인 의미를 가진다. 이쯤에서 조금 생각해보자는 의미에서 원효 스님의 글을 인용한다. 유(有)에 빠질 수 있는 우리에게 잠시 생각할 계기를 준다. 같이 생각해보자는 의미에서 구차한 설명은 생략한다.

시각은 불각에 의지하고, 불각은 본각에 의지하고, 본각은 시각에 의지한다. 이미 서로 의지하니 곧 무자성(無自性)이다. 자성이 없다면 곧 각은 있지 않다. 각이 있지 않은 것은 서로 의지하기 때문이다. 서로 의지하여 성립하면 곧 각이 없지 않다. 각이 없지 않기 때문에 각이라 이름한다. 자성이 있어서 각이라 이름하는 것은 아니다.

此中大意欲明 始覺待於不覺 不覺待於本覺 本覺待於始覺 旣互相待則無自性 無自性者則非有覺 非有覺者由互相待 相待而成則非無覺 非無覺故說名爲覺 非有自性名爲覺也

② 시각(始覺)의 의미

● 시각의 차별

파도가 거친 바다는 한순간에 잔잔해지지 않는다. 바람이 약해지면서 바다는 조금씩 잔잔해진다. 이때 조금씩 잔잔해지는 바다의 모습은 바람의 정도에 따라 다르다. 바람이 완전히 사라지기 전에는 바다는 온전하게 잔잔해지지 않는다. 시각 또한 마찬가지이다. 논에서는 불각 상태에서 구경각에 이르는 과정을 생주이멸(生住異滅) 네 가지 모습에 의거하여 네 단계로 설명한다.

또 마음의 근원[심원(心源)]을 깨달았기 때문에 구경각(究竟覺)이라고 이름하며, 마음의 근원을 깨닫지 못했기 때문에 구경각이 아니다.

이 뜻은 무엇인가?

가령, 범부는 앞 망념에 악을 일으켰다고 깨달아 알기 때문에 뒤 망념을 멈춰 그 (뒤 망념이) 일어나지 않게 할 수 있다. 비록 또한 각(覺)이라고 하지만, 곧 이는 불각(不覺)이기 때문이다.

가령, 이승(二乘)의 관지(觀智)[바른 지혜]와 초발심보살 등은 망념의 달라짐을 깨달아 망념에는 이상(異相)이 없어져 '두드러지게 분별하여 집착하는 모습[추분별집착상(麤分別執着相)]'을 버렸기 때문에 상사각(相似覺)[비슷한 깨달음]이라 이름한다.

가령, 법신보살[초지 이상 십지보살] 등은 망념의 머묾을 깨달아 망념에는 주상(住相)이 없어져 '분별과 두드러진 망념의 모습[분별추념상(分別麤念相)]'을 떠났기 때문에 수분각(隨分覺)[분에 따르는 깨달음]이라고 이름한다.

가령, 보살지(菩薩地)가 다한 경우에는 방편을 충만하게 갖춰 일념이 (마음 자체와) 상응하고 마음이 처음 일어나는 모습을 깨달아 마음에는 처음 모습[초상(初相)]이 없다. 미세한 망념을 멀리 떠나기 때문에 심성을 보게 되어 마음이 곧 상주(常住)하므로 구경각(究竟覺)이라 이름한다. 그러므로 경전에서 "만약 어떤 중생이 무념(無念)을 본다면 곧 불지(佛智)에 향하게 된다"고 말씀하셨다.

생주이멸 네 가지 모습[사상(四相)]은 일심이 근본무명[무명불각]에 의해 변화하는 모습이다. 옛 스님들은 사상을 뒤에 언급하는 삼세유추 등 여러 염법[번뇌]과 연결시켜 설명한다. 그러나 그 견해가 서로 다르고, 내용 또한 방대하다. 여기서는 흐름에 필요한 부분만 원효 스님의 글을 참고하여 설명하고자 한다.

위 내용을 원효 스님은 이렇게 정리한다. 본래 무명불각에 의해 생상 등 여러 가지 망념을 일으킨다. 이로 인해 마음의 근본[심원(心源)]을 움직여 점차 멸상에 이르고, 오랫동안 깊은 잠에 빠져 삼계육도를 돌고 돈다. 그러나 이제 본각의 영향[훈습]으로 생사를 싫어하고 열반을 즐거 찾는 마음을 일으켜 점점 본원(本源)으로 향한다. 비로소 멸상을 멈추고 나아가 생상까지 멈추어 크게 깨닫는다. 마음이 본래 움직인 바도 없고 지금 고요한 바도 없어 본래 평등함을 깨달아 진여의 자리에 머문다.

말하자면, 중생은 어리석음으로 인해 생주이멸에 이르러 생사윤회를 하지만, 진여로 돌아가는 모습은 그 반대의 순서가 된다. 본원으로 돌아가는 모습을 단순하게 생각하면 이렇다. 중생은 주위에 있던 것이 없어져야[멸상] 비로소 사라졌다는 사실을 깨닫는다. 물론 아예 어리석은 중생은 없어졌다는 사실조차 모르지만. 그다음 눈 밝은 이는 다소 두드러진 변화[이상]를 통해 달라짐을 깨닫는다. 그다음 눈 밝은 이는 거의 변화 없이 머무는 것[주상]을 통해서도 미세한 흐름을 깨닫는다. 최고로 눈 밝은 이는 생겨나는 순간[생상] 바로 깨닫는다. 이처럼 중생의 모습에서 깨달음의 세계로 들어가는 단계를 생주이멸 네 가지 모습으로 관련지었다.

위 내용을 표로 정리하면 다음과 같다.

위 내용에서, 이승은 성문승과 독각승을 말한다. 그런데 "이승의 바른 지혜"라고 했으니 아라한을 말한다. 이후 '생멸인연, 여섯 가지 염'에서는 "이승의 경우 해탈한 경지"로 되어 있다. 이때 아라한은 대승으로 회심한 아라한이다. 아라한이 이 단계에 있는 이유는, 인아견[아집]은

깨달음의 단계	깨닫는 사람	깨달은 대상	깨달음의 이익	깨달음의 범위
제1단계 (불각)	범부	앞 망념에 악이 일어남[멸상]	뒤 망념을 멈춰 일어나지 않게 함 [멸상을 그침]	각이라고 하지만 불각이다
제2단계 (상사각)	이승의 바른 지혜, 초발의보살 등	망념의 이상	망념에 이상이 없어짐	추분별집착상을 버렸기 때문에 상사각이라 함
제3단계 (수분각)	법신보살 [십지보살]	망념의 주상	망념에 주상이 없어짐	분별추념상을 떠났기 때문에 수분각이라 함
제4단계 (구경각)	보살지가 다한 경우[등각]	마음이 처음 일어난 모습[생상]	마음에 처음 모습이 없음 [생상이 없어짐]	미세념을 멀리 떠났기 때문에 심성을 보게 되어 마음이 곧 상주하므로 구경각이라 함

해결했지만 아직 법아견[법집]에 대한 지혜와 해탈이 일어나지 않았기 때문이다. 이쯤에서 〈제2부 7. 보살 계위〉를 참고하자.

초발의보살은 처음 깨닫고자 하는 마음을 일으킨 발보리심 보살로서, 10주[10해] 처음 단계인 제1주 발심주에 해당한다. "초발의보살 등"에서 '등'이란 발심주 이후 10행 · 10회향까지 포함한다. 법신보살은 초지보살부터 제10지 보살까지 십지보살을 말한다. 진리의 몸인 법신 부처님과 구분할 필요가 있다. 보살지가 다한 경우는, 제10지를 끝내고 불지(佛地)로 나아가려는 보살이다. 제10지가 원만하게 성취된 최종의 시기를 금강유정(金剛喩定)이라고 하며 등각이라고 한다. "미세한 망념을 멀리 떠났을 때"가 불지이다.

이상(異相)에서 "두드러지게 분별하여 집착하는 모습[추분별집착상(麤分別執着相)]"이란, 맞다[순경계(順境界)]거나 맞지 않다[역경계(逆境界)]거나 분별하여 탐냄과 성냄 등을 일으킴을 말한다. 주상(住相)의 "분별과 두드러진 망념의 모습[분별추념상(分別麤念相)]"에서 분별은 인아집[구생아집]에 대한 분별이다. 이상의 추분별과 달리서 '추'를 붙이지 않는다. 추분별에 비해 미세하기 때문이다. 법아집[구생법집]을 '추념'이라고 한다. 〈제2부 7. 보살계위〉를 참고하면, 분별아집과 분별법집을 끊고 초지보살에 들어가며, 이후 구생아집이 일어나지 않을 때 제8지 보살에 들어가며, 초지 이후 구생법집을 조금씩 끊어나가다가 구생법집을 완전히 끊고서 여래지에 들어간다. 즉, 법신보살 때는 구생아집과 구생법집을 다스리기 때문에 '분별'과 '추념'을 떠난다고 하였다.

● **시각은 본각과 다르지 않다**

또 (앞에서 '마음이 처음 일어나는 모습을 깨달아'에서) 마음이 일어난다는 것은, 알 만한 처음 모습[초상(初相)]이 없는데도 처음 모습을 안다고 하는 것이니, 곧 무념을 말한다. 그러므로 일체중생[금강유정 이전]을 각(覺)[깨달음]이라고 이름하지 못한다. 본래부터 찰나찰나 상속하여 아직 망념을 여의지 않았기 때문에 무시무명(無始無明)이라 한다. 만약 망념이 없게[무념(無念)] 되면 심상(心相)의 생주이멸(生住異滅)을 안다. (생주이멸은) 무념과 같기 때문이다. 그런데 실로 시각의 차이는 없다. 사상(四相)이

동시에 있으며 모두 자립하지 못하니 본래 평등하여 동일한 각

(覺)[진여본각]이기 때문이다.

본래 불각에 의하여 마음이 처음 일어난다. 그런데 이제는 이미 깨달았기 때문에 마음에 일어나는 바가 없다. 움직이는 망념은 모두 없어지고 오직 일념만이 있기 때문에 처음 모습은 없다. 그런데도 '처음 일어나는 모습을 깨달았다'고 하는 것은, 깨달았을 때 처음 모습이 있음을 안다는 말이 아니다. 깨달았을 때에 처음 움직이는 모습이 바로 본래 고요한 모습인 줄 아는 것이다. 곧 무념이라고 말한다.

　　이와 같이 생주이멸 사상에 따라 깨달음의 차별을 언급하였지만, 구경위[불지(佛地)] 이전 중생들은 무명으로 인한 망념을 여의지 못하였기에 각이라 이름할 수 없다. 앞에서도 "마음의 근원을 깨달았기에 구경각이라고 이름하며, 마음의 근원을 깨닫지 못했기 때문에 구경각이 아니다"라 하였다. 비록 사상의 차별로 점차 깨달음을 말했지만, 무명의 망념이 있다는 점에서는 차이가 없다. 모두 불각이다.

　　만약 마음의 근원에 이르러 무념을 얻으면, 곧 일심이 움직여 사상으로 차별된다는 것을 잘 안다. 중생의 망념이 본래 무념이다. 무념을 얻어서 망념과 평등하게 된다. 생주이멸 사상은 무념과 같다. 무념을 얻는다는 것은 생주이멸이 본래 일어남이 없음을 깨닫는다는 것이다. 본래 일어남이 없는데, 어떻게 사상에 따른 시각의 차이가 있겠는가. 사상은 일심에 의하여 이루어지며, 일심을 떠나 별도로 없기 때문에 사상은 동시에 있으며 모두 자립하지 못한다. 모두 자립하기 못하기 때문에 본래 평등하여 동일한 본각이다. 마치 바닷물의 움직임을 파도라고 이름

하지만 파도는 자체가 없기 때문에 파도의 움직임은 없고, 바닷물은 자체가 있으므로 바닷물의 움직임이 있는 것과 같이 일심[바닷물]과 사상[파도]도 그러하다.

이러한 뜻에 의하여, 생주이멸 사상이 오직 일심이며, 불각이 바로 동일한 본각이다.

따라서 시각은 심체(心體)가 무명의 연을 따라 움직여 망념을 짓지만, 본각의 훈습력 때문에 각의 작용이 조금이나마 있다. 그리고 구경위에 이르면 다시 본각과 같아진다.

③ 본각(本覺)의 의미

수행해서 깨달음을 얻고 보니, 그 깨달음이란 새로운 것이 없고 본래 있는 깨달음이다. 그러나 본래 있는 깨달음이라 하더라도 깨달음을 얻기 전에는 모른다. 깨달음을 얻고 보니, 본래 있는 깨달음임을 안다. 비록 비로소 얻은 깨달음과 본래 있는 깨달음이 같다 하더라도, 수행 정진하여 얻은 깨달음과 본래 있는 깨달음은 그 모습이 다르게 다가온다.

가령 바람이 그치면서 바다가 잔잔해졌지만, 바다는 본래 산산하다. 그런데 '바다가 잔잔해졌다'는 바람이 그쳐 파도가 사라졌기에 하는 말이다. '바다는 본래 잔잔하다'는 파도가 일어나든 사라지든 상관없다는 말이다. 같은 잔잔한 바다라도 다른 모습으로 다가온다. 또는 옷 주머니에서 잊고 있었던 돈을 발견했을 때 그 돈은 원래 있던 돈이지만, 발견한 순간 그 돈은 다르게 다가온다. 같지만 다른 느낌.

본각 역시 마찬가지로, '수염본각(隨染本覺)[염오에 따른 본각]'과 '성정본각(性淨本覺)[자성청정한 본각]', 둘로 구분하여 설명한다. 즉, 무명을 벗어나 불각에서 깨달음으로 들어감에 따라 드러나는 본각을 수염본각이라고 하고, 일체의 염오와 상관없이 그 자체로 있는 본각을 성정본각이라고 한다. 논에서는 수염본각은 불각에서 깨달음으로 들어감에 따라 나타나는 본각의 모습[지정상(智淨相)]과 작용[부사의업상(不思議業相)]을 나타내고, 성정본각은 그 자체로 있는 본각을 참답게 공한 거울[여실공경(如實空鏡)]·원인으로 훈습하는 거울[인훈습경(因熏習鏡)]·법이 장애를 벗어난 거울[법출리경(法出離鏡)]·대상으로 훈습하는 거울[연훈습경(緣熏習鏡)] 등 거울의 비유로 나타낸다.

〈본각의 의미〉

본 각	수염본각 [염오에 따른 본각]	지정상[지혜가 깨끗한 모습]
		부사의업상[생각하거나 논의할 수 없는 업의 모습]
	성정본각 [자성청정한 본각]	여실공경[참답게 공한 거울]
		인훈습경[원인으로 훈습하는 거울]
		법출리경[법이 장애를 벗어난 거울]
		연훈습경[대상으로 훈습하는 거울]

● 수염본각(隨染本覺)[염오에 따른 본각]

본각은 염오에 따라 분별하여, 지정상(智淨相)[지혜가 깨끗한 모습]과 부사의업상(不思議業相)[생각하거나 논의할 수 없는 업의 모습]의 두 가지 모습을 내지만, 본래 자성청정한 본각[성정본각]과 서로 떨어지지 않는다. 비록 염오를 따라 분별하더라도 드러난 모습은 본래 있는 본각이다. 따라서 지정상은 수염본각의 모습[특성]을 나타내고, 부사의업상은 이 본각이 다시 깨끗해졌을 때 작용을 나타낸다.

첫째, 지정상(智淨相)

> 지정상이라는 것은, 이른바 법력의 훈습에 의하여 여실히 수행
> 하여 방편을 충만하게 갖춤으로써 화합식상(和合識相)을 깨뜨
> 리고 상속심상(相續心相)을 없애어 법신을 나타내어 지혜가 맑
> 고 깨끗하기 때문이다.

모든 중생은 진여인 자성청정심을 간직하고 있지만, 무명으로 인한 염
법에 가려져 있다. 이때 불생불멸인 자성청정심이 무명으로 인한 생멸
심과 화합한 것을 아려야식이라고 하였다. 생멸심이란 분별심이다. 중
생은 무명으로 인해 그릇되게 분별하며 살아간다. 염법에 가려진 진여
는 분별하는 중생에게 끊임없이 신호를 보낸다. '이왕 분별한다면 생사
를 싫어하고 열반을 좋아하는 분별을 일으켜 수행으로 나아가라.' 이를
'법력의 훈습'이라 한다. 즉, 진여[불성]가 영향을 주는 힘을 말한다.

이러한 힘에 의해 여실하게 수행하여 보살 제10지 마지막 시기
가 되면, 모든 수행 방편을 완전하게 성취한다. 이로 말미암아 화합식
[아려야식] 내의 생멸상을 깨뜨리고 불생불멸의 본성을 나타내기 때문에
"화합식상을 깨뜨리고 법신을 나타낸다"고 한다. 법신은 법신불을 말한
다. 부처님의 경지에는 화합의 뜻이 없다. 시각이 본각과 같아서 오직 진
여만 있기 때문이다.

또한 화합식 내에서 생멸하여 이어지는 마음의 모습도 없애어 드
디어 근원으로 돌아가서 맑고 깨끗한 응신불의 지혜를 이루기 때문에
"상속심상을 없애어 지혜가 맑고 깨끗하다"고 한다. 그러나 상속심의 상

을 없애는 것이지, 체를 없는 것이 아니다. 법신불은 진여 그 자체, 진리 그 자체인 부처님을 말하고, 응신불은 진여의 작용으로 중생을 제도하기 위해 나타나신 부처님을 말한다.

> 모든 심식(心識)의 모습은 모두 무명이지만 무명의 모습이 본각의 성품을 여의지 않으므로 파괴할 수 있는 것도 아니며 파괴할 수 없는 것도 아니다. 가령, 큰 바다의 물은 바람으로 인하여 물결이 일어나는데, 물의 모습과 바람의 모습이 서로 떨어지지 않지만, 물은 움직이는 성질이 아니므로 만약 바람이 그쳐서 없어지면 움직이는 모습은 곧 사라지지만 물의 젖는 성질은 무너지지 않기 때문이다. 이와 같이 중생의 자성청정심(自性淸淨心)은 무명의 바람으로 인하여 움직이는데, 마음과 무명은 모두 형상이 없어서 서로 떨어지지 않지만, 마음은 움직이는 성질이 아니므로 만일 무명이 없어지면 상속은 곧 없어지지만 지혜의 본성은 무너지지 않기 때문이다.

모든 심식은 무명으로 일어났기 때문에 모두 무명이라고 한다. 모두 불각이라는 말이다. 그런데 불각의 모습이 본각의 성품을 떠나지 않는다. 그러므로 진여본각의 측면에서 보면 파괴할 수 있는 것도 아니고, 무명불각의 측면에서 보면 파괴할 수 없는 것도 아니다. 마치 큰 바다의 물과 바람으로 물결이 일어나는 것과 같다. 만일 무명[바람]이 없어지면 상속[움직이는 모습]은 없어지지만, 지혜의 본성[바다의 물의 젖는 성질]은 무너지지 않는다. 즉 상속심의 상은 없어지지만, 마음 자체는 없어지지 않는다.

둘째, 부사의업상(不思議業相)

부사의업상이라는 것은, 지혜가 맑아짐에 의하여 모든 뛰어난 경계를 짓는다. 이른바 무량한 공덕의 모습이 항상 끊어짐이 없어서, 중생의 근기에 따라 자연스럽게 상응하여 여러 가지로 니타나서 이익을 얻게 하기 때문이다.

잔잔해진 바다에 세상의 모습이 그대로 드러나는 것처럼, 지혜가 맑아짐에 의하여 모든 뛰어난 경계를 짓는다. 무명이 사라져 지혜가 맑아지는 모습인 지정상은 분별이 사라진 공의 측면이라면, 지혜가 맑아짐에 의하여 모든 뛰어난 경계를 짓는 부사의업상은 무량한 공덕을 지닌 불공의 측면이다. 지정상은 무분별지[근본지]의 측면이라면 부사의업상은 무분별후득지[방편지]의 측면이기 때문에 중생의 근기에 따라 자연스럽게 상응하여 여러 가지로 나타나서 이익을 얻게 한다.

● 성정본각(性淨本覺)[자성청정한 본각]

일체 염오와 상관없이 그 자체로 있는 본각을 성정본각이라고 한다. 이러한 염오와 상관없이 자성청정한 각[성정본각]의 체성은 크게 네 가지 뜻이 있다. 여실공경, 인훈습경, 법출리경, 연훈습경이다.

첫째, 여실공경(如實空鏡)

첫째, 여실공경(如實空鏡)[참답게 공한 거울]이다. 모든 마음의 경

계상을 멀리 떠나서 나타낼 만한 법이 없다. 깨달아 비추는[각

조(覺照)] 뜻이 아니기 때문이다.

자성청정한 본각은 일체 망념으로 분별 된 경계상을 멀리 떠난다. 따라서 본각에는 나타낼 만한 법이 없다. 이는 아무것도 드러나지 않는 맑은 거울과 같기 때문에 여실공경이라고 한다. 그런데 거울은 비춰주는 작용도 있다. 여기서는 깨달아 비추는 뜻이 아니라고 하니, 여실공경에는 비춰주는 작용의 의미를 포함하지 않는다. 따라서 여실공경은 공의 의미를 나타낼 뿐 불공의 의미는 포함하지 않는다. 아무것도 드러나지 않은 맑은 거울일 뿐이다.

둘째, 인훈습경(因熏習鏡)

둘째, 인훈습경(因熏習鏡)[원인으로 훈습하는 거울]이다. 여실불공

(如實不空)을 말한다. 일체 세간의 경계가 모두 그 가운데 나타

나지만, 나오지도 않고 들어가지도 않고, 잃지도 않고 깨지지

도 않아서, 일심에 항상 머무른다. 일체법이 곧 진실성이기 때

문이다. 또 일체 염법이 더럽힐 수 없다. 지혜의 체성은 움직이

지 않아서 무루(無漏)[번뇌 없음]를 갖추어 중생을 훈습하기 때

문이다.

자성청정한 본각은 공한 가운데 불공의 뜻을 가진다. 본각은 세상을 드러내고 유지하는 무루의 공덕을 가지기 때문이다. 앞의 여실공경은 공

의 뜻만 나타내고 불공의 뜻을 나타내지 않는 반면, 인훈습경은 공과 불공, 두 가지 뜻을 다 나타낸다. "일체 세간의 경계가 모두 그 가운데〈공〉 나타난다〈불공〉"는 말이 공과 불공 두 가지 뜻을 다 나타낸다. 가령, 거울이 맑은 가운데〈공〉 여러 모습이 나타난다〈불공〉.

일체유심조, 모든 것은 마음으로부터 생성되고 유지된다. 공한 가운데 드러나는 진실성인 일체법도 마음으로부터 생성되고 유지된다. 따라서 이러한 진실성의 모든 경계는 어디서 나오지도 않고 어디로 들어가지도 않으며, 잃지도 않고 깨지지도 않는다. 모든 모습이 그대로 상주하는 일심진여이다. 따라서 항상 일심[진여]에 머문다.

진여본각은 진실성인 일체법을 드러내는 직접적인 원인이다. 인(因)과 연(緣)에서 인을 직접적인 원인, 연을 간접적인 조건이라고 한다. 인이 씨앗이라면, 연은 흙, 물, 공기, 비료 등이다. 또한 무루 공덕을 갖춘 진여는 내면에서 끊임없이 진여로 나아가게 하고자 영향을 주기[훈습] 때문에 인훈습이라 하고, 모든 법이 모두 그 가운데 나타나기 때문에 거울이라고 한다. 가령 맑은 거울이 자기 모습을 보게 하여 잘못된 사항을 바꾸게 하는 것과 같다.

셋째, 법출리경(法出離鏡)

셋째, 법출리경(法出離鏡)[법이 장애를 벗어난 거울]이다. 불공법이 번뇌애(煩惱礙)[번뇌로 인한 장애]와 지애(智礙)[지혜에 대한 장애]를 벗어나고 화합상을 떠나서 깨끗하고 맑고 밝기 때문이다.

법출리경이란, 법이 모든 장애에서 벗어난 것이 거울과 같다는 말이다. '법'은 인훈습경에서 말한 여실불공법을 말한다. 번뇌애는 무명으로 인해 일어난 모든 염법을 말한다. 이 번뇌애는 마음을 어지럽게 일으키고, 유정을 괴롭힌다. 지애는 무명을 말한다. 이 지애는 지혜를 장애한다. 불공법(不空法)이 이 모든 장애를 벗어나서 본각의 지혜가 깨끗하고 맑고 밝아져서 거울과 같기에 법출리경이라 한다.

화합상은 불생불멸과 생멸의 화합상인 아려야식을 말한다. 화합상 가운데 생멸을 떠나기 때문에 불생불멸의 진여, 자성청정한 본각은 깨끗하고 맑고 밝다. 마치 거울을 닦아 먼지가 없으면 빛이 밝아지는 것과 같다.

넷째, 연훈습경(緣熏習鏡)

넷째, 연훈습경[조건으로 훈습하는 거울]이다. 법출리에 의하기 때문에 중생의 마음을 두루 비추어서 선근을 닦도록 하는데 (중생의) 생각에 따라 갖가지 모습을 나타내기 때문이다.

자성청정한 본각은 다른 중생의 마음에도 밝고 맑은 기운으로 작용한다. 불공법이 장애를 벗어나서 자성청정한 본각은 밝고 맑아서 중생의 마음을 두루 비추어서 선근을 닦게 한다. 중생의 근기에 따라 나타난 모습이 조건[연(緣)]이 되어 중생의 마음에 영향을 준다[훈습]. 이로 인해 중생은 모든 수행을 일으켜 마침내 불과에 이르게 된다. 나타난 갖가지 모습 또한 자성청정한 본각를 떠나지 않은, 본각에 비친 모습인지라 거울이라 한다. 마치 맑은 거울에 빛이 비치면 사람들이 자기 모습을 비추어 보고 잘못된 사항을 모습을 바꾸게 하는 것과 같다.

이처럼 자성청정한 본각[성정본각]의 네 가지 의미를 거울로 비유하여 이름하였다. 여실공경과 법출리경은 티끌을 없앤다는 뜻에 의해 맑은 거울에 비유하였고, 인훈습경과 연훈습경은 모습을 나타내는 뜻에 의해 맑은 거울에 비유하였다.

(2) 불각(不覺)의 의미

본각에 의거하기 때문에 불각(不覺)이 있다. 불각은 무명에 의해 미혹한 상태이다. 본래 깨달음이 없다면 미혹할 것도 없다. 즉, 본각이 있기 때문에 불각이 있다. 미혹한 상태가 있으니 미혹을 벗어나 깨달음으로 나아가는 단계가 있다. 비로소 깨달음을 얻었다는 의미에서 시각(始覺)이 있다. 즉, 불각이 있기 때문에 시각이 있다. 그런데 시각은 새로울 것이 없는 바로 본래 있는 깨달음[본각]이다.

시각은 본각과 같다. 시각의 의미에 상대하여 새로울 것이 없는 '본래 있는 깨달음'이라는 의미에서 본각(本覺)이라고 한다. 따라서 본각에 의거하기 때문에 불각이 있고, 불각에 의거하기 때문에 시각이 있고, 시각에 상대하여 본각이라 한다. 본각, 시각, 불각은 서로 상대해서 하는 말이다.

그럼 불각의 의미에 살펴보자. 우선 불각에는 크게 근본불각과 지말불각이 있다. 근본불각은 무명을 말하고, 지말불각은 근본불각[무명]으로 인해 일어난 망념을 말한다.

① 근본불각[무명]

이른바 진여법이 하나임을 여실히 알지 못하기 때문에 불각의 마음이 일어나서 그 망념이 있게 된다. 망념은 자상이 없어서 본각을 여의지 않는다. 가령 방향에 미혹된 사람은 방향에 의거하기 때문에 미혹하지만, 만약 방향을 떠난다면 미혹함이 없는 것처럼, 중생도 그러하다. 각에 의거하기 때문에 미혹하지만, 만약 각의 성품을 떠난다면 불각이 없다. 불각의 망상심이 있기 때문에 이름과 의미를 알아서 진각(眞覺)이라고 말한다. 만약 불각의 마음을 떠난다면 곧 말할 만한 진각의 자상은 없다.

진여법은 곧 진여, 본각을 말한다. 진여는 절대 평등하여 모든 법이 차별 없는 하나의 모습이다. 그런데 중생은 진여법이 하나임을 알지 못하기 때문에 불각의 마음이 일어나서 망념이 있게 된다. 그 망념은 무명에 의해 일어났지만, 본각에 의거하여 있다. 따라서 망념은 자상이 없어 본각을 여의지 않는다. 가령 방향이 애초에 없다면 방향에 미혹하다 할 것이 없다. 각과 불각 역시 마찬가지이다. 또한 진각이라는 것도 불각에 상대하여 분별로써 이름을 붙였을 뿐, 불각을 떠난다면 말할 만한 진각의 자상은 없다. 진각과 불각은 서로 상대해서 하는 말이다.

"불각의 마음이 일어나서 그 망념이 있게 된다"에서 '불각'은 무명으로서 근본불각이라 하고, '그 망념'은 근본불각에 의해 있으므로 지말불각이라 한다. 지말불각은 또 삼세육추(三細六麤)로서 세 가지 미세한 불각과 여섯 가지 두드러진 불각으로 구분한다.

〈 불각의 의미 〉

	근본불각	무명	
불 각	지말불각	삼세	무명업상
			능견상
			경계상
		육추	지상
			상속상
			집취상
			계명자상
			기업상
			업계고상

② 지말불각[삼세육추]

● 세 가지 미세한 불각[삼세불각(三細不覺)]

또한 불각에 의거하기 때문에 세 가지 모습이 생겨나서 저 불각[근본불각]과 상응하여 여의지 않는다.

세 가지는 무엇인가?

첫째, 무명업상(無明業相)이다. 불각에 의거하기 때문에 마음이 움직이니 업이라고 이름한다. 깨달으면 움직이지 않고, 움직이면 괴로움[고(苦)]이 있다. 결과는 원인을 여의지 않기 때문이다.

둘째, 능견상(能見相)이다. 움직임에 의거하기 때문에 본다[능견(能見)]. 움직이지 않는다면 본다는 것도 없다.

셋째, 경계상(境界相)이다. 본다는 것[능견]에 의거하기 때문에 경계가 허망하게 나타난다. 본다는 것[견]을 떠난다면 경계도 없다.

근본불각[무명]에 의거하여 세 가지 미세한 불각[삼세(三細)]이 생긴다. 무명업상, 능견상, 경계상이다. 이 삼세는 의식의 바탕인 제8식에서 일어난다. 우리의 인식으로는 알 수 없기 때문에 미세한 불각이다. 진여를 알지 못하여 무명에 의해 마음이 일어나서 보는 쪽과 보이는 쪽으로 드러난다. 무명에 의해 마음이 일어나는 순간의 모습이 무명업상이다. 보는 쪽의 모습을 능견상이라 하고, 보이는 쪽의 모습을 경계상이라고 한다. 업은 행위, 움직임을 뜻한다. 곧 마음이 움직인다는 말은 분별상이 일어난다는 말이고, 논에서는 망념[염]이 일어난다고 한다. 생사의 고가 있다는 말이다. 마음이 일어나기[무명업상] 때문에 능히 본다[능견상]. 능히 봄에 의거하여 경계[경계상]가 허망하게 나타난다. 마음이 일어나지 않으면 보는 쪽도 없고, 보이는 쪽도 없다.

이와 같이 마음[제8식]으로부터 우리 앞에 경계가 펼쳐진다.

● 여섯 가지 두드러진 불각[육추불각(六麤不覺)]

경계의 조건[연(緣)]이 있기 때문에 다시 여섯 가지 모습을 낸다. 여섯 가지는 무엇인가?

첫째, 지상(智相)이다. 경계에 의거하여 좋음[애(愛)]과 좋지 않음[불애(不愛)]을 분별하는 마음이 일어나기 때문이다.

둘째, 상속상(相續相)이다. 지상에 의거하기 때문에 그 고락의 감각을 내니 마음이 망념을 일으켜 상응하여 끊어지지 않기 때문이다.

셋째, 집취상(執取相)이다. 상속에 의거하여 경계를 생각해서 고락에 머물러 마음이 집착을 일으키기 때문이다.

넷째, 계명자상(計名字相)이다. 그릇된 집착에 의거하여 임시로 시설된 명칭과 언설의 모습을 분별하기 때문이다.

다섯째, 기업상(起業相)이다. 이름자[명자(名字)]에 의거하여 이름을 따라가면서 집착하여 여러 가지 업을 짓기 때문이다.

여섯째, 업계고상(業繫苦相)이다. 업에 의거하여 과보를 받아서 자재하지 못하기 때문이다.

마음으로부터 펼쳐진 경계에 의거하여 여섯 가지 두드러진 모습[육추(六麤)]이 생긴다. 지상, 상속상, 집취상, 계명자상, 기업상, 업계고상이다. 이는 제7식과 의식 등에 속한다. ─ 원효 스님은 지상은 제7식이고 나머지 셋은 의식에 해당하고, 업계고상은 앞 넷의 과보라고 풀이한다. 반면 법장 스님은 육추 모두를 의식에 속한다고 풀이한다. 그 외 다른 견해도 있다. 여기서는 자세한 설명은 생략한다. ─ 그렇다면 논에서 설명한 육추를 연결하여 살펴보자. 앞서 드러난 경계상이 허망한 것임을 알지 못하고 좋다 싫다 하는 분별을 낸다[지상]. 이렇게 '좋다' '싫다' 분별한 경계에 대해 즐겁거나 괴로운 느낌을 낸다.

　이러한 분별 경계와 고락의 느낌 등이 잠시도 쉬지 않고 상속한다[상속상]. 이렇게 상속하는, 경계에 대한 고락의 느낌이 허망한 줄 모르고 마음이 깊게 집착을 일으킨다[집취상]. 그릇된 집착에 의해 허망한 경계에 헛된 이름을 붙여 분별한다[계명자상]. 헛된 이름에 따라 집착하여 맞는 일은 추구하고 맞지 않는 일은 피하면서 여러 가지 업을 짓는다[기업상]. 이러한 업으로 과보를 받아서 자재하지 못한다[업계고상].

● 무명이 모든 염법을 내는 과정

논에서 "무명이 모든 염법을 낸다. 모든 염법은 모두 불각의 모습이기 때문이다"라고 하니, 이제 근본불각과 지말불각을 연결하여 살펴보자. 눈과 눈병의 예로 설명한 법장 스님의『대승기신론의기』를 참고한다.

　　맑은 눈은 진여본각이다. 눈에 열기[눈병]가 시작된 것은 근본무명이다. 열기가 퍼져 맑은 눈의 기능을 흔드는 것은 능견상이다. 눈병이 생기고 나면 모든 것이 헛꽃처럼 보이는 것은 경계상이다. 헛꽃이 있으므로 좋고 나쁨을 분별하는 것은 지상이다. 분별하는 지상이 있으므로 좋고 나쁨에 집착하여 버리지 않는 것은 상속상이다. 집착하여 버리지 않는 상속상 때문에 맞는 경계와 맞지 않는 경계에 선택하여 추구하는 것은 집취상이다. 집취상 때문에 그 대상에 대하여 온갖 이름을 세워 따지는 것은 계명자상이다. 계명자상 때문에 신구의 삼업을 일으켜 헛꽃을 추구하면서 선악업을 짓는 것은 기업상이다. 업에 고락의 보를 받는 것은 업계고상이다. 그러나 이러한 아홉 가지 모습[삼세육추]은 모두가 눈의 열기, 즉 눈병 한 가지로 공통된다. 그러므로 "무명이 모든 염법을 낸다"고 한다.

　　일체유심조, 만법유심의 가르침에 따르면, 제8식이 드러낸 세상을 제7식과 의식 등이 인식한다. 즉, 제8식 아려야식이 무명에 의해 마음을 일으켜[무명업상] 보는 쪽[능견상]과 보이는 쪽[경계상]이 드러나고, 제7식 등은 보는 쪽을 좋아할 만한 나[아(我)]라고 여기고 보이는 쪽을 마음 밖에 별도의 법이라고 여겨[지상] 그 마음이 이어진다[상속상]. 그렇게 왜곡된 마음을 바탕으로 제6식[의식]이 안식 등과 어울려 분별 집착한다[집취상]. 이 분별 집착에는 반드시 언어가 함께하고[계명자상], 이를 통해 온갖 업을 일으켜[기업상] 과보를 야기하며 돌고 돈다[업계고상]. 여기서 제8식과 제7식의 작용은 중생의 인식으로 알 수 없다. 그래서 제8식과 관계되는 무명업상, 능견상, 경계상은 미세한 불각[삼세불각]이라 한다. 지상과 상속상은, 스님마다 견해가 다르지만, 제7식과 관련되기 때문에 이 또한 중생의 인식으로 파악하기 힘들다. 그래서 이후 논에서 '여섯 가지 염심'을 분류할 때 주석서는 '두드러진 것 가운데 미세한 것'으로 파악한다. 원효 스님은 상속상을 의식과 관련된 상으로 본다.

다음은 원효 스님의 견해에 따라 삼세육추와 이후 언급되는 생멸인연, 생멸상의 관계를 정리한 표이다. 이후 관련된 내용을 볼 때 이 표가 필요하다.

〈원효 스님에 의한 생멸인연·생멸상의 관계〉

삼세육추	5의·의식	8식	6염	6염 떠남 계위	생멸상의 추세		
무명업상	업식	제8식	근본업불상응염	제10지에 의거 여래지에서 떠남	세	세	불경계
능견상	전식		능견심불상응염	제9지에 의거 떠남		추	보살경계
경계상	현식		현색불상응염	제8지에 의거 떠남			
지상	지식	제7식	분별지상응염	제2지부터 제7지에 이르러 떠남		세	
상속상	상속식	제6식	부단상응염	초지 얻고서 떠남	추	추	범부경계
집취상	의식	제6식 5식	집상응염	해탈 이승, 신상응 지에 의거 떠남			
계명자상							
기업상							
업계고상	앞4상의 과보						

(3) 각과 불각의 같고 다름[동이(同異)]

이상과 같이 각과 불각에 대해 살펴보았다. 그런데 논에서는 각과 불각 서로 간에 같은 모습[동상(同相)]과 다른 모습[이상(異相)]이 있다고 한다. 반복하자면, 본각에 의거하기 때문에 불각이 있고, 불각에 의거하기 때문에 시각이 있고, 시각에 상대하여 본각이라 한다. 본각, 시각, 불각은 서로 상대해서 하는 말이다. 그러므로 각과 불각은 서로 별개가 아니라, 서로 의존하여 있다. 그리고 각과 불각이 모두 진여성에 의거하여 있다. 이때 '같은 모습[동상]'이란 진여 본각의 측면에서 볼 때 근본 성품이 똑같은 진여 성품이라는 입장이고, '다른 모습[이상]'이란 현실의 측면에서 볼 때 전개되는 모습이 각기 다르다는 입장이다. 논에서는 흙과 질그릇의 비유로 설명한다.

> 같은 모습[동상]에 대해 말해보자. 가령 여러 가지 질그릇은 모두 똑같은 흙 알갱이 성질의 모습인 것처럼, 이와 같이 무루(無漏)와 무명(無明)의 여러 가지 업환(業幻)[업의 작용으로 들어난 모습]도 다 똑같은 진여 성품의 모습이다. …
> 다른 모습[이상]에 대해 말해보자. 여러 가지 질그릇이 각각 같지 않은 것처럼, 이와 같이 무루와 무명은 염법에 따른 환상[수염환(隨染幻)]의 차별이며 성품이 염오인 환상[성염환(性染幻)]의 차별이기 때문이다.

무루는 본각, 시각을 말하고, 무명은 근본불각[근본무명]과 지말불각[지말무명]을 말한다. 각[무루]과 불각[무명]은 진여 성품에 기반하여 드러난 상대적인 모습이다. 두 가지 모두 업의 작용으로 나타나는 환상일 뿐 실제로 있지 않기 때문에 업환이라고 말한다. 모두 분별하는 행위[업]에 드러난 환상에 불과하지만, 그 근본 성품은 모두 다 똑같은 진여 성품의 모습이다. 마치 여러 가지 질그릇[각, 불각]이 모두 똑같은 흙 알갱이 성질의 모습[진여성]인 것과 같다. 이 진여의 뜻에 의거하여 경전에서 '일체중생은 본래 상주하여 열반에 들어 있다'고 한다.

한편, 각과 불각은 드러난 모습으로 볼 때 다른 모습이다. 무루는 염법에 따른 환상의 차별이라면, 무명은 성품이 염오인 환상의 차별이다. 즉, 무루는 염법에 따른 분별 된 차별이라면, 무명은 성품이 염오로 분별 된 차별이다. 무명[근본무명, 지말무명]은 진여의 평등성[무차별성]을 어긴 것이니, 그 성품이 염오로서 스스로 차별이 있다. 반면 모든 무루[본각, 시각]는 평등성을 따라서 그 성품에 차별이 없지만, 염법의 차별을 따르기 때문에 상대하여 본각의 무한한 성품의 공덕을 말하고, 또한 이 모든 법의 차별을 대치하기 때문에 시각의 온갖 덕의 차별이 있다고 말한다.

(4) 생멸인연(生滅因緣)

> "이 마음은 본래부터 자성이 청정하지만, 무명이 있어서 무명
> 에 의해 물들게 되어 그 염심이 있다. 비록 염심이 있지만 항상
> 변하지 않는다."

이 구절은 생멸인연을 설명하는 가운데 등장한다. 미리 앞에서 언급하

는 이유는, 이 구절이야말로 『대승기신론』뿐만 아니라 불교를 관통하는 가르침이라고 보기 때문이다. 불교에서는 "마음은 본래부터 청정하지만 무명에 의해 물들게 되어 염심이 있다"고 하니, 본래 청정한 마음이 어떻게 무명에 의해 물들어가는지 설명하고, 반대로 "비록 염심이 있지만 자성청정한 마음은 항상 변하지 않는다"고 하기에 어떻게 염심을 제거하고 자성청정한 마음으로 돌아가는지 설명한다. 전자를 유전문(流轉門)이라고 하고, 후자를 환멸문(還滅門)이라고 한다. 12연기의 가르침이 그렇고, 고집멸도 사성제의 가르침이 그렇다. 바로 앞에서는 각과 불각의 모습을 통해 유전문과 환멸문을 설명하였다면, 지금 〈생멸인연〉에서는 인과 연으로 일어나는 식과 염심(染心)을 통해 유전문을 설명한다.

> 다음 생멸인연이라는 것은, 이른바 중생은 마음[심(心)]에 의거
> 하여 의(意)와 의식(意識)이 일어나기 때문이다.

생멸이란 유전문을 말한다. 본래 청정한 마음이 무명에 의해 물들게 되어 생멸한다. 인은 직접적인 원인이고, 연은 간접적인 조건이다. 앞서 불생불멸심이 생멸과 더불어 화합한 것을 아려야식이라 하였다. 이 아려야식이 모든 법을 변화하여 나타냄으로 생멸인이고, 근본무명이 마음을 훈습하여 움직이게 하므로 생멸연이다. 또한 무명은 모든 염법의 근본으로 모든 생멸을 일으키기 때문에 인이고, 육진의 경계[색성향미촉법]는 7식의 생멸을 일으키기 때문에 연이다. 이 두 가지 뜻에 의해 인연을 나타낸다.

아려야식에 의와 의식이 일어난다고 함은, 아려야식으로부터 모

든 식이 일어남을 말한다. 초기경전부터 마음을 심(心), 의(意), 식(識)으로 이름하였다. 심은 집지(執持)[잡아서 유지함]의 뜻이고, 의는 사량(思量)[살펴 헤아림]의 뜻이고, 식은 요별(了別)[인식, 분별]의 뜻이다. 유식 사상에서는 식을 제8식, 제7식, 제6식, 전 5식[안식, 이식, 비식, 설식, 신식]으로 구분한다. 이 모든 식이 앞의 심, 의, 식의 뜻을 다 갖추고 있다. 그렇지만, 제8식은 세상의 씨앗[종자]을 간직하고 이 몸을 잡아 유지하기 때문에 심[집지]의 뜻이 강하고, 제7식은 제8식을 항상 살펴 헤아려 나[아]와 나의 것[아소]이라고 집착하기 때문에 의[사량]의 뜻이 강하고, 제6식과 전 5식은 육진 경계[색성향미촉법]를 두드러지게 분별하기 때문에 식[요별]의 뜻이 강하다. 한편 전 5식은 제6식과 함께 일어나야 인식이 일어난다. 전 5식만으로는 인식이 일어나지 않는다. 한편 안식 등이 안근 등에 의지하여 일어나듯이, 제6식인 의식도 의근에 의지하여 일어나는데, 이 의근이 바로 제7식이다. 제6식은 제7식[의]을 의지하여 일어나는 식이라 하여 의식이다.

그런데 모든 식이 심, 의, 식의 뜻을 다 갖추고 있으니, 논에서 말한 '의'의 범위는 제8식, 제7식, 제6식까지 포함된다는 점을 알 필요가 있다. 논에서는 제8식, 제7식, 제6식이라는 용어는 없다. 그렇지만 심·의·식과 제8식 등의 관계는, 다섯 가지 의에 대한 스님들의 견해를 이해하는 데 도움이 된다.

① 다섯 가지 의[5의(五意)]

아려야식에 의거하여 무명이 있다고 설명한다.

불각으로 일어나서 능히 보고 능히 나타내고 능히 경계를 취할 수 있어서, 망념을 일으켜 서로 이어지기 때문에 '의(意)'라고 말한다. 이 의는 다섯 가지 이름이 있다.

다섯 가지는 무엇인가?

첫째, 업식(業識)이라 이름한다. 무명의 힘으로 불각의 마음이 움직이기 때문이다.

둘째, 전식(轉識)이라 이름한다. 움직이는 마음에 의하여 능히 보는 모습이기 때문이다.

셋째, 현식(現識)이라 이름한다. 이른바 일체 경계를 나타낸다. 마치 밝은 거울이 색상을 나타내는 것과 같이, 현식도 그러하다. 그 오진(五塵)[색성향미촉]이 상대하여 이르는 것에 따라 곧 나타나서 앞뒤가 없다. 언제나 임의로 일어나서 항상 앞에 있기 때문이다.

넷째, 지식(智識)이라 이름한다. 이른바 염법(染法)과 정법(淨法)을 분별하기 때문이다.

다섯째, 상속식(相續識)이라 이름한다. 망념과 상응하여 끊어지지 않기 때문이다. 과거 한량없는 기간의 선악의 업을 간직하여 잃어버리지 않게 하기 때문에, 또 현재와 미래의 고락 등의 과보를 성숙시켜 어긋남이 없게 하기 때문에, 현재 이미 지나간 일을 문득 생각하게 하고 미래의 일을 갑자기 헛되이 생각하게 한다.

앞에서는 각에 의하여 불각이 있다고 하였고, 여기서는 아려야식에 의해 무명이 있다고 설한다. 아려야식의 체가 곧 여래장이요 여래장의 상이 곧 아려야식이다. 그러므로 아려야식에 의해 무명이 있다고 하거나, 여래장에 의해 무명이 있다고 하거나, 본각에 의해 불각이 있다고 하거나 모두 가능하다.

또한 "아려야식에 의거하여"에서 '아려야식'은 위에서 말한 "중생은 마음[심(心)]에 의거하여"의 마음이니, 곧 생멸의 인(因)이다. "무명이 있다"에서 무명은 생멸의 연(緣)이다. 앞에서는 인과 연을 총괄하여 "마음에 의거하여" 의와 의식이 일어난다고 하였고, 여기서는 인[아려야식]과 연[무명]을 각각 나타내기 때문에 "아려야식에 의거하여 무명이 있다"고 말한다. 즉, 중생은 마음에 의거하여[(다른 표현으로는) 아려야식과 그 안에 있는 무명에 의거하여] 의와 의식이 일어난다.

우선 다섯 가지 의가 일어나는 모습을 전체적인 흐름으로 설명한다. 이 전체적인 흐름의 특징에 따라 다섯 가지 의를 명칭하는데, 그 흐름에 이름을 연결하면 다음과 같다.

"불각으로 일어나서〈업식〉능히 보고〈전식〉능히 나타내고〈현식〉능히 경계를 취할 수 있어서〈지식〉, 망념을 일으켜 서로 이어지기〈상속식〉때문에 '의(意)'라고 말한다."

이는 논에서 업식, 전식, 현식, 지식, 상속식 등 다섯 가지 의의 뜻을 각각 설명한 내용을 보면 알 수 있다. 즉, "불각하여 일어나서"란 심체가 무명의 힘[훈습]으로 말미암아 전체가 일어나 움직이니 업식이다. "능히 보고"란 곧 움직이는 마음에 의해 능히 보는 모습이니 전식이고, "능히 나타나고"란 곧 심체가 일체 경계를 나타내니 현식이고, "능히 경계를 취할 수 있어서"는 경계[대상]를 취하여 염법과 정법을 분별하니 지식이고, "망념을 일으켜 서로 이어지기"란 망념과 상응하여 끊어지지 않기 때문에 상속식이다. 이 다섯 가지 뜻이 차례로 이루어져 모든 경계에 대해 의식을 낼 수 있기 때문에 의라고 한다. 의식이란 의(意)의 식으로 의를 의지하여 일어난다. 따라서 다섯 가지 의가 차례로 전개됨에 따라 의식이 일어난다.

원효 스님은 업식, 전식, 현식을 제8식으로 보고, 지식은 제7식으로 보고, 상속식은 제6식으로 본다. 법장 스님은 지식, 상속식은 제6식으로 본다. 그 외에 다른 의견도 있다. 원효 스님의 의견에 의해 제8식, 제7식, 제6식 등으로 다시 정리해보자.

제8식[아려야식]이 무명에 의해 일어나는 순간〈업식〉 보는 쪽〈전식〉과 보이는 쪽〈현식〉으로 드러나고, 제7식이 그 경계를 헤아려 나[아(我)]와 나의 것[아소(我所)]으로 집착하고〈지식〉, 제7식을 의지하여 제6식이 일어나서 상속한다〈상속식〉.

원효 스님이 상속식을 제6식으로 보는 이유는, 의식 자체가 끊어지지 않아서 오래 상속하기 때문이다. "과거 한량없는 기간의 선악의 업 … 또 현재와 미래의 고락 등의 과보 …"라는 삼세의 인과가 유전하여 끊어지지 않음은 그 공능이 의식에 있기 때문에 상속식이라 이름한다. 또한 "현재 이미 지나간 일을 문득 생각하게 하고 미래의 일을 갑자기 헛되이 생각하게 한다"는 의식의 두드러지게 나타나는 분별이다. 이는 지식[제7식]의 미세한 분별과 같지 않다. 그리고 위에서 말한 아려야식을 말하는 상속심과 다르다. 그런데 상속식은 제6식으로 의식이지만, 다음 의식을 생기게 한다는 의미에서 다섯 가지 의 가운데 함께 포함시켰다고 본다. 의는 의식을 내게 한다는 뜻이 있다. 앞 찰나 의식[상속식]

은 뒤 찰나 의식을 내기 때문에 의의 뜻이 있으므로 다섯 가지 의 가운데 마지막 의에 포함시켰다는 말이다. 참고로 부파불교에서는 제7식[의]을 인정하지 않고, 앞 찰나 의식을 뒤 찰나 의식의 의근으로 본다. 이때 다섯 가지 의는 앞에서 살펴본 불각의 삼세육추와 연결된다. 업식은 무명업상, 전식은 능견상, 현식은 경계상, 지식은 지상, 상속식은 상속상과 같다. 앞에서 삼세육추를 분별하고서 히니의 표로 정리하였다.

> 그러므로 삼계(三界)는 허위이며, 오직 마음이 지은 것이다. 마음을 떠나면 육진의 경계는 없다.
> 이 뜻은 무엇인가?
> 일체법은 모두 마음으로부터 일어나서 망념으로 생긴다. 일체 분별은 곧 자심(自心)을 분별한 것이고, 마음은 마음을 볼 수 없다. 얻을 만한 모습이 없다.
> 마땅히 알라. 세간 모든 경계는 모두 중생의 무명 망심에 의거하여 유지된다. 그러므로 일체법은, 얻을 만한 실체가 없는 거울 속의 모습처럼, 오직 마음일 뿐 허망하다. 마음이 생기면 갖가지 법이 생기고, 마음이 사라지면 갖가지 법이 사라지기 때문이다.

삼계, 일체법은 망념으로 생긴 것이니, 마음이 마음을 본다. 보는 쪽도 마음이고, 보이는 쪽도 마음이다. 가령 개가 짖으면 우리는 멍멍 짖는다고 한다. 그런데 개는 멍멍 짖지 않았다. 만약 개가 멍멍 짖었다면 미국인에게도 바우와우가 아닌 멍멍으로 들려야 한다. 그렇지 않다. 따라서 멍멍은 개가 짖은 소리가 아니라 개가 짖는 순간 마음속에 있는 멍멍 소리가 덧칠되어 그렇게 들릴 뿐이다. 멍멍 소리는 마음에 있는 펼쳐진 마음이다. 즉, 마음[듣는 쪽]이 마음[멍멍]을 분별한 것이니, "일체 분별은 자심을 분별한 것"이라고 한다. 보는 쪽 마음도 마찬가지이다. 가령 칼이 스스로 그 칼을 자를 수 없고, 손가락이 스스로 그 손가락을 가리키지 못한다. 그러므로 "마음은 마음을 볼 수 없다." 따라서 보는 쪽[능견(能見)] 보이는 쪽[소견(所見)] "모두 얻을 만한 모습이 없다."

그렇다고 전혀 없다고는 할 수 없다. 우리 눈 앞에 펼쳐지는 것마저 부정하지 않는다. "세간의 모든 경계는 … 오직 마음일 뿐 허망하다"는 있지 않다[비유(非有)]는 뜻이고, "마음이 생기면 갖가지 법이 생기고 마음이 사라지면 갖가지 법이 사라진다"는 없지 않다[비무(非無)]는 말이다. 여기서 "마음이 생기면 … 법이 사라진다"는 단순하게 의식이 일어나고 사라짐을 말하는 것이 아니다. 무명의 마음[불각심]이 일어나고 사라짐에 따라 모든 경계가 나타나고 모든 분별식이 사라짐을 말한다.

참고로 "마음이 생기면 갖가지 법이 생기고, 마음이 사라지면 갖가지 법이 사라진다[心生則種種法生 心滅則種種法滅]"는 원효 스님이 해골 물을 마셨다는 사실을 알고 읊었던 게송으로 『능가경』에 등장한다.

　　따라서 다섯 가지 의(意)는 마음에 의해 이루어진다. 그러므로 삼계의 모든 법은 오직 마음이 만든다.

② 의식

　　다음에 의식을 말해보자. 곧 이 상속식은 모든 범부의 집착이 점점 깊어짐에 의거하여 '나'와 '나의 것'을 그릇되게 헤아리고 갖가지 헛된 집착으로 일에 따라 반연하여 육진(六塵)을 분별하니, 의식이라 이름한다. 또한 분리식(分離識)이라고도 이름한다. 다시 분별사식(分別事識)이라고도 이름한다. 이 식은 견번뇌·애번뇌에 의해 증장하는 뜻이 있기 때문이다.

여기서 의식은 앞에서 말한 삼세육추 가운데 집취상, 계명자상, 기업상과 같다. 중생의 집착으로 분별과 집착이 더하여 계속 이어지는 양상을 의식이라 한다. 의식은 앞서 언급한 상속식이다. 상속식이 집착과 함께하여 뒤의 것을 내는 쪽의 의미에서 의라고 한다면, 그것이 견번뇌·애번뇌를 일으켜서 앞의 것에 따라 생기는 쪽의 의미에서 의식이라고 한다. 견번뇌는 견혹(見惑)이라고 하며, 견도위에 들어가는 순간 끊어진다. 애번뇌는 수혹(修惑)이라 하며, 견도 이후 수도위에서 오랜 기간에 걸쳐 끊어지다가 금정유정에 들어갈 때 완전히 끊어진다.

　　논에서는 "육진[색성향미촉법]을 분별하니, 의식"이라고 하였으니, 이 하나의 의식에 색성향미촉을 대상으로 하는 오식(五識)[안식, 이식, 비식, 설식, 신식]이 포함된다. 별도의 근을 의지하지 않고 일어나는 제7식과 달리, 육식(六識)은 각각 육근(六根)[안근~의근]에 의하여 육진(六塵)을 취하기 때문에 분리식이라고 한다. 또 과거와 미래, 안과 밖 여러 가지 모습[사상(事相)]을 분별할 수 있기 때문에 분별사식이라고 한다.

③ 인연의 체상
앞에서 생멸이 인연에 의해 생겨남을 설명하였다면 이제는 그 인연 자체의 모습을 설명한다. 본래 청정한 마음이 무명에 의해 물들게 되어 생멸한다. 인은 직접적인 원인이고, 연은 간접적인 조건이다. 아려야식이 모든 법을 변화하여 나타냄으로 생멸인이고, 근본무명이 마음을 훈습하여 움직이게 하므로 생멸연이다. 또한 무명은 모든 염법의 근본으로 모든 생멸을 일으키기 때문에 인이고, 육진의 경계[색성향미촉법]는 7식의 생멸을 일으키기 때문에 연이다. 이 두 가지 뜻에 의해 인연을 나타낸다.

> 무명의 훈습에 의거하여 일어난 식이란, 범부가 알 수 있는 것
> 이 아니며, 또한 이승의 지혜로써 깨달을 것도 아니다. 이른바
> 보살의 경우, 처음 바른 믿음[정신(正信)]에서 발심하고 관찰함
> 으로써 법신을 증득한다면 조금 알게 되며, 보살구경지에 이르
> 러도 다 알 수 없다. 오직 부처님만이 끝까지 다 아신다.
> 왜 그러한가?
> 이 마음은 본래부터 자성이 청정하지만, 무명이 있어서 이 무명
> 에 의해 물들게 되어 그 염심이 있다. 비록 염심이 있지만 항상
> 변하지 않는다. 그러므로 이러한 뜻은 오직 부처님만 아신다.

"무명이 일으킨 식"이란 아려야식[인]에 의해 무명[연]이 있고, 이 인연으로 일어나는 식인 업식 등을 말한다. 이러한 인연의 모습은 매우 깊어서 부처님만이 아신다. 가령 제8식을 누구나 알 수 있을 것 같으면, (물론 부파불교에서도 근본식, 유분식 등 언급하였지만) 대승불교 이외에도 제8식을 말하고, 우리 또한 당연히 알아야 한다. 그러나 그렇지 않다. 대승불교 논서에는 제8식은 부처님 또는 부처님에 버금가는 보살만이 아신다고

한다.

"법신을 증득한다면"은 십지보살에 올랐음을 말한다. 법신보살로서 초지보살 이상의 보살을 말한다. 초지보살부터 무명으로 일어난 식을 조금 알며, 제10지보살인 보살구경지에 이르러도 그 식을 다 할 알 수 없다. 오직 부처님만이 그 식을 온전하게 아신다. 부처님만 이 식을 아시는 이유를 원효 스님은 다음과 같이 풀이한다.

만약 심체가 한결같이 생멸하여 다만 염심(染心)이라면 알기 어렵지 않고, 또 만약 한결같이 상주하여 오직 정심(淨心)이라면 또한 알기 어렵지 않다. 설사 체(體)는 실로 깨끗하나 상(相)이 물든 듯하면 또 알기 쉽다. 가령 식의 체는 움직이지만 공성은 고요하다면 어찌 알기 어렵겠는가. 그런데 지금 이 마음은 체가 깨끗하면서도 체가 물들어 있으며, 마음이 움직이면서도 마음이 고요하다. 더럽고 깨끗함의 둘이 없고, 움직임과 고요함의 차별이 없다. 둘이 없고 차별이 없으면서도 또한 하나가 아니다. 이와 같이 절묘하기에 알기 어렵다.

● 인[심성]과 연[무명]

이른바 마음의 성품[심성(心性)]은 항상 망념이 없기 때문에 불변(不變)이라 이름한다.
일법계를 알지 못하기 때문에 마음에 상응하지 않아 홀연히 망념이 일어나는 것을 무명이라 이름한다.

생멸에서 심성(心性)은 인이고, 무명은 연이다. 앞에서 "(마음은) 비록 염심이 있으나 항상 변하지 않는다"는 말은 비록 마음 전체가 움직이지만 본래 고요하기[적정(寂靜)] 때문에 마음의 성품은 항상 망념이 없고, 따라서 마음의 성품은 항상 불변이라는 뜻이다.

상응은 다르게 차별된 것들이 함께한다는 뜻이다. 그런데 무명은 가장 미세하여 마음의 성품에 즉한 무명이므로 마음의 성품과 별다른 차별이 없다. 그러므로 "마음에 상응하지 않아"라고 하였다. 오직 무명이 근본이 되고 이보다 미세하여 그 앞에 있는 다른 염법이 없다. 이런 뜻에 의거하여 "홀연히 일어난다"고 하였다. 상응·불상응의 의미는 바로 뒤 〈상응과 불상응〉에서 다시 언급한다.

● 여섯 가지 염심[6염(六染)]을 떠남

자성청정한 마음은 무명에 의해 물들게 되어 염심이 있다. 염심(染心)은 여섯 가지가 있다. 여섯 가지 염[6염]은 위의 의식과 다섯 가지 의이다. 다만 앞에서는 인(因)에 의하여 일어나는 뜻을 밝혔기 때문에 미세한 것으로부터 두드러지게 나타나는 것에 이르기까지 차례로 생멸하였지만, 여기서는 다스려 끊는 단계까지 겸해서 밝히려 하기 때문에 두드러지게 나타난 것부터 미세한 것에 이르기까지 차례를 밝혔다.

> 첫째, 집상응염(執相應染)[집착하는 상응염]이다. 이승의 경우 해
> 탈한 경지, 보살의 경우 신상응지(信相應地)[믿음과 상응하는 지
> 위][10해(十解)]에 의해 멀리 떠나기 때문이다.
> 둘째, 부단상응염(不斷相應染)[끊이지 않는 상응염]이다. 신상응

지에 의거하여 방편을 닦아 점점 버려서 정심지(淨心地)[초지]를 얻고서 마침내 떠나기 때문이다.

셋째, 분별지상응염(分別智相應染)[분별지인 상응염]이다. 구계지(具戒地)[제2지에서 제6지]에 의거하여 점점 떠나며, 나아가 무상방편지(無相方便地)[제7지]에 이르러 마침내 떠나기 때문이다.

넷째, 현색불상응염(現色不相應染)[색을 나타내는 불상응염]이다. 색자재지(色自在地)[제8지]에 의거하여 떠나기 때문이다.

다섯째, 능견심불상응염(能見心不相應染)[능히 보는 마음인 불상응염]이다. 심자재지(心自在地)[제9지]에 의거하여 떠나기 때문이다.

여섯째, 근본업불상응염(根本業不相應染)[근본업인 불상응염]이다. 보살진지(菩薩盡地)[제10지]에 의거하여 여래지에 들어가서 떠나기 때문이다.

첫째, 집상응염은 바로 의식이다. 견번뇌와 애번뇌로 자라나고 분별아집·분별법집과 상응한다. 해탈한 이승, 즉 아라한은 견번뇌 등을 다 떠나기 때문에 집상응염을 떠난다. 10주[10해]에서 신근이 성취되어 이후 물러남이 없기 때문에 신상응지라 한다. 이 삼현[10주, 10행, 10회향]의 지전(地前) 보살 때 아공(我空)을 얻어서 견번뇌 등이 현행하지 않기 때문에 집상응염을 떠난다. 참고로 지전보살 때 수행이 진척됨에 따라 분별아집과 분별법집이 점차로 다스려지지만 마음에 있는 분별아집과 분별법집의 씨앗[종자]은 초지보살 때 없어진다.

둘째, 부단상응염은 다섯 가지 의 가운데 상속식에 해당한다. 초지보살에 이르러 분별법집이 일어나지 않으므로 이 염을 떠나게 된다. 초지보살 때 분별아집도 없어지지만, 이승의 아라한을 고려하여 주석서에는 분별법집이라 한다. 아라한은 아집은 벗어났지만, 법집은 해결하지 못했다. 그런데 이승의 아라한이 대승으로 회심하여 수행하는 경우가 있다. 이를 점오보살이라고 한다. 이러한 점오보살이 수행하여 초지보살에 들어가면서 분별법집이 일어나지 않는다.

셋째, 분별지상응염은 지식에 해당한다. 제7지 이전에는 법공지(法空智)와 아공지(我空智)의 생멸에 따라 이 염 또한 일어나다 일어나지 않다 하기 때문에 점차 떠난다. 제7지 이상에서는 오랫동안 관(觀)에 들어가 오염된 제7식 마나식이 현행하지 못하여 제7지인 무상방편지에서 구경에 떠난다.

넷째, 현색불상응염은 현식에 해당한다. 이는 맑은 거울 가운데 색상을 나타내는 것과 같기 때문에 현색불상응염이라고 한다. 색자재인 제8지에서는 이미 정토의 자재함을 얻어서 예토의 거친 색이 나타나지 않기 때문에 이 염을 떠난다.

다섯째, 능견심불상응염은 전식에 해당한다. 이구지인 제9지에서는 이미 사무애지(四無礙智)를 얻어서 장애를 가진 능히 보는 마음이 일어나지 않기 때문에 이 염을 떠난다. 사무애지는 법무애지(法無礙智), 의무애지(義無礙智), 사무애지(事無礙智), 요설무애지(樂說無礙智)이다. 법무애지는 온갖 교법에 통달한 지혜이고, 의무애지는 온갖 교법의 뜻을 아는 지혜이고, 사무애지는 여러 가지 말을 알아 통달하지 못함이 없는 지혜이며, 요설무애지는 온갖 교법을 알아 중생이 듣기 좋아하는 것을 자재하게 말하는 지혜이다.

여섯째, 근본업불상응염은 업식에 해당한다. 보살진지는 제10지로서 무구지라 한다. 제10지 중에서도 미세한 전식〈능견심불상응염〉과 현식〈현색불상응염〉이 있지만, 보살 계위에 따라 점차로 떠남을 말하여 제8식에서는 능견심불상응염, 제9지에서는 현색불상응염 그리고 여기서는 근본업불상응염만 언급한다. 만약 업식을 떠나면 보는 모습이 없다. 그러므로 업식이 다 없어지지 않으면 전식과 현식이 다 없어지지 않는다. 이상 다섯 가지 의와 의식에 해당하는 여섯 가지 염심[6염]이 사라지는 계위를 설명하였다. 이제 염심을 일으키는 무명에 대해 알아보자.

● **무명을 떠남**

> (앞에서) 일법계(一法界)의 뜻을 알지 못한다는 것[무명]은, 신상응지로부터 관찰하여 끊는 것을 배우고, 정심지에 들어가 분수에 따라 떠나게 되고, 여래지에 이르게 되어야 마침내 떠나기 때문이다.

앞에서 "일법계를 알지 못하기 때문에 마음에 상응하지 않아 홀연히 망념이 일어나는 것을 무명이라 이름한다"고 하였다. 이러한 무명은 근본무명과 지말무명이 있다. 이 무명을 통틀어 무명이라 한다. 무명은 신상응지로부터 관찰하고 끊는 것을 배우고, 초지에서부터 그 계위에 따라 끊다가 여래지에 이르러야 마침내 떠나게 된다.

● **상응과 불상응**

여섯 가지 염을 보면 그 이름에 상응[집상응염, 부단상응염, 분별지상응염]과 불상응[현색불상응염, 능견심불상응염, 근본업불상응염]이 있다. 이제 상응과 불상응의 의미를 알아보자.

> 상응의 뜻을 말하면, 이른바 심(心)과 염법(念法)[심소법]이 다르고 염·정의 차별에 의해 지상(知相)과 연상(緣相)이 같기 때문이다.
>
> 불상응의 뜻이란, 이른바 곧 심(心)에 상즉한 불각은 항상 별다름이 없어서 지상과 연상이 같다고 할 것이 없기 때문이다.

불교에서 마음 법[심법]을 크게 심왕(心王), 심소법(心所法)으로 나눈다. 심왕은 또한 심법, 심이라고 한다. 제8식, 제7식, 제6식 등을 말한다. 심소법은 심과 함께하며 심에 의지하여 일어나는 마음법이다. 오온에서 수, 상, 사 등이 심소법이고, 탐, 진, 치[무명]와 같은 번뇌, 믿음[신], 부끄러워함[참] 등의 선법이 심소법이다. 심이 주된 마음이라고 한다면, 심소는 부수적인 마음이다. 마음 작용이 일어날 때는 반드시 심왕과 심소법이 함께한다. 심왕과 심소법은 모두 마음 작용이기 때문에 분별하는 쪽[지상]과 분별 되는 대상[연상]이 있다.

이때 상응은 집상응염·부단상응염[의식]과 분별지상응염[제7식]이다. 이 상응염은 심법과 심소법은 각각 별도이기 때문에 다르고, 염정의 차별에 따라 분별하는데 능히 분별하는 모습[지상]과 대상[연상]이 같다. 그러므로 상응이라 한다.

불상응은 현색불상응염·능견심불상응염·근본업불상응염[제8
식]과 근본무명이다. 제8식에는 번뇌심소가 없다. 지금 논에서는 염법
[번뇌]심소법만 고려하여 제8식에는 상응할 심소법이 없으니, 불상응이
라 한다. 또한 심에 즉한 불각[무명]이므로 별다른 심소법이 없다. 심소
법이 없으니 지상과 연상이 같다는 뜻도 없다.

● 번뇌애와 지애

> 또한 염심의 뜻이란 번뇌애(煩惱礙)[번뇌로 인한 장애]라 이름한
> 다. 진여근본지(眞如根本智)를 장애하기 때문이다.
> 무명의 뜻이란 지애(智礙)[지혜에 대한 장애]라 이름한다. 세간자
> 연업지(世間自然業智)를 장애하기 때문이다.

염심은 여섯 가지 염을 말하고, 무명은 근본무명을 말한다. 염심은 번뇌
애로서 진여근본지[근본지, 무분별지]를 장애하고, 무명은 지애로서 세간
자연업지[방편지, 무분별후득지]를 장애한다. 이유는 무엇인가?

> 염심에 의해 능히 보며, 능히 나타내며, 경계를 헛되이 집착하
> 여 평등성을 어기기 때문이다. 일체법은 항상 고요하여 일어나
> 는 모습이 없으나 무명불각이 헛되이 법과 어긋나기 때문에 세
> 간의 모든 경계에 따르는 여러 가지 지혜를 얻을 수 없기 때문
> 이다.

(5) 생멸상(生滅相)

앞에서 언급한 생멸상을 두드러짐과 미세함의 두 가지로 구분한다. 〈 〉 안에 원효 스님 말씀에 따라 여섯 가지 염을 배치한다.

> 첫째, 두드러짐[추(麤)]이다. 마음과 더불어 상응하기 때문이다.
> 둘째, 미세함[세(細)]이다. 마음과 더불어 상응하지 않기 때문이다.
> 또 두드러짐 가운데 두드러짐〈**집상응염, 부단상응염**〉은 범부의 경계이고, 두드러짐 가운데 미세함〈**분별지상응염**〉과 미세함 가운데 두드러짐〈**현색불상응염, 능견심불상응염**〉은 보살의 경계이고, 미세함 가운데 미세함〈**근본업불상응염**〉은 부처님의 경계이다.

집상응염과 부단상응염은 모두 의식으로 작용 모습이 두드러지기 때문에 범부가 안다. 분별지상응염은 제7식으로 범부가 알 수 없다. 현색불상응염과 능견심불상응염은 보는 쪽[능]과 보이는 쪽[소]이 차별됨으로 보살이 안다. 근본업불상응염은 능소가 아직 나누어지지 않으므로 부처님만이 아신다.

> 이 두 가지 생멸은 무명의 훈습에 의해 있다. 이른바 인(因)에 의거하고 연(緣)에 의거한다. 인에 의거한다는 것은 불각의 뜻이기 때문이고, 연에 의거한다는 것은 경계를 망령되이 짓는 뜻이기 때문이다. 만약 인이 사라진다면 연도 사라진다. 인이 사라지기 때문에 불상응심이 사라지고, 연이 사라지기 때문에

상응심이 사라진다.

두드러짐과 미세함 통틀어 말하자면 모두 무명에 의해 일어난다. 별도로 말하자면 불상응심은 무명인(無明因)에 의해 일어나고, 상응심은 경계연(境界緣)에 의해 일어난다. 따라서 인은 불각의 뜻, 무명을 말하고, 연은 현식이 나타내는 경계를 말한다. 마음이 무명에 의해 업식[근본업불상응염], 전식[능견심불상응염], 현식[현색불상응염]으로 전개되고 이 현식이 경계를 만들어 이후 지식[분별지상응염], 상속식[부단상응염], 의식[집상응염] 등이 전개된다. 따라서 만약 인[무명]이 사라지면 연[경계]이 사라진다. 인[무명]이 사라지면 불상응심이 사라지고, 연[경계, 현식]이 사라지면 상응심이 사라진다.

이때 다음과 같은 문답이 가능하다.

묻는다.
"만약 마음이 사라진다면 어떻게 상속하며, 만약 상속한다면 어떻게 '마침내 사라진다'고 말할 수 있겠는가?"
답한다.
"사라진다고 말하는 것은 오직 심상(心相)만 사라진다는 것이지 심체(心體)가 사라진다는 것은 아니다. 가령 바람이 물에 의지하여 움직이는 모습[동상(動相)]이 있다. 만약 물이 없어지면 의지할 것이 없어 바람의 모습[풍상(風相)]이 끊어진다. 물은 없어지지 않으므로 바람의 모습이 상속한다. 오직 바람이 사라지기 때문에 움직이는 모습[동상]이 따라서 사라지지만 물이 사라지는 것은 아니다. 무명도 또한 그러하여 심체에 의지하여 움직인다. 만약 심체가 사라지면 의지할 것이 없어 중생이 끊어진다. 심체가 사라지지 않으므로 마음이 상속한다. 오직 어리석음이 사라지기 때문에 심상이 따라서 사라지지만 심지(心智)[마음의 지혜]가 사라지는 것은 아니다."

2) 염정훈습(染淨熏習)

(1) 훈습의 의미

앞에서 "이 식에 두 가지 의미가 있어 일체법을 포괄하며, 일체법을 생성한다"고 하였다. '포괄'의 뜻은 앞에서 널리 나타내었지만, '생성'의 뜻은 아직 분명하지 않다. 따라서 이제 염정훈습을 살펴봄으로써 생성의 뜻을 밝힌다.

훈습이란 향을 싼 종이에 향냄새가 스며들듯이, 마음에 깨끗하거나 더러운 것이 스며든다는 뜻이다. 그런데 유식논서와 『대승기신론』에서 말하는 훈습의 개념이 다르다.

유식 사상에서는 제8식 가운데 '종자가 저장된다'는 의미로 훈습이라고 한다. 제8식에 있는 기존 종자는 우리 삶에 의해 드러났다가 더욱 강하게 증장되어 저장되고, 또는 새로운 삶에 의해 새로운 종자가 생성되어 제8식에 저장된다. 이때 훈습은 증장과 생성의 뜻을 합친 '종자가 생장한다'는 뜻을 지닌다. 그리고 유식 사상에서는 진여[무위법]는 훈습을 받거나 훈습을 하지 못한다. 왜냐하면 진여가 훈습을 받는다면 부처님마다 종자의 차이가 있게 되고 부처님마다 우열이 있게 되는 오류가 발생하기 때문이다. 부처님을 원만하신 분이라고 하는데, 어찌 더 이상의 생성과 증장이 있겠는가.

『대승기신론』에서 훈습은 종자를 생장한다는 뜻이 아니라 서로 영향을 주고받는다는 뜻이다.

> 또한 네 가지 법으로써 훈습하는 의미가 있기 때문에 염법(染法)과 정법(淨法)이 일어난다.
>
> 네 가지는 무엇인가?
>
> 첫째, 정법(淨法)이니, 진여라 이름한다.
>
> 둘째, 일체 염법(染法)의 인(因)이니, 무명이라 이름한다.
>
> 셋째, 망심(妄心)이니, 업식이라 이름한다.
>
> 넷째, 망경계(妄境界)이니, 이른바 육진(六塵)이다.
>
> 훈습의 뜻이란, 가령 세간의 옷에 실제로는 향기가 없지만 사람이 향으로 스며들어 배이게[훈습(熏習)]하기 때문에 곧 향기가 있는 것과 같이, 이것 또한 그러하다. 진여정법에는 실로 더러움[염(染)]이 없지만 다만 무명으로 훈습하기 때문에 곧 더러운 모습[염상(染相)]이 있으며, 무명염법에는 실로 깨끗한 업[정업(淨業)]이 없지만 다만 진여로 훈습하기 때문에 깨끗한 작용[정용(淨用)]이 있다.

진여, 무명, 업식, 육진이 서로 영향을 주고받는 것을 훈습이라고 하니, 유식논서와 달리 『대승기신론』에서는 무명이 진여를 훈습하고 진여가 무명을 훈습한다. 원효 스님은 이를 불가사의(不可思議)한 훈습이라고 한다. 이때 진여는 생멸문 내의 성정본각[진여]이기 때문에 훈습의 뜻이 있다. 여기서 훈습은 염법과 정법의 생성을 설명하기 위해 등장한다. 따라서 진여문 중에서는 생성의 뜻을 말하지 않기 때문에 여기서 진여는 진여문 중의 진여가 아니다. 하여튼 유식 사상과 달리 참으로 불가사의한 훈습이다.

(2) 염법훈습
① 세 가지 염법훈습

> 어떻게 훈습하여 염법을 일으켜 끊어지지 않게 하는가?
> 이른바 진여법에 의거하기 때문에 무명이 있다. 무명이라는 염법의 인(因)이 있기 때문에 곧 진여를 훈습한다. 훈습하기 때문에 곧 망심이 있다. 망심이 있어서 곧 무명을 훈습하여 진여법을 요달하지 못하기 때문에 불각의 망념이 일어나 망경계를 나타낸다. 망경계라는 염법의 연(緣)이 있기 때문에 곧 망심을 훈습하여 그 (망심)으로 하여금 망념하고 집착하게 하여 여러 가지 업을 지어서 일체 몸과 마음 등의 고통을 받게 한다.

훈습으로 염법이 일어나는, 이 설명은 근본불각과 지말불각[삼세육추] 등의 설명과 같다. 따라서 법장 스님 등의 견해에 따라 위의 내용을 근본불각과 지말불각 등과 관련지어 정리해보자.

1. 진여에 의거하여 무명〈근본불각〉이 있다.
2. 무명이라는 염법의 인이 있기 때문에 진여를 훈습하여 망심〈업상〉이

있다.

3. 망심이 곧 무명을 훈습하여 진여법을 알지 못하여 불각의 망념〈전상〉이 일어나 망경계〈현상〉를 나타낸다.

4. 망경계라는 염법의 인이 있기 때문에 곧 망심을 훈습하여 그 망심으로 하여금 망념하고〈지상, 상속상〉 집착하게 하여〈집취상, 계명자상〉 여러 가지 업을 지어서〈기업상〉 일체 몸과 마음 등의 고통을 받게 된다〈업계고상〉.

이와 같이 전체적으로 염법훈습의 전개를 살펴보고자 법장 스님 등의 견해에 따라 삼세육추를 연결하였다. 그런데 원효 스님의 『대승기신론소』와 『대승기신론별기』에서는 염법훈습을 삼세육추와 관련하여 설명한 곳이 없다. 단지 "망념하고 집착하게 하여"는 제7식으로, "여러 가지 업을 지어서"는 의식으로 풀이한다. 참고로 원효 스님은 지상을 제7식에, 상속상·집취상 등을 제6식에 연결하기에 법장 스님 등의 견해와 차이가 있다.

좀 더 간단하게 살펴보자.

2. (진여에 의거한) 무명이 (거꾸로) 진여를 훈습하여 망심을 일으킨다.

3. (무명으로 일어난) 망심이 (거꾸로) 무명을 훈습하여 망경계를 일으킨다.

4. (망심으로 일어난) 망경계가 (거꾸로) 망심을 훈습하여 망식을 일으킨다.

이와 같이 순환적으로 서로 영향을 주고받는다. 이처럼 훈습하여 염법을 일으켜 끊어지지 않는다. 이때 2를 무명훈습, 3을 망심훈습, 4를 망경계훈습이라고 한다. 이러한 훈습의 의미에 각각 두 가지가 있다.

② 각 훈습의 두 가지 의미

● 망경계훈습의 두 가지 의미

이 망경계훈습의 의미에 두 가지가 있다.

두 가지는 무엇인가?

첫째, 망념을 증장하는 훈습[증장념훈습(增長念熏習)]이다.

둘째, 집취를 증장하는 훈습[증장취훈습(增長取熏習)]이다.

증장념훈습이란, 경계의 힘으로 분별사식[의식] 중의 분별법집을 키우는 훈습이다. 증장취훈습이란, 사취(四取)[욕취, 견취, 계금취, 아어취]의 번뇌장을 키우는 훈습이다. 취(取)는 집취, 집지의 뜻으로 삼계의 허망한 상에 집착하여 육취(六趣)의 생을 취하므로 번뇌를 취(取)라 한다.

증장념훈습은 대상[경계]으로 인해 분별[망념]을 키우는 훈습이고, 증장취훈습은 대상[경계]으로 인해 번뇌[취]를 키우는 훈습이다.

● 망심훈습의 두 가지 의미

망심훈습의 의미에 두 가지가 있다.

두 가지는 무엇인가?

첫째, 업식의 근본적 훈습[업식근본훈습(業識根本熏習)]이다. 아라한과 벽지불과 일체 보살의 생멸의 괴로움을 받기 때문이다.

둘째, 증장된 분별사식의 훈습[증장분별사식훈습(增長分別事識熏習)]이다. 범부의 업에 얽매인 괴로움을 받기 때문이다.

업식근본훈습은 업식심이 연이 되어 근본무명을 훈습하여 진여를 미혹하고 전상과 현상을 일으켜 상속하게 한다. 증장분별사식훈습은 지식이 연이 되어 지말무명을 훈습하여 두 가지 혹[견혹·사혹]을 일으킨다.

이는 생사의 괴로움을 일으키는 훈습이다. 아집을 해결하였지만 법집을 해결하지 못한 아라한과 벽지불과 일체 보살은 업식근본훈습에 의해 부사의변역생사의 괴로움을 받는다. 범부는 증장분별사식훈습에 의해 업에 얽매인 분단생사의 괴로움을 받는다.

참고로 생사에는 분단생사와 변역생사가 있다. 분단생사(分段生死)는 육도에 윤회하는 유정신(有情身)의 생사를 말한다. 육도에 윤회하는 신체는 각각 그 업인에 따라 수명에 분한(分限)[한정]이 있고, 형체에 단별(段別)[구분]이 있기 때문에 분단이라고 한다. 이에 대해 변역생사(變易生死)는 부사의변역생사(不思議變易生死)라고도 하며, 신체와 수명에 제한이 없고 그 묘용이 측량하기 어렵다. 간단하게 말하면 분단생사는 보통 우리가 말하는 생사이고, 부사의변역생사는 중생에 대한 자비심과 무상정등정각(아뇩다라삼약삼보리)을 증득하고자 열반에 들지 않고 스스로 받는 생사를 말한다. 법집을 완전히 벗어남으로써 부사의변역생사를 받지 않는다.

● 무명훈습의 두 가지 의미

무명훈습의 의미에 두 가지가 있다.

두 가지는 무엇인가?

첫째, 근본훈습(根本熏習)이다. 업식을 성취한다는 뜻이기 때문이다.

둘째, 일어난 견·애의 훈습[소기견애훈습(所起見愛熏習)]이다. 분별사식을 성취한다는 뜻이기 때문이다.

근본훈습은 근본불각이고, 소기견애훈습은 지말불각이다. 즉, 근본훈습이란 근본무명이 진여를 훈습하여 망념을 움직이게 한다. 이를 업식이라 이름한다. 소기견애훈습이란 업식에서 일으킨 지말무명인 견과 애의 훈습이다. 근본무명에서 일어난 견·애가 그 의식[분별사식]을 훈습하여 두드러진 분별[추분별]을 일으키기 때문이다.

이처럼 진여[정법], 무명[염법인], 망심[업식], 망경계[육진]가 서로 영향을 주고받으며 염법이 일어나 끊어지지 않아서 일체의 고통을 받는다.

(3) 정법훈습
① 두 가지 정법훈습

어떻게 훈습하여 정법(淨法)을 일으켜 끊어지지 않게 하는가?

이른바 진여법이 있기 때문에 무명을 훈습한다. 훈습하는 인·

연의 힘에 의해 곧 망심으로 하여금 생사의 괴로움을 싫어하고 열반을 구하기를 좋아하게 한다. 이 망심에 (생사의 괴로움을) 싫어하고 (열반을 구하기) 좋아하는 인·연이 있기 때문에 곧 진여를 훈습하여 스스로 자기의 본성을 믿는다. 마음이 망령되이 움직이는 것일 뿐 앞의 경계가 없음을 알아 멀리 떠나는 법을 닦는다. 앞의 경계가 없음을 여실히 알기 때문에 여러 가지 방편으로 수순하는 행을 일으켜서 집착하지도 않고 망령되이 생각하지도 않는다. 나아가 오랫동안 훈습한 힘 때문에 무명이 곧 사라진다. 무명이 사라지기 때문에 마음에 일어남이 없다. 일어남이 없기 때문에 경계가 따라서 사라진다. 인과 연이 다 사라지기 때문에 심상(心相)이 다 없어지니, '열반을 얻고 자연업(自然業)을 이룬다'고 이름한다.

훈습하여 정법이 일어나는, 이 설명은 결국 염심과 무명을 버리고 열반으로 들어가는 과정이다. 즉 진여가 무명을 훈습하여 망심으로 하여금 싫어하고 좋아하는 인연[염구인연력(厭求因緣力)]을 일으키고, 망심이 진여와 망심을 훈습하여 열반으로 나아간다. 따라서 정법훈습에는 크게 진여훈습과 망심훈습이 있다.

　　진여훈습은 "이른바 진여법이 있기 때문에 무명을 훈습한다. 훈습하는 인·연의 힘에 의해 곧 망심으로 하여금 생사의 괴로움을 싫어하고 열반을 구하기를 좋아하게 한다"는 내용에 해당한다. 『대승기신론』 이름을 해석할 때 이 문장을 인용하여 '대승[진여]이 믿음을 일으킨다'고 풀이하였다. 진여에 의해 훈습된 마음은 완전한 청정심이 아니고 염오에 물든 망심이다. 망심은 기본적으로 분별하는 기능을 가진다. 이에 진여는 망심을 훈습하여 이왕 분별하더라도 생사의 괴로움을 싫어하고 열반을 구하기를 좋아하여 수행으로 나아가게 한다.

망심훈습은 수행 과정과 연결된다. 망심훈습은 "이 망심에 (생사의 괴로움을) 싫어하고 (열반을 구하기) 좋아하는 인·연이 있기 때문에 곧 진여를 훈습하여 … '열반을 얻고 자연업을 이룬다'고 이름한다"는 내용 모두 해당한다. 이를 수행 계위에 따라 구분하면 다음과 같다.

1. 스스로 자신의 성품을 믿는다〈십신위〉.
2. 마음이 망령되이 움직이는 것일 뿐 앞의 경계가 없음을 알아 멀리 떠나는 법을 닦는다〈삼현위〉.
3. 앞의 경계가 없음을 여실히 알기 때문에〈초지, 견도위〉
4. 여러 가지 방편으로 수순하는 행을 일으켜서 집착하지도 않고 망령되이 생각하지도 않는다.〈10지의 수도위〉
5. 나아가 오랫동안 훈습한 힘 때문에 무명이 곧 사라진다. … '열반을 얻고 자연업(自然業)을 이룬다'고 이름한다〈불(佛), 과지(果地)〉.

생멸하는 심상(心相)이 다 사라지면 진여법신만이 남게 된다. 이 상태에 이르는 것을 열반을 얻는다고 한다. 그렇게 얻어진 진여법신 자체로 불가사의한 업용[작용]을 성취한다. 이는 의도에 의해서가 아니라 진여법신으로부터 자연스럽게 일어나기 때문에 자연업이라고 한다.

② 각 훈습의 두 가지 의미

● 망심훈습의 두 가지 의미

> 망심훈습의 의미에 두 가지가 있다.
> 두 가지는 무엇인가?
> 첫째, 분별사식훈습(分別事識熏習)이다. 모든 범부와 이승인 등
> 이 생사의 괴로움을 싫어함에 의거하여 힘이 닿는 대로 점차로
> 무상도(無上道)에 나아가기 때문이다.
> 둘째, 의훈습(意熏習)이다. 이른바 모든 보살이 용맹하게 발심
> 하여 속히 열반에 나아가기 때문이다.

망심훈습이란, 망심이 진여를 훈습하여 진여로 나아가는 훈습이다. 따라서 앞 염정훈습에서 망심훈습이 무명을 훈습하여 망경계를 이루는 것과 구별되어야 한다. 여기 망심훈습에는 의식에서 일어나는, 범부와 이승의 망심훈습인 분별사식훈습이 있고, 다섯 가지 의에서 일어나는, 대승 보살의 망심훈습인 의훈습이 있다.

분별사식훈습에서 분별사식은 의식을 말한다. 분별한다는 면에서 7식[제7식, 제6식, 전5식]이 모두 분별사식이지만 분별의 작용은 의식이 강하기 때문에 강한 쪽으로 의식을 말한다. 의식은 모든 경계가 오직 식뿐임을 알지 못하기 때문에 마음 밖에 실제로 경계가 있다고 집착한다[법집]. 범부와 이승은 열반에 나아가고자 하지만 아직도 생사는 싫어할 것이 있고, 열반은 좋아할 것이 있다고 분별한다. 이는 분별이기는 하지만 진여로 나아가고자 하기에 분별사식의 집착과 다르므로 분별사식

훈습이라 한다.

　　의훈습에서 의는 업식을 말한다. 다섯 가지 의[업식, 전식, 현식, 지식, 상속식] 모두 의이지만, 근본 쪽으로 다만 업식만을 말한다. 업식은 가장 미세하여 모든 식의 근본이 되기 때문에 다섯 가지 의 가운데 의라 한다. 이때 업식은 주체[능견]와 대상[능현]으로 아직 나눠지지 않았다. 모든 보살은 마음이 망령되이 움직이고 별도의 경계가 없음을 알고, 일체법은 오직 식의 헤아림인 줄 알아서 마음 밖에 경계가 있다는 집착을 버리고 업식의 뜻을 따른다. 그러므로 업식훈습, 또는 의훈습이라고 한다. 이때 업식은 무명이 일으키는 업식을 말하는 것이 아니다. 주객이 분리되기 전이라는 측면에서 이름하는 업식이다. 이 훈습에 의해 곧 발심하여 수행한다.

● **진여훈습의 두 가지 의미**

　　진여훈습의 의미에 두 가지가 있다.

　　두 가지는 무엇인가?

　　첫째, 진여 자체와 상으로 인한 훈습[자체상훈습(自體相熏習)]이다.

　　둘째, 진여 작용으로 인한 훈습[용훈습(用熏習)]이다.

진여가 무명을 훈습하여 망심으로 하여금 염구인연력(厭求因緣力)을 내게 한다. 여기에는 자체상훈습과 용훈습 두 가지가 있다. 자체상훈습이란 자신의 진여로 인한 훈습이다. 이는 내적인 원인[내인]에 해당한다.

용훈습이란 진여의 작용이 자연적으로 일어나 다른 중생을 교화하는 바깥 조건[연]으로 작용하는 훈습이다. 즉, 중생의 입장에서 볼 때 외부로부터 오는 불보살님의 힘으로서 바깥 조건[외연]의 힘이다.

첫째, 자체상훈습

> 진여 자체와 상으로 인한 훈습[자체상훈습]이란, 시작 없는 때로부터 무루법을 갖추고 부사의업을 갖추며 경계의 성품을 짓는다. 이 두 가지 뜻에 의하여 항상 훈습한다. (경(境)·지(智)의 두 가지) 힘이 있기 때문에 중생으로 하여금 생사의 괴로움을 싫어하고 열반을 즐겨 구하여 스스로 자기 몸에 진여법이 있는 줄 믿어 발심하여 수행하게 한다.

자체상훈습이란, 진여의 체와 상이 일으키는 훈습이다. 중생은 누구나 자신 안에 진여[불성(佛性)]가 있다. "무루법을 갖추고 부사의업을 갖추며"란 바로 진여의 상을 말한다. 진여의 상은 일체법의 무루공덕을 말한다. 이는 여실불공에 해당한다. "경계의 성품을 짓는다"란 바로 진여의 체를 말한다. 진여의 체는 일체법의 평등한 모습으로 일체 차별된 모습이 없다. 이는 여실공에 해당한다. 이러한 두 가지 뜻에 의해 진여는 무명을 훈습하여 중생[망심]으로 하여금 생사의 괴로움을 싫어하고 열반을 즐겨 구하여 스스로 자기 몸에 진여법이 있는 줄 믿어 발심하여 수행하게 한다.

이때 다음과 같은 문답이 가능하다. 이해를 위해 먼저 문답의 요지를 말해보면 이렇다. 질문의 요지는 '이와 같은 뜻이라면 모든 중생에게 똑같은 진여훈습이 있는데, 왜 중생에게 믿음 등의 차별이 있는가'이다. 답변의 요지는 '첫째, 무명에 의해 번뇌가 차별되기 때문이다. 둘째, 원인과 조건의 차이 때문이다. 중생이 모든 불법을 성취함에는 원인[인(因)]이 있고 조건[연(緣)]이 있다. 원인과 조건이 갖춰져야 비로소 (불법이) 이루어진다. 원인은 진여정법의 훈습이고, 조건이란 불보살님 등의 도움이다.'

묻는다.

"만일 이와 같은 뜻이라면 모든 중생에게 모두 진여가 있어서 똑같이 훈습해야 한다. 어찌하여 믿음이 있기도 하고 믿음이 없기도 하여 한없는 전후의 차별이 있는가? 모두 동시에 스스로 진여법이 있음을 알아서 방편을 부지런히 닦아 똑같이 열반에 들어가야 한다."

답한다.

"진여는 본래 하나이다. 그런데 한량없고 가없는 무명이 있어서 본래부터 자성이 차별되어 두터움과 얇음이 같지 않다. 그러므로 갠지스강의 모래보다 많은 상번뇌(上煩惱)가 무명에 의해 차별을 일으키고, 아견·아애의 염번뇌가 무명에 의해 차별을 일으킨다. 이와 같은 일체 번뇌가 무명에 의해 일어나는데 전후의 한량없는 차별이 있다. 오직 여래만이 이를 알 수 있기 때문이다.

또 (중생이) 모든 불법(을 성취함)에는 원인[인(因)]이 있고 조건

[연(緣)]이 있다. 원인과 조건이 갖춰져야 비로소 (불법이) 이루어진다. 가령 나무 가운데 불의 성질이 불의 직접적인 원인[正因]이지만, 만약 어떤 사람이 알지 못하여 방편을 빌리지 않고 스스로 불이 나서 나무를 태운다고 한다면, 그런 경우는 없다. 중생도 그러하다. 비록 직접적인 원인이 훈습하는 힘은 있지만, 만약 모든 부처님·보살·선지식 등을 만나서 그들을 조건으로 삼지 않는다면, 스스로 번뇌를 끊고 열반에 들어가는, 그런 경우는 없다. 만약 바깥 조건의 힘은 있지만 안으로 (원인인) 정법(淨法)에 아직 훈습하는 힘이 없다면, 또한 구경에 생사의 괴로움을 싫어하고 열반을 즐겨 구할 수 없다. 만약 원인과 조건을 갖춘다면, 이른바 스스로 훈습하는 힘이 있고, 또 모든 불보살님 등의 자비 원력으로 보호를 받기 때문에, 생사의 괴로움을 싫어하는 마음을 일으키고 열반이 있음을 믿어 선근을 닦아 익힌다. 선근을 닦는 일이 성숙하기 때문에 모든 불보살님께서 보여주고 가르치는 이익과 기쁨을 만난다. 이에 앞으로 나아가 열반의 도에 향한다."

둘째, 용훈습

진여 작용으로 인한 훈습[용순습]이란, 곧 중생의 바깥 조건[외연(外緣)]의 힘이다.
이러한 바깥 조건에 한량없는 뜻이 있으나 대략 말하면 두 가지가 있다.

두 가지는 무엇인가?

첫째, 차별된 조건[차별연(差別緣)]이다.

둘째, 평등한 조건[평등연(平等緣)]이다.

용훈습이란 진여 작용으로 인한 훈습이다. 진여의 작용이 자연적으로 일어나서 다른 중생을 교화하는 바깥 조건[緣]으로 작용하는 훈습이다. 중생의 입장에서 볼 때 외부로부터 오는 불보살님의 힘으로서 바깥 조건[外緣]의 힘이다. 이러한 바깥 조건에는 한량없는 뜻이 있으나 대략 차별연(差別緣), 평등연(平等緣) 두 가지가 있다. 평등연은 중생을 교화하고자 하는 불보살님의 원이 항상 평등하게 나타난다는 말이다. 차별연은 중생의 견문에 따라 다른 모습 등으로 나타난다는 말이다.

차별된 조건[차별연]을 말해보자. 어떤 사람이 모든 불보살님 등에 의지하여 처음 마음을 내어 도를 구하기 시작할 때로부터 부처님이 되기에 이르기까지, 그 가운데에서 혹은 보기도 하고 혹은 생각하기도 한다. 혹은 권속·부모·친척이 되며, 혹은 심부름하는 급사가 되며, 혹은 친구가 되며, 혹은 원수가 된다. 혹은 사섭법을 일으키며 나아가 일체 보살이 짓는 한량없는 행위의 조건을 일으킨다. 대비로써 (중생을) 훈습하는 힘을 일으켜 중생으로 하여금 선근을 증장케 하여 혹은 보거나 혹은 들어서 이익을 얻게 하기 때문이다.

즉, 차별연이란 중생에게 각각 작용하는 다른 차별된 조건을 말한다. 중생의 입장에서 각각 중생마다 다르게 나타나는 조건이다. 이 또한 두 가지가 있다. 첫째, 가까운 조건[근연(近緣)]이다. 빨리 제도되기 때문이다. 둘째, 먼 조건[원연(遠緣)]이다. 오랜 시간이 지난 후 제도되기 때문이다. 이 가까운 조건[근연]과 먼 조건[원연], 두 조건을 분별하면 다시 두 가지가 있다. 첫째, 수행을 증장시키는 조건[증장행연(增長行緣)]이다. 부처님이 외연이 되어 삼승인[성문승, 연각승, 보살승]으로 하여금 각자 자신의 수행을 증장하여 정관(正觀)으로 들어가게 하는 연이다. 보시·지계 등의 모든 행을 일으킨다. 둘째, 도를 받는 조건[수도연(受道緣)]이다. 삼승인으로 하여금 견도위에 들어간 뒤에 직접 진여를 증득하게 하는 연이다. 문사수(聞思修)의 지혜를 일으켜 도에 들어간다.

> 평등한 조건[평등연]을 말해보자. 모든 불보살님께서 모두 모든
> 중생을 해탈시키고자 하여 자연스럽게 훈습하여 항상 버리지
> 않는다. 동체 지혜의 힘으로써 (중생의) 견문(見聞)에 따라 응하
> 여 나타나 업을 짓는다. 이른바 중생은 삼매에 의해 평등하게
> 모든 부처님을 볼 수 있기 때문이다.

즉, 평등연이란 중생을 교화하고자 하는 불보살님의 원이 항상 평등하다는 말이다. 중생을 교화하고자 하는 원은 평등하지만, 중생의 견문에 따라 응하여 나타나 업을 짓기 때문에 표면상 나타난 모습은 차별연일 수밖에 없다. 그러므로 모르는 이는 평등연을 볼 수 없다. 산심(散心)으로는 불보살님의 평등연을 보지 못하지만 삼매에 들면 평등연인 부처님의 본원(本願)을 본다. 수행 삼매 중에 보는 부처님을 보신(報

身)이라고 한다. 초발의보살[10해=10주] 이상 모든 보살 등이 삼매 중에
보신을 본다.

③ 체·용의 훈습

앞에서 진여의 체와 용의 훈습을 각각 살펴보았다면, 지금은 체·용 훈
습을 합하여 살펴본다. 진여법신의 상응 여부에 따라 다음 두 가지로 분
별한다. 미상응훈습은 진여법신과 아직 상응하지 못한 훈습을 말하고,
이상응훈습은 이미 진여법신과 상응한 훈습을 말한다. 각각 신력(信力)
과 법력(法力)을 바탕으로 한다.

> 첫째, 아직 상응하지 않음[미상응(未相應)]이다. 범부와 이승과
> 초발의보살 등은 의와 의식의 훈습으로 믿음의 힘[신력(信力)]
> 에 의거하기 때문에 수행을 잘 하지만, 체와 상응하는 무분별
> 심을 아직 얻지 못하기 때문이며 용과 상응하는 자재업의 수행
> 을 얻지 못하기 때문이다.

범부와 이승의 경우는 의식훈습[분별사식훈습]이라 하고, 초발의보살 등
10해[10주] 이상의 경우는 의훈습[업식훈습]이라 한다. 법력이 아닌 신력
에 의해 수행하기 때문에 그 세력이 약하다. 따라서 무분별지[근본지, 여
리지]를 얻지 못했기 때문에 진여법신의 체[법신]와 상응하지 못하고, 자
재업[방편지, 여량지]을 얻지 못했기 때문에 진여법신의 용[응신, 화신]과
상응하지 못한다.

둘째, 이미 상응함[이상응(已相應)]이다. 이른바 법신보살이 (체와 상응하는) 무분별심을 얻고 모든 부처님의 지혜·작용과 더불어 상응하는 (자재업을 얻고), 오직 법력(法力)에 의하여 (제8지 이상 수행에서 공용(功用)이 없기 때문에) 저절로 수행하여 진여를 훈습하고 무명을 소멸하기 때문이다.

법신보살은 십지보살을 말한다. 법신보살이 무분별지[근본지, 여리지]를 얻어 진여법신의 체와 상응하고, 자재업[방편지, 여량지]을 얻어 모든 부처님 지혜·작용과 상응한다. 법력이란 여리지와 여량지 등에 의하여 진여법신을 따르기 때문이다.

(4) 훈습의 단절 여부

또한 염법은 시작 없는 때로부터 훈습하여 끊어지지 않다가, 나아가 부처님이 된 후에는 곧 끊어진다. 정법훈습은 곧 미래가 다하도록 끊어지지 않는다.
이 뜻은 무엇인가?
진여법은 항상 훈습하기 때문이다. 망심이 곧 사라지고, (망심이 사라지기 때문에) 법신이 나타나서 용훈습을 일으킨다. 그러므로 끊어짐이 없다.

염법훈습은 무명에 의해 일어난다. 무명은 시작이 없으므로 염법훈습 또한 시작이 없다. 그러나 부처님이 된 후 무명은 없으므로 염법훈습 또한 없다. 따라서 염법훈습은 시작은 없지만 끝은 있다. 무시유종(無始有終)이다.

반면에 정법훈습은 미래가 다하도록 끊어지지 않는다. 무시무종(無始無終)이다. 진여는 무명과 망심의 유무와 상관없이 본래 있기 때문에 시작이 없다. 망심이 사라지면 법신이 나타나서 다른 중생을 위해 계속 용훈습이 일어나기 때문에 끝이 없다.

이것으로 대승법에 대한 설명을 마쳤다.

9. 대승의 의미와 삼대(三大)

〈제2장 논의 주제를 세우는 부분[입의분]〉에서 "대승[마하연]이란 총괄하여 설명하면 두 가지가 있다. … 첫째, 법(法)[대승법]이다. 둘째, 의(義)[대승의 의미]이다. 이른바 (대승)법이란 중생심(衆生心)을 말한다. … 이 마음에 의해 대승의 의미를 나타낸다"고 하였다. 이전까지 대승법에 관해 설명하였다면 이제 대승의 의미에 관해 설명한다.

제2장에서 간단하게 대승이라고 하는 이름의 의미에 대해 살펴보았다. 특히 '대'의 의미에 대해 왜 '크다[대]'고 했는지, 세 가지 큰 것으로 설명하였다. "첫째, 체대(體大)이다. 일체법은 진여로서 평등하여 늘지도 줄지도 않기 때문이다. 둘째, 상대(相大)이다. 여래장(如來藏)에 한량없는 성품의 공덕[성공덕(性功德)]을 갖추고 있기 때문이다. 셋째, 용대(用大)이다. 일체 세간과 출세간의 선(善)한 인과(因果)를 잘 생성하기 때문이다."

그 유명한 체대, 상대, 용대의 삼대(三大)이다. 체는 일체법의 자체, 상은 공덕, 용은 작용을 말한다. 이때 '대'는 단지 언어로 표현한 것일 뿐, 다른 무엇이 비교할 수 없는 절대 무한의 의미이다.

체대란, 일심 또는 마음으로 드러난 일체법은 그 바탕이 진여로서 평등하여 더하거나 덜하거나 하지 않다는 말이다. 상대란, 여래장에 한량없는 성품의 공덕을 갖추고 있다는 말이다. 여기서 여래장(如來藏)은 여래의 창고라는 뜻이며, 일심의 다른 이름이다. 용대란, 이러한 공덕으로 인해 일체 세간, 출세간의 좋은 인과를 잘 생성한다는 말이다.

그러면 여기 〈제3장 논의 주제를 해석하는 부분[해석분]〉에서는 삼대에 대해 어떻게 설명하는지 살펴보자.

1) 체대·상대를 총괄해서 해석함

또한 진여의 자체·상을 말해보자. 〈체대〉 일체 범부·성문·연각·보살과 모든 부처님에게 증감이 없다. 앞에 생긴 것도 아니고 뒤에 사라지는 것도 아니다. 필경 늘 변함이 없다. 〈상대〉 본래부터 성품이 스스로 일체 공덕을 가득 갖춘다. 이른바 자체에 대지혜광명의 뜻이 있기 때문이며, 법계를 두루 비추는 뜻이 있기 때문이며, 진실하게 아는 뜻이 있기 때문이며, 자성청정심의 뜻이 있기 때문이며, 상락아정(常樂我淨)의 뜻이 있기 때문이며, 청량(淸凉)·불변·자재의 뜻이 있기 때문이다. 이와 같은 갠지스강의 모래보다 많은 불리(不離)·부단(不斷)·불이(不異)·부사의(不思議)한 불법을 갖추고, 나아가 충만하게 갖추어 부족한 바가 없는 뜻이기 때문에 여래장이라 이름하며, 또한 여래법신이라 이름한다.

제2장에서 대승의 체가 큰[체대] 이유는, "일체법은 진여로서 평등하여 늘지도 줄지도 않기 때문이다"라고 하였다. 여기서는 "일체 범부·성문·연각·보살과 모든 부처님에게 증감이 없다. 앞에 생긴 것도 아니고 뒤에 사라지는 것도 아니다. 필경 늘 변함이 없다"고 한다. 같은 말이다. 대승[진여]의 체는 평등하여 부증불감이며, 무시무종이며, 항상하다.

    제2장에서 대승의 상이 큰[상대] 이유는, "여래장(如來藏)에 한량없는 성품의 공덕[성공덕(性功德)]을 갖추고 있기 때문이다"라고 하였다. 여기서는 "본래부터 성품이 스스로 일체 공덕을 가득 갖춘다"고 하면서 공덕을 열거하였다. 그 공덕은 대지혜광명, 법계를 두루 비춤, 진실하게 앎, 자성청정심, 상락아정, 청량(淸凉)·불변·자재 등이다.

    대승법인 중생심 안에 이러한 무량한 공덕이 갖추어져 있으므로 여래장이라고 하고, 여래법신이라고 한다. 즉, 이러한 공덕의 모습에 여래장, 여래법신이라는 이름을 붙여 체와 상은 상즉하여 떨어지지 않음[상즉불리(相卽不離)]의 관계가 있음을 나타낸다. 진여 자체에는 무량한 성품의 공덕을 갖춘 상(相)이기에 여래장이라 하고, 무량한 성품의 공덕이 의지할 바탕인 체(體)이기 때문에 여래법신이라고 한다.

    이와 같이 체와 상은 상즉불리의 관계에 있으므로 다음과 같은 문답이 오간다.

    묻는다.

"진여는 그 체가 평등하여 일체 모습을 떠났다고 위에서 말하였는데, 어찌하여 다시 진여의 체에 이와 같은 여러 가지 공덕이 있다고 말하는가?"

답한다.

"실로 이러한 모든 공덕의 뜻이 있으나, 차별된 모습이 없어서 똑같은 한 맛[일미(一味)]이며 오직 하나의 진여이다. 이 뜻은 무엇인가? 분별이 없어 분별상을 떠난다. 그러므로 둘이 없다. 또한 무슨 뜻으로 차별을 말할 수 있는가? 업식의 생멸상에 의해 보인다. 일체법은 본래 오직 마음뿐이라 실로 망념이 없다. 그런데 망심이 있어서 깨닫지 못하여 망념을 일으켜 모든 경계를 보기 때문에 무명이라 한다. 심성에 (무명이) 일어나지 않는 것이 곧 대지혜광명의 뜻이기 때문이다. 만약 마음이 봄[견(見)]을 일으키면 보지 못하는 모습이 있다. 심성이 봄을 떠나면 곧 법계를 두루 비추는 뜻이기 때문이다. 만약 마음에 움직임이 있으면 진실하게 아는 것이 아니며, 자성이 없으며, 상(常)도 아니고 낙(樂)도 아니고 아(我)도 아니고 정(淨)도 아니고, 번뇌하며, 힘없이 변화하며, 곧 자재하지 못하게 된다. 나아가 갠지스강의 모래보다 많은 망염(妄染)의 뜻을 갖게 된다. 이러한 뜻에 상대하기 때문에, 심성에 움직임이 없으면 갠지스강의 모래보다 많은 모든 깨끗한 공덕상의 뜻을 나타낼 수 있다. 만약 마음에 일어남이 있어 다시 생각할 만한 앞의 법을 본다면 곧 부족한 바가 있게 된다. (그러나) 이러한 정법의 무량한 공덕은 곧 일심이니, 다시 생각할 것이 없다. 그러므로 충만하게 갖추었으니 법신·여래장이라 한다."

질문의 요지는 이렇다. '진여의 체는 평등하여 일체 모습을 떠났다고 하면서, 차별상으로 볼 수 있는 여러 가지 공덕이 있다고 하니, 이는 모순이 아닌가?'

　　대답의 요지는 이렇다. '모든 공덕의 뜻이 있어 차별된 것 같지만, 똑같은 한 맛이며 오직 하나의 진여이다. 둘이 없다. 그런데 둘이 없지만 차별을 말할 수 있는 것은 업식의 생멸상에 의해, 즉 망심에 의해 그렇게 보이기 때문이다.'

　　예를 들면 흙이라는 그 자체[체]는 여러 가지 능력[상]을 가지고 있다. 그 능력이 드러나기 전에는 동등한 하나의 흙이다. 그런데 그릇이나 벽돌 등으로 드러날 때는 다른 모습이다. 그렇다고 그릇으로 드러나는 능력, 벽돌로 드러나는 능력 등 차별된 능력이 흙에 있는 것은 아니다. 즉, 흙에 여러 가지 능력이 있다고 해서 흙에 분별된 모습으로서 여러 가지 능력이 있다는 말은 아니다.

　　그런데도 망심이 있어서 깨닫지 못하여 망념을 일으켜 모든 경계를 보기 때문에 무명이라 한다. 이로 인해 앞에서 언급한 상대(相大)의 공덕상과 대치되는 염상(染相)이 일어난다. 즉, 무명↔대지혜광명, 못보는 모습 있음↔법계를 두루 비춤, 진실하게 알지 못함↔진실하게 앎, 자성이 없음↔자성청정심, 상락아정이 아님↔상락아정, 번뇌함↔청량함, 힘없이 변화함↔불변함, 자재하지 못함↔자재함 등이다.

　　이처럼 망념으로 인해 갠지스강의 모래보다 많은 망염(妄染)의 뜻을 갖지만, 심성에 움직임이 없으면 갠지스강의 모래보다 많은 모든 깨끗한 공덕상의 뜻을 나타낼 수 있다. 이러한 정법의 무량한 공덕은 곧 일심이다. 부족함이 없이 충만하게 갖추었으니 법신·여래장이라 한다.

2) 용대의 뜻을 별도 해석함

● 진여 작용[용대]의 의미

용대란, 이러한 공덕으로 인해 일체 세간, 출세간의 좋은 인과를 잘 생성하는 진여의 작용을 말한다. 따라서 논에서는 진여의 작용[용대]이 발휘되는 요인을, 부처님께서 수행 과정이었을 때[인위(因位)]와 진여법신을 증득하셨을 때[과위(果位)]로 나눠 설명한다. 우선 인위 때 드러나는 진여의 작용이다.

> 이른바 모든 부처님께서 본래 수행 단계[인지(因地)]에서 대자비를 일으키고 모든 바라밀을 닦아서 중생을 교화하며, 크나큰 서원을 세워 일체중생계를 모두 해탈시키고자 하여 미래가 다하도록 겁(劫)의 수를 한정하지 않는다. 모든 중생을 돌보기를 자기 몸과 같이 하기 때문이다. 그러면서도 중생상을 취하지 않는다. 이는 무슨 뜻에 의거하는가? 이른바 일체중생과 아울러 자기의 몸이 진여로서 평등하여 다름이 없음을 여실하게 알기 때문이다.

"대자비를 일으키고 … 교화하며"는 불보살의 근본 수행[본행(本行)]을 말하고, "크나큰 서원을 … 한정하지 않는다"는 불보살의 근본 발원[본원(本願)]을 말하고, "모든 중생을 … 알기 때문이다"는 지혜와 자비의 대방편을 말한다. 즉, 진여의 작용이 인위(因位) 때 본행과 본원과 대방편으로 발휘한다.

다음은 과위(果位) 때 드러나는 진여의 작용이다.

이와 같은 큰 방편지(方便智)가 있기 때문에 무명을 없애고 본래의 법신을 본다. 자연스럽게 부사의업의 여러 가지 작용이 있어, 곧 진여와 더불어 평등하게 모든 곳에 두루 하다. (그러나) 또한 역시 얻을 만한 작용의 모습은 없다. 왜 그런가? 이른바 모든 부처님께서는 오직 법신(法身)의 지혜 모습인 몸이다. 제일의제(第一義諦)에는 세제(世諦)의 경계가 없어 모든 행위를 떠나지만, 다만 중생의 견문에 따라 이롭게 한다. 그러므로 용이라 말한다.

부처님을 양족존(兩足尊)이라고 한다. 지혜와 자비, 지혜와 방편, 지혜와 복덕을 갖추신 분이다. "큰 방편지"란 바로 지혜와 방편[자비]을 말한다. 이러한 큰 방편지에 의해 불과가 드러난다. "무명을 없애고 법신을 본다"는 자리(自利)의 과(果)로서 법신을 증득했다는 말이다. "자연히…" 이하는 이타(利他)의 과로서 용(用)의 모양을 나타낸다. 바로 응신과 보신이다. 여기서 "부사의업의 여러 가지 작용"이란 용이 매우 깊음을 말하고, "곧 진여와 더불어 평등하게 모든 곳에 두루 하다"는 용이 광대함을 말하고, "(그러나) 또한…" 이하는 용은 얻을 만한 모습이 없지만 중생의 연에 따라 드러남을 나타낸다. 즉, 모든 부처님께서는 오직 법신의 지혜의 몸이다. 법신인 절대 진리[제일의제]에는 분별[세제]의 경계가 없어 모든 행위를 떠나지만, 응신과 보신으로 나투어 중생의 견문에 따라 이롭게 한다.

> 보화비진료망연(報化非眞了妄緣) 보신 화신은 참이 아니오, 헛된 인연일 뿐.
> 법신청정광무변(法身淸淨廣無邊) 법신은 청정하여 넓고도 끝이 없도다.
> ―『금강경오가해』「제5여리실견분(如理實見分)」

체대·상대가 여여한 부처님 그대로를 말한다면, 용대는 부처님께서 가만히 계시지 않고 작용을 일으키시는 것을 말한다. 이때는 마음을 움직여서 일어나는 작용이 아니다. 중생의 견문에 따라 일어나는 것으로 보이기에 작용이라고 이름 붙였을 뿐이다.

● 진여의 두 가지 작용

진여의 작용이란 다른 중생을 제도하기 위해 드러나는 부처님의 응신과 보신을 말한다. 앞서 정법훈습 가운데 진여훈습의 차별연과 평등연이 떠오른다. 이때 이런 의문이 생길 수 있다. '중생 자신의 마음 가운데 진여의 용인데, 어찌 부처님의 보신과 화신[응신]을 말하는가?' 이러한 의문을 자문하면서 법장 스님은 다음과 같이 답한다.

> 중생의 진심은 곧 모든 부처님의 체로서 차별이 없다. 그러므로『화엄경』에서 '만약 삼세의 모두 부처님을 알고자 한다면

마음이 모든 부처님을 만든다고 마땅히 이와 같이 관해야 한다'고 하였다. 또『부증불감경』에서 '법신이 곧 중생이고, 중생이 곧 법신이다. 법신과 중생은 의미는 하나지만 이름이 다르다'고 하였다. 이미 법신으로부터 보신과 화신의 용이 생기는데, 어찌 중생의 진심이 아닐 수 있겠는가.

이에 응신과 보신과 관련하여 진여의 용은 다음과 같이 두 가지가 있다.

첫째, 분별사식에 의거한다. 범부와 이승의 마음에 보이는 것을 응신(應身)이라 이름한다. 전식이 나타낸 것인 줄 알지 못하기 때문에 밖에서 온 것이라 보고 색의 한계[분제(分際)]를 취하여 (응신이 한량없음을) 다 알지 못하기 때문이다.

둘째, 업식에 의거한다. 이른바 초발의로부터 나아가 보살구경지에 이르기까지 모든 보살의 마음에 보이는 것을 보신(報身)이라 한다. 몸에는 무량한 색이 있고, 색에 무량한 상(相)이 있고, 상에 무량한 호(好)가 있다. 머무는 세상[의과(依果), 기세간]도 무량한 여러 가지 장엄이 있다. 나타내는 바에 따라서 곧 가없고 다함 없어 한계 지어진 모습을 떠난다. 응하는 바에 따라 항상 머물러 훼손되지도 않고 잃지도 않는다. 이러한 공덕은 모두 모든 바라밀 등 무루행의 훈습과 부사의의 훈습으로 성취된 것으로 말미암아 한량없는 즐거운 모습[낙상(樂相)]을 갖추기 때문에 보신(報身)이라고 한다.

진여의 작용으로 나타나는 불신 가운데, 응신은 분별사식[의식]에 의해 범부와 이승의 마음에 보이고, 보신은 업식에 의해 초발의보살[10해] 이후 보살구경지에 이르는 모든 보살의 마음에 보인다.

　　범부와 이승은 오직 식뿐임을 알지 못하고 바깥의 경계가 있다고 헤아리는 것이 분별사식의 뜻이다. 이러한 분별사식[의식] 뜻에 의하여 불신(佛身)을 보고서 또한 마음 밖에 있다고 생각한다. 또한 응신이 한량없음을 알지 못하기 때문에 의식에 들어온 것만 한정하여 취한다.

　　반면 초발의보살 이상 모든 보살은 오직 마음일 뿐 바깥의 경계가 없는 줄 잘 알아서 업식의 뜻에 따라 본다. 업식은 가장 미세하여 모든 식의 근본이 된다. 업식의 뜻이란 주체[견분]와 대상[상분]으로 아직 나눠지지 않았음을 말한다. 보살은 일체법은 오직 식의 헤아림인 줄 알아서 마음 밖에 경계가 있다는 집착을 버리고 업식의 뜻을 따른다. 이러한 업식의 뜻에 따라 보살은 보신을 본다. 이 보신은 가없고 다함 없어 한계 지어진 모습을 떠난다.

　　따라서 각각 보이는 응신과 보신은 다음과 같이 차이가 난다.

　　또 범부에게 보이는 것은 그 두드러진 색이다. 육도(六道)에 따라 각각 보는 것이 같지 않아 여러 가지 다른 부류이며, 즐거운 모습을 받는 것이 아니다. 그러므로 응신(應身)이라 말한다.
　　다음, 초발의보살 등[지전보살]에게 보이는 것은, (그들은) 진여법을 깊이 믿기 때문에 적은 부분으로나마 (보신을) 본다. 저 (보신의) 색상과 장엄 등의 일이 옴도 없고 감도 없어 한계를 떠났으며 오직 마음에 의하여 나타날 뿐 진여를 여의지 않음을 안다. 그런데 이 보살은 아직 스스로 분별한다. 아직 법신의 자리 [십지보살]에 들어가지 못했기 때문이다. 만약 정심(淨心)[정심 지, 초지]을 얻으면 보이는 바가 미묘하여 그 작용이 점점 뛰어 나게 된다. 나아가 보살지가 다하는 데에 이르면 (보신을) 보는 일이 구경에 이른다. 만약 업식을 떠나면 곧 보는 모습[견상(見 相)]이 없다. 모든 부처님의 법신은 피차 번갈아 보는 색상이 없기 때문이다.

불신(佛身)에 대해서 경론마다 다소 차이가 난다. 그런데 보통 청정법신 비로자나불, 원만보신 노사나불, 천백억화신 석가모니불이라고 할 때, 법신, 보신, 화신의 의미는 이렇게 설명한다. 진리[진여] 그 자체로서 부처님의 몸을 법신, 보살이 수행하여 부처님을 이루었을 때 수행자의 입장에서 부처님의 몸을 보신, 여러 중생을 위해 나투신 부처님의 몸을 화신이라고 한다. 따라서 법신은 진리 그 자체이기 때문에 번뇌 하나 없어 청정하고[청정법신], 보신은 수행자가 부처님을 이루었을 때 부처님의 무량한 공덕을 하나도 빠짐없이 원만하게 갖추어야 하고[원만보신], 화신은 중생에 따라 다양한 모습의 부처님으로 나타나야 한다[천백억화신].

그. 따라서 범부에게 보이는 응신[화신]은 두드러진 모습[색]으로서 육도에 따라 다양한 모습으로 나타난다. 수행자가 부처님을 이루었을 때 부처님의 무량한 공덕을 하나도 빠짐없이 원만하게 갖춘 부처님을 보신이라고 한다면, 이 보신은 "가없고 다함 없어 한계 지어진 모습을 떠난다. 응하는 바에 따라 항상 머물러 훼손되지도 않고 잃지도 않는다." 따라서 수행이 진전됨에 따라 보살에게 드러나는 보신의 모습이 점점 명확해질 뿐 보신 그 자체는 변화가 없다. 결국 보살지가 다하는 데에 이르면 보신을 보는 일이 구경에 이른다. 이때 업식을 떠나면 곧 보는 모습이 없다. 보신이 곧 법신이다.

이때 또 이런 문답이 가능하다.

묻는다.

"만약 모든 부처님의 법신이 색상을 떠났다면 어떻게 색상을 나타낼 수 있는가?"

답한다.

"곧 이 법신이 색의 실체이기 때문에 색을 나타낼 수 있다. 이른바 본래부터 색과 심은 둘이 아니다. 색의 본성이 곧 지(智)이기 때문에 색의 실체에 형체가 없는 것을 지신(智身)이라 이름한다. 지(智)의 본성이 곧 색이기 때문에 법신이 모든 곳에 두루한다고 말한다. 나타낸 색은 한계가 없다. (보살의) 마음에 따라 시방세계에 무량한 보살과 무량한 보신과 무량한 장엄을 나타낸다. 각각 차별은 있지만 모두 한계가 없어서 서로 방해하지 않는다. 이는 심식(心識)의 분별로 알 수 있는 것이 아니다. 진여의 자재한 용의 뜻이기 때문이다."

마치 앞서 "진여는 그 체가 평등하여 일체 모습을 떠났다고 위에서 말하였는데, 어찌하여 다시 진여의 체에 이와 같은 여러 가지 공덕이 있다고 말하는가?"와 비슷한 맥락이다. 여기에서는 색심불이(色心不二)의 관점에서 언급한다. 즉, 모든 부처님의 법신이 색상을 떠났지만, 곧 이 법신이 색의 실체이기 때문에 다양한 색상을 나타낼 수 있다. 그러나 이러한 다양한 색상은 마음의 분별로 알 수 없다.

10. 생멸문에서 진여문으로 들어감

지금까지 〈제1절 대승의 바른 뜻을 나타냄[현시정의]〉 가운데 〈제1항 대승의 뜻을 풀이함〉을 설명하였다. 제1항에서는 심진여문과 심생멸문을 자세하게 설명하였다. 지금 제2항에서는 생멸문에서 진여문으로 들어감에 대해 간단하게 언급한다.

> 다음은 생멸문으로부터 곧 진여문에 들어가는 것을 나타낸다. 이른바 색과 심인 오음을 추구해보자. (색인) 육진경계는 필경 생각할 만한 (모양이) 없다. 심[마음]은 형상이 없어서 시방으로 찾아보아도 끝내 얻을 수가 없다. 가령 사람이 미혹하기 때문에 동쪽을 서쪽이라고 하지만, 방향 자체는 실로 변하지 않는다. 중생도 그러하다. 무명으로 미혹하기 때문에 마음을 망념이라 하지만 마음은 실로 움직이지 않는다. 만약 관찰하여 마음에 망념이 없는 줄 알면 곧 수순하여 진여문에 들어가기 때문이다.

오음(五陰)은 색(色)·수(受)·상(想)·행(行)·식(識)으로 모든 유위법을 이룬다. 오온(五蘊)이라고도 한다. '색과 심인 오음을'이라고 할 때, 색음은 색에, 수음·상음·행음·식음은 심에 해당한다.

　　원효 스님은, "(색인) 육진경계는 필경 생각할 만한 (모양이) 없다"는 색이 마음 밖에 없다는 뜻으로, "심[마음]은 형상이 없어서 시방으로 찾아보아도 끝내 얻을 수가 없다"는 색이 마음 안에도 없다는 뜻으로 풀이한다. 그리고 "가령 … "은 심에 대한 관찰로 보았다. 그러나 필자는 실차난다역[신역『대승기신론』]과 다른 한글역을 참조하여, "(색인) 육진경계는 필경 생각할 만한 (모양이) 없다"와 "심[마음]은 형상이 없어서 시방으로 찾아보아도 끝내 얻을 수가 없다"는 각각 색과 심을 관찰한 것으로 풀이한다.

　　색은 극미에 이르러도 영구히 얻을 수 없다. 모든 색은 오직 망심이 분별한 영상이 뿐이며 실로 있는 것이 아니다.(극미는 〈제2부 5. 4〉 유식무경〉 참조) 심은 형상이 없어서 시방으로 찾아보다 끝내 얻을 수 없다. 일체법은 모두 마음으로 생겨난다. 색심의 모든 법에서 실체를 구해도 얻을 수 없다. 이 얻을 수 없는 무념의 경지가 바로 진여이다.

　　그러므로 무명으로 미혹하기 때문에 마음을 망념이라 하지만 마음은 실로 움직이지 않는다. 만약 관찰하여 마음에 망념이 없는 줄 알면 곧 수순하여 진여문에 들어간다.

11. 그릇된 집착을 다스림

〈제3장 논의 주제를 해석하는 부분[해석분]〉 가운데 〈제1절 대승의 바른 뜻을 나타냄[현시정의]〉을 마치고, 지금 〈제2절 그릇된 집착을 다스림[대치사집])을 설명한다.

1) 그릇된 집착과 아견

그릇된 집착을 다스림에 대해 말해 보자.

일체 그릇된 집착은 모두 아견(我見)에 의거한다. 만약 아(我)

를 떠나면 곧 그릇된 집착은 없다.

이 아견에 두 가지가 있다.

두 가지는 무엇인가?

첫째, 인아견(人我見)이다.

둘째, 법아견(法我見)이다.

"일체 그릇된 집착은 모두 아견에 의거한다"고 할 때, '아'는 '나'라고 하는 자아를 말하는 것이 아니라 제법무아(諸法無我)의 '아'처럼 자성, 실체를 말한다. 이러한 실체가 있다고 여기는 견해를 아견이라고 한다. 이 아견에 두 가지가 있다. 나라는 실체가 있다고 여기는 견해를 인아견이라고 하고, 나를 둘러싼 이 세상이 실체로 있다고 여기는 견해를 법아견이라고 한다. 인아견을 인아집[아집], 법아견을 법아집[법집]이라고도 한다. 이는 각각 인무아[아공], 법무아[법공]를 모르기 때문이다.

원효 스님은 다음과 같이 풀이한다.

인아견은 일체의 모든 양상을 주재하는 자가 있다고 헤아리는
것으로 아집이라 하며, 법아견은 일체법이 각기 체성이 있다고

헤아리는 것으로 법집이라 한다. 법집은 곧 이승이 일으킨다.
이 가운데 아집은 불법(佛法)을 취하는 가운데 처음 대승을 배
우는 사람이 일으킨다.

주의할 내용이 있다. 이승의 아라한은 아집을 벗어났지만 법집을 벗어
나지 못했다. 따라서 법집만을 이승이 일으킨다고 이해한다면 이때 이
승은 아라한을 말한다. 아라한이 아닌 경우 당연히 아집도 있다. 만약 이
승의 아라한이 대승으로 회심한 경우[점오보살], 아집은 없고 법집만 남
아 있다. 아집의 경우도 "처음 대승을 배우는 사람이 일으킨다"고 할 때,
이 사람은 당연히 법집도 있다. 아집이 있으면 반드시 법집이 있다. '아'
또한 '법'에 포함된다. 아집은 있는데 법집이 없는 경우는 없다.

〈제2부 7. 보살 계위〉를 참조하면, 분별아집·분별법집은 견도위
[보살 초지]에서 일어나지 않고, 구생아집은 제8지[아라한]에서 일어나지
않고, 구생법집은 금강유정을 통해 끊어진다.

2) 그릇된 집착을 다스려 떠남

(1) 인아견(人我見)

논에서는 다섯 가지 인아견을 언급한다. 그런데 앞서 언급한 인아견의
의미와 다소 차이가 난다. '나라는 실체가 있다고 여기는 견해를 인아
견', 또는 '인아견은 일체의 모든 양상을 주재하는 자가 있다고 헤아리는
것으로 아집'이라 하였다. 그런데 논에서 언급된 인아견을 보면, '실체'
나 '주재하는 자'가 있다는 집착이 아니고 여래장에 대한 그릇된 견해를
인아견의 경우로 언급하고 있다. 이는 보통 여래장이 '나' 또는 '주재하

는 자'의 개념과 연결되기 때문이다.

따라서 이제까지 논에서 설한 여래장의 가르침, 혹은 이전 대승의 경론에서 접한 여래장의 가르침에 대한 그릇된 집착을 언급하고 이를 깨뜨리고자 가르침을 전한다. 다음 첫째와 둘째는 무(無)에 치우친 집착이고, 셋째와 넷째와 다섯째는 유(有)에 치우친 집착이다.

● 허공이 여래장이라는 견해

첫째, 경에서 "여래 법신이 필경 적막하여 허공과 같다"고 하는 말을 듣고, 이것이 (중생들이 부처님의 몸에 모습[상]이 있다고 여기는) 집착을 깨뜨리기 위한 것인 줄 모르기 때문에 곧 '허공이 여래성(如來性)'이라 여긴다. 어떻게 (이 견해를) 다스리는가? (다음과 같이) 밝힘으로써 (다스린다.) 허공의 모습은 망법(妄法)이며 실체가 없어 참되지 못하다. 그렇지만 색에 대비되기 때문에 볼만한 모습이 있어 마음으로 하여금 생멸하게 한다. 일체 색법은 본래 마음이고 실로 (마음) 밖의 색은 없다. 만약 밖의 색이 없다면 곧 허공의 모습도 없다. 이른바 일체 경계는 오직 마음이 망령되게 일어나기 때문에 있다. 만약 망령된 움직임을 떠나면 일체 경계가 사라지고, 오직 하나의 진심(眞心)이 두루하지 않은 바가 없다. 이를 여래의 광대한 본성의 지혜인 구경의 뜻이라고 한다. 허공의 모습과 같은 것은 아니기 때문이다.

부처님의 몸에 모습[상]이 있다고 여기는 집착을 깨뜨리고자 "여래 법신이 필경 적막하여 허공과 같다"고 말씀하셨는데, 중생들은 어리석게도 그 뜻을 모르고 '허공이 여래성(如來性)'이라 여긴다. 그런데 허공 또한 망법(妄法)이며 실체가 없다. 색에 대비되기 때문에 허공이 있다. 색과 허공 등 모든 경계는 오직 마음이 망령되게 일어나기 때문에 있다. 만약 망령된 움직임을 떠나면 모든 경계가 사라지고, 하나의 진심(眞心)만이 두루 하다. 이것이 여래성이다. 허공이 여래성은 아니다.

● 진여·열반의 본성은 오직 공(空)이라는 견해

> 둘째, 경에서 "세간의 모든 법은 끝내 체가 공하고 나아가 열반 ·진여의 법도 끝내 공하다. 본래부터 스스로 공하여 일체 모습을 떠났다"고 하는 말을 듣고, 이것이 집착을 깨뜨리기 위한 것인 줄 모르기 때문에 곧 '진여·열반의 본성은 오직 공'이라 여긴다. 어떻게 (이 견해를) 다스리는가? (다음과 같이) 밝힘으로써 (다스린다.) 진여법신은 자체가 공하지 않다. 무량한 성공덕(性功德)을 갖추고 있기 때문이다.

이 견해는 우리가 보통 빠지는 견해이다. 예로부터 공을 그릇되게 집착하는 자를 악취공자(惡取空者)라 하여 부처님도 제도하기 힘들다고 하였다. 공은 아무것도 없다는 뜻이 아니다. 세상은 네가 본 것처럼 그렇게 있지 않다는 말이다. 또는 번뇌 망상이 사라진 상태를 말한다. 망념이 사라져 분별상이 없다는 말이다. 진여법신은 번뇌망상이 사라졌다는 측면에서 공(空)이라고 하지만, 무량한 성공덕을 갖추고 있기 때문에 불공(不

空)이라 한다.

● 여래장에 색법·심법 자상의 차별이 있다는 견해

> 셋째, 경에서 "여래장은 증감이 없어서 자체에 일체 공덕의 법
> 을 갖추었다"고 하는 말을 듣고, 이해하지 못하기 때문에 곧 '여
> 래장에는 색법·심법 자상의 차별이 있다'고 말한다. 어떻게 (이
> 견해를) 다스리는가? 오직 진여의 뜻에 의거하여 (위의 경전 구절
> 을) 말하였기 때문이다. 생멸하는 염법(染法)의 뜻에 의해 나타
> 남을 차별이라고 말하기 때문이다.

이 견해를 다스리는 부분에 대해 실차난타역에는 '진여에는 본래 염법
차별이 없으므로 가없는 공덕상이 있다고 세우지만, 이것이 염상은 아
니다'라고 되어 있다.

그런데 이 내용은 〈2. 의(義)[대승의 의미]를 해석함〉에서 체대·상
대를 설명하는 도중의 문답과 비슷한 맥락이다. 그 문답을 정리해 보면
이렇다. '〈문〉 진여의 체는 평등하여 일체 모습을 떠났다고 하면서, 차별
상으로 볼 수 있는 여러 가지 공덕이 있다고 하니, 이는 모순이 아닌가?'
'〈답〉 모든 공덕의 뜻이 있어 차별된 것 같지만, 똑같은 한 맛이며 오직
하나의 진여이다. 둘이 없다. 그런데 둘이 없지만 차별을 말할 수 있는
것은 업식의 생멸상에 의해, 즉 망심에 의해 그렇게 보이기 때문이다.'
이때 언급한 흙의 비유를 참고하면 이해에 도움이 된다.

● 여래장에 생사 등의 법을 갖추었다는 견해

넷째는, 경에서 "모든 세간의 생사 염법은 다 여래장에 의해 있으므로 일체 모든 법은 진여를 여의지 않는다"고 하는 말을 듣고, 이해하지 못하기 때문에 '여래장 자체에 일체 세간의 생사 등의 법을 갖추었다'고 말한다. 어떻게 (이 견해를) 다스리는가? 여래장은 본래부터 갠지스강의 모래보다 많은 모든 깨끗한 공덕만이 있어 여의지도 않고 끊어지지도 않아 진여의 뜻과 다르지 않기 때문이다. 갠지스강의 모래보다 많은 번뇌의 염법은 오직 허망하게 있으며 그 자성은 본래부터 없어서 시작 없는 때로부터 일찍이 여래장과 상응하지 않기 때문이다. 만약 여래장 자체에 망법이 있지만 깨달아 영원히 망법을 쉬게 한다면, 그것은 있을 수가 없다.

이 견해는 셋째 견해와 유사하다. 색법·심법의 차별이나 생사 등의 염법은 여래장 안에 있는 것이 아니라, 여래장이 무명의 연을 따라 일어남으로써 전개되는 차별상이다. 성격이 다른 여래장과 번뇌의 염법은 시작 없는 때로부터 상응하지 않는다. 만약 여래장 자체에 망법이 있지만 깨달을 경우 영원히 망법을 쉬게 한다면, 그것은 있을 수 없다.

● 중생은 시작이 있고, 열반도 끝이 있다는 견해

다섯째, 경에서 "여래장에 의거하기 때문에 생사가 있고, 여래장에 의거하기 때문에 열반을 얻는다"고 하는 말을 듣고, 이해하지 못하기 때문에 '중생은 시작이 있다'고 하고, 시작을 여기기 때문에 또한 '여래께서 얻은 열반은 끝이 있어서 다시 중생이 된다'고 말한다. 어떻게 (이 견해를) 다스리는가? 여래장은 처음이 없기 때문에 무명의 모습도 시작이 없다. 만약 삼계 밖에 또 처음 생겨나는 중생이 있다고 한다면 곧 이는 외도 경전의 말이다. 또 여래장은 끝이 없다. 모든 부처님께서 얻은 열반은 그 (여래장)과 상응하여 곧 끝이 없기 때문이다.

이 견해는 가끔 망상할 수 있는 부분이다. '본래 부처님이었던 우리가 중생이 되었다면, 우리가 수행을 통해 부처님이 되더라도 또 중생이 되는 것이 아닌가.' 이에 대해 중생은 시작은 없지만 끝은 있고, 여래장은 시작도 없고 끝도 없다는 맥락으로 언급한다. 모든 부처님께서 얻은 열반은 여래장과 상응하여 끝이 없다.

이상 이러한 집착은 대승불교를 배우고 있는 우리가 현재 가질 수 있는 집착이다. 제2부에서 언급한 '연기를 보는 자는 법을 보고, 법을 보는 자는 연기를 본다' '연기를 보는 자는 법을 보고, 법을 보는 자는 부처님을 본다'를 언급한 의미를 다시 한번 생각해보았으면 한다. 깨닫지 못한 우리가 나름 이야기하는 연기법이 과연 부처님께서 말씀하신 연기법인가 생각해보듯이, 지금 우리가 이해하는 여래장, 불성 등이 과연 경전에서 말씀하신 여래장, 불성 등인가 생각해보아야 한다. 그리고 무아를 접하고 무에 빠진 것은 아닌지, 여래장, 불성 등을 접하고 유에 빠진 것은 아닌지도 스스로 살펴볼 일이다.

(2) 법아견(法我見)

법아견에 대해 말해보자.

이승의 둔한 근기[둔근(鈍根)]를 대상으로 하기 때문에 여래께
서는 다만 인무아(人無我)만을 말씀하셨다. 따라서 하신 말씀
은 구경이 아니다. 그런데 오음의 생멸법이 있음을 보고 생사
를 두려워하고 열반을 망령되게 취하려 한다. 어떻게 (이 견해
를) 다스리는가? 오음법은 자성이 생겨나지 않으니, 곧 사라짐
도 없다. 본래 열반이기 때문이다.

이 내용은 대승불교에서 기본으로 하는 말이다. 보통 소승에서는 아공
을 아는데 법공은 모르고, 대승에서는 아공·법공을 다 언급한다고 주장
한다. "이승의 둔한 근기"란 대승으로 회심한 아라한을 제외한 모든 이
승을 말한다. 물론 이러한 가르침은 모든 범부에게 하신 말씀이다. 그러
나 여기에서는 법아견을 집착하는 이승을 부각하고자 이승의 둔한 근기
라고 언급한다. 여하튼 부처님께서는 아집에 집착하는 이를 위해 오음
법[오온법] 등의 법을 말씀하셨다. 이는 오음법 등을 분별하여 아가 없다
고 말씀하여 아공의 이치를 증득하게 하고자 하셨기 때문이다. 그런데
아직 법공의 이치를 말씀하지 않으셨기 때문에 구경이 아니다. 이때 둔
한 근기의 이승은 오음으로 이루어진 아는 생멸하지만 법은 실로 생멸
하지 않는다고 여긴다. 즉, 오음에 생멸법이 있음을 보고 생사를 두려워
하고 열반을 망령되게 취하려 한다.

　　그러나 오음의 법은 본래부터 생겨난 것이 아니므로 곧 사라지는

것도 아니다. 중생은 본래 상주하여 열반에 들었고 모든 법은 본래 열반
[적멸]이다. 따라서 유를 버리고 공을 취하거나 생사를 두려워하고 열반
을 그릇되게 취할 필요가 없다. 이렇게 살핌으로써 이승의 법집은 사라
진다.

3) 그릇된 집착을 마침내 다 떠남

> 다음에 그릇된 집착을 마침내 다 떠남에 대해 말해보자.
> 마땅히 알라. 염법과 정법은 모두 서로 의지하여 말할 만한 자
> 상이 없다. 그러므로 일체법은 본래부터 색도 아니고 심도 아
> 니고 지(智)도 아니고 식도 아니고 유(有)도 아니고 무(無)도 아
> 니어서 끝내 그 모습을 말할 수 없다. 그런데 언설이 있는 것은,
> 마땅히 알라, 여래의 묘한 방편으로 언설을 빌어 중생을 인도
> 하는 것이다. 그 취지는 모두 망념을 떠나 진여에 돌아가게 하
> 기 위한 것이다. 일체법을 생각하면 마음을 생멸하게 하여 참
> 된 지혜에 들어가지 못하기 때문이다.

모든 집착은 망념으로 인해 분별로 야기된다. 분별로 드러난 차별상에
대해 자상이 있다고 집착한다. 그러나 염법과 정법, 무명과 진여, 유와
공 등 모두 상대되는 개념일 뿐 자상이라 말할 만한 것이 없다. 그럼에도
언설이 있는 것은 중생을 인도하기 위해 여래의 묘한 방편으로 언설을
빌렸을 뿐이다. 경전의 말씀이 뗏목에 비유되는 경우와 같다. 궁극의 경
지는 언어가 끊어지고 마음 행하는 곳이 사라졌다[언어도단 심행처멸(言語

道斷·心行處滅)]. 그러나 언어를 통하지 않고서는 전할 수 없다. 그리하여 억지로 이름하여 나타낼 뿐이다. 손가락으로 달을 가리키면 손가락이 아니라 달을 보아야 한다.

12. 도에 발심 수행하여 나아가는 모습

〈제3장 논의 주제를 해석하는 부분[해석분]〉 가운데 〈제2절 그릇된 집착을 다스림[대치사집]〉에 대한 설명을 마치고 이제 제3장의 마지막 절 〈제3절 도에 발심 수행하여 나아가는 모습을 분별함[분별발취도상]〉을 설명한다. 여기서 '발심'을 '마음을 일으킨다'라고 풀어쓸 수도 있지만 '발심'이라는 말을 흔히 사용하기 때문에 풀어쓰지 않고 그대로 둔다. '발심 수행'이라고 해서 발심하여 수행한다고 이해할 수 있지만, 여기서는 '수행을 이루고서 마음을 일으킨다'는 뜻이다. 따라서 일으키는 '마음' 또한 그 수행 결과에 따라 다양하다. 물론 그러한 마음을 일으키고 또 수행을 이어나간다.

> 도에 발심 수행하여 나아가는 모습을 분별한다[분별발취도상(分別發趣道相)]는 것은, 이른바 일체 모든 부처님께서 증득하신 도에 일체 보살이 발심 수행하여 나아가는 뜻이기 때문이다.
> 발심을 대략 말하면 세 가지가 있다.
> 세 가지는 무엇인가?
> 첫째, 믿음을 성취하여 발심하는 것[신성취발심(信成就發心)]

이다.

둘째, 이해하고 수행하여 발심하는 것[해행발심(解行發心)]이다.

셋째, 증득하여 발심하는 것[증발심(證發心)]이다.

이러한 세 가지 발심을 원효 스님의 견해에 따라 다음과 같이 정리한다.

신성취발심이란 10주에 있으면서 겸하여 10신을 포함한다. 10 신의 계위 가운데 신심을 닦아 익혀서 '신'심이 '성취'되어 결정'심'을 일으켜['발'] 곧 10주의 제1주 발심주에 들어가기 때문에 신성취발심이라 한다. 해행발심이란 10회향에 있으면서 겸하여 10행을 포함한다. 10행의 계위 가운데 법공을 잘 이'해'하고 법계를 수순하여 육바라밀행을 닦아서 육바라밀'행'이 무르익어 회향'심'을 일으켜['발'] 10회향 계위에 들어가기 때문에 해행발심이라고 한다.

증발심이란 초지 이상 나아가 제10지까지 해당한다. 앞 이중(二重)의 유사한 발심에 의거하여 법신을 '증'득하고 진'심'을 일으킨다['발'].

〈세 가지 발심의 구분〉

발심의 종류	수행 계위	발심의 모양	들어가는 계위
신성취발심	10신	결정심	10주[발심주]
해행발심	10행	회향심	10회향
증발심	10지	진심	불

1) 믿음을 성취하여 발심하는 것[신성취발심(信成就發心)]

신성취발심이란 10주에 있으면서 겸하여 10신을 포함한다. 10신의 계위 가운데 신심을 닦아 익혀서 '신'심이 '성취'되어 결정'심'을 일으켜

['발'] 곧 10주의 제1주 발심주에 들어가기 때문에 신성취발심이라 한다.

● 믿음을 성취하는 수행

어떤 사람에 의해 어떤 수행법을 닦아서 믿음을 성취하여 발심을 감당할 수 있는가?

이른바 부정취(不定聚) 중생의 경우, (여래장 내의) 훈습의 힘과 (앞서 닦은) 선근의 힘이 있기 때문에 업의 과보를 믿고 십선(十善)을 일으킨다. 생사의 괴로움을 싫어하고 무상보리를 구하고자 하며, 여러 부처님을 만나 직접 받들어 공양하고 신심을 수행한다. 일만 겁을 지나서 신심이 성취된다. 그러므로 여러 불보살님께서 가르쳐서 발심하게 하거나, 혹은 대비에 의해 스스로 발심하거나, 혹은 정법이 장차 소멸하려고 하기 때문에 법을 지키고자 하는 인연으로 스스로 발심한다. 이와 같이 신심이 성취되어 발심한 사람은 정정취(正定聚)에 들어가 끝내 물러나지 않는다. 이를 여래종(如來種) 가운데 머물러 직접적인 원인[정인(正因)]과 상응한다고 한다.

세 가지 물음이 있다. 1. 닦는 사람[어떤 사람에 의해] 2. 닦아야 할 행[어떤 수행법을 닦아서], 3. 닦은 행의 결과[믿음을 성취하여 발심을 감당할 수 있는가] 이다. 이에 대해 답하는 형태로 설명이 시작된다.

1. 닦는 사람은 "부정취 중생"이다. 중생을 셋으로 나눈다. 정정취(正定

聚), 사정취(邪定聚), 부정취(不定聚)이다. 정정취는 항상 진전하여 반드시 성불하기로 결정된 중생이다. 사정취는 성불할 만한 소질이 없어 더욱 타락하여 가는 중생이다. 부정취는 아직 결정되지 않은 중생이다. 원효 스님은 논의 내용에 의거하여 중생을 셋으로 분류한다. 즉, 10해 이상의 반드시 물러나지 않는 보살을 정정취라 하고, 아직 10신에 들어가지 않아 인과를 믿지 않는 이를 사정취라 하고, 이 둘의 중간으로서 발심하여 무상보리를 구하려고 하지만 마음이 아직 결정되지 않아 어떤 때는 나아가고 어떤 때는 물러서는 이를 10신이라 하고 부정취라 한다.

2. 닦을 행위는 "(여래장 내의) 훈습의 힘과 (앞서 닦은) 선근의 힘이 있기 때문에 … 신심을 수행한다."

3. 닦은 행의 결과는 "일만 겁을 지나서 신심이 성취된다…" 이하이다. 일만 겁을 지나서 신심이 성취되면 10주에 들어간다. 즉, 여러 불보살님의 가르침 등 발심의 연으로 정정취에 들어가 끝내 물러나지 않는데, 이는 10주[10해]의 제1주인 발심주에 해당한다. 따라서 여래종 가운데 머물고, 닦는 행위가 불성(佛性)을 수순하기 때문에 정인(正因)과 상응한다.

닦은 행위의 결과에 대한 물음에 답변은 아래와 같이 계속된다. 이는 열악한 자를 들어 뛰어난 자를 나타낸다. 10신 계위 안에는 뛰어난 자도 있고 열악한 자도 있다. 뛰어난 자는 앞에서 말한 것처럼 10주에 들어가고, 열악한 자는 다음과 같이 이승의 지위로 떨어질 수도 있다.

만약 어떤 중생은 선근이 매우 적어 아득히 먼 옛날부터 번뇌가 매우 두텁다면, 비록 부처님을 만나 역시 공양하게 되더라도 인천(人天)의 종자를 일으키거나 혹은 이승의 종자를 일으킨다. 설사 대승을 구하는 자가 있더라도 근기가 결정되지 않아서 혹은 나아가고 혹은 물러난다. 혹 여러 부처님께 공양하여 일만 겁이 지나지 않아서 중도에 연(緣)을 만나 또한 발심한다. 이른바 부처님의 모습을 보고 발심하거나, 혹은 여러 스님에게 공양함으로 인해 발심하거나, 혹은 이승인의 가르침에 의해 발심하거나, 혹은 다른 사람에게 배워 발심한다. 이와 같은 발심은 모두 결정되지 않았기 때문에 나쁜 인연을 만나면 혹은 물러나서 이승(二乘)의 지위로 떨어지기도 한다.

● **신성취발심의 모습**

발심이란 마음을 일으킨다는 말이다. 그럼 믿음을 성취하여 어떤 마음을 일으키는가? 대략 세 가지가 있다.

> 첫째, 직심(直心)[곧은 마음]이다. 진여법을 바르게 생각하기 때문이다.
> 둘째, 심심(深心)[깊은 마음]이다. 일체 모든 선행을 모으기 좋아하기 때문이다.
> 셋째, 대비심(大悲心)이다. 모든 중생의 괴로움을 뽑아주고자 하기 때문이다.

직심이란 굽어지지 않는다는 뜻이다. 만약 진여를 생각하면 곧 마음이 평등하여 다시 별다른 굴곡이 없으니, 어그러지고 굽어짐이 없다. 그러므로 "진여법을 바르게 생각하기 때문이다"라고 한다. 이는 자리행과 이타행의 근본이다.

심심이란 근원을 파고든다는 뜻이다. 만약 하나의 선(善)이라도 구비되지 않으면 근원으로 돌아갈 근거가 없다. 근원으로 돌아가려면 반드시 만행(萬行)을 갖추어야 한다. 그러므로 "일체 모든 선행을 모으기 좋아하기 때문이다"고 한다. 이는 자리행의 근본이다.

대비심이란 널리 제도한다는 뜻이다. 그러므로 "모든 중생의 괴로움을 뽑아주고자 하기 때문이다"라고 한다. 이는 이타행의 근본이다. 이 세 가지 마음을 일으키면 떠나지 않을 악이 없고, 닦지 못할 선이 없고, 제도하지 못할 중생도 없으니, 이를 무상보리심(無上菩提心)[위없는 깨달음의 마음]이라 이름한다.

이때 다음과 같이 묻고 답한다.

묻는다.

"법계는 하나의 모습이며 부처님의 체는 둘이 없다고 위에서 말하였는데, 무슨 까닭으로 오직 진여만을 생각하지 않고 다시 모든 선행을 배우려고 하는가?"

답한다.

"비유하자면, 큰 마니보는 체성이 맑고 깨끗하지만, 광석의 때가 있다. 만약 사람이 마니보의 체성을 생각하면서도 방편으로써 갖가지로 갈고 다듬지 않으면 끝내 깨끗해질 수 없다. 이와 같이 중생의 진여법도 그 체성이 텅 비고 깨끗하지만, 한량없는 번뇌의 더러운 때가 있다. 만약 사람이 비록 진여를 생각하지만 방편으로써 갖가지로 훈습하여 닦지 않으면 또한 깨끗해질 수가 없다. 때가 한량없어 일체법에 두루 하기 때문에 일체 선행을 닦아서 다스린다. 만약 사람이 일체 선법을 수행하면 절로 진여법에 돌아가 따르기 때문이다.

방편을 대략 설명하자면 네 가지가 있다.

네 가지는 무엇인가?

첫째, 행의 근본이 되는 방편[행근본방편(行根本方便)]이다. 이른바 일체법은 자성이 생겨나지 않음을 보고서 그릇된 견해를 떠나 생사에 머물지 않고, 일체법은 인연으로 화합하여 업과(業果)를 잃지 않음을 보고서 대비를 일으켜 여러 복덕을 닦아 중생을 교화하여 열반에 머물지 않는다. 법성은 머묾이 없다는 것을 따르기 때문이다.

둘째, 능히 그치게 하는 방편[능지방편(能止方便)]이다. 이른바 부끄러워하고 허물을 뉘우쳐서 모든 악법을 그쳐서 증장하지 않게 한다. 법성은 모든 허물을 떠난다는 것을 따르기 때문이다.

셋째, 선근을 일으켜 증장시키는 방편[발기선근증장방편(發起善根增長方便)]이다. 이른바 삼보께 부지런히 공양하고 예배하며, 모든 부처님을 찬탄하고 따라 기뻐하며 가르침을 권하여 청한다. 삼보를 애경하는 따뜻한 마음 때문에 믿음이 증장되어, 나아가 무상의 도에 뜻을 두어 구한다. 또 불법승의 힘으로 보호받아 업장을 녹이고 선근이 물러나지 않는다. 법성은 어리석음의 장애를 떠난다는 것을 따르기 때문이다.

넷째, 대원으로 평등하게 하는 방편[대원평등방편(大願平等方便)]이다. 이른바 미래가 다하도록 일체중생을 교화, 제도하여 남김없이 모두 무여열반(無餘涅槃)에 들도록 발원한다. 법성은 끊어짐이 없다는 것을 따르기 때문이다. 법성은 광대하여 모든 중생에게 두루 하여 평등하고 둘이 없어서 피차를 생각하지 않고 구경에 적멸하기 때문이다."

● 신성취발심의 공덕

다음은 믿음을 성취하여 이러한 마음을 일으켰을 때 나타나는 공덕[이익]에 대해 살펴보자.

보살은 이 마음을 내기 때문에 조금이나마 법신을 보게 된다. 법신을 보기 때문에 그 원력에 따라서 여덟 가지로 나타내어 중생을 이롭게 한다. 이른바 도솔천으로부터 내려오고, 모태에 들어가고, 모태에 머물고, 모태에서 나오고, 출가하고, 성도하고, 법륜을 굴리고, 열반에 든다. 그런데 이 보살을 아직 법신이라 하지 않는다. 과거 한량없는 때로부터 유루업을 끊어버리지 못하고 그 태어나는 바에 따라서 미세한 고통과 상응한다. (그렇다고) 역시 업에 묶인 것은 아니다. 대원(大願)의 자재한 힘이 있기 때문이다. 가령 경전 가운데 혹은 "악취에 물러나 떨어짐이 있다"고 말한 것은 사실 물러나 떨어지는 것이 아니다. 다만 초학(初學)보살로서 아직 정위(正位)에 들지 않았는데 게으른 자를 위해 두려워하여 용맹하게 하고자 하기 위한 것이다. 또 이 보살은 한 번 발심한 후에는 겁약한 마음을 멀리 떠나서 이승의 지위에 떨어지는 것을 끝내 두려워하지 않는다. 가령 무량무변한 아승기겁 동안 어려운 수행을 부지런히 닦아야만 열반을 얻는다는 말을 듣더라도 겁내지 않는다. 일체법은 본래부터 그 자체로 열반임을 믿어 알기 때문이다.

"조금이나마 법신을 보게 된다"는 자리의 공덕을 나타낸다. 십주보살이 아공에 의하여 법계를 본다. 그런데 법계를 온전하게 본 것이 아니고 비슷하게 본 것이기 때문에 "조금이나마"라고 말한다. "그 원력에 따라서 … 대원(大願)의 자재한 힘이 있기 때문이다"는 이타의 공덕을 나타낸다. "여덟 가지로 나타내어 중생을 이롭게 한다"는 『화엄경』에서 발심주를 찬탄한 내용과 같다. "악취에 물러나 떨어짐이 있다"는 경전의 내용은 실제 말하고자 하는 가르침이 아니라 방편의 가르침이다. 발심 보살은 그러한 말에 영원히 겁약함이 없다.

2) 이해하고 수행하여 발심하는 것〔해행발심(解行發心)〕

해행발심이란 10회향에 있으면서 겸하여 10행을 포함한다. 10행의 계위 가운데 법공을 잘 이'해'하고 법계를 수순하여 육바라밀행을 닦아서 육바라밀'행'이 무르익어 회향'심'을 일으켜['발'] 10회향 계위에 들어가기 때문에 해행발심이라고 한다.

이해하고 수행하여 발심하는 것[해행발심]에 대해 말해보자.

이는 더욱 뛰어나다는 것을 알아야 한다. 이 보살은 처음 정신 (正信)[발심주]으로부터 첫 번째 아승기겁(의 수행)이 가득 차려 하기 때문에 진여법에 대한 깊은 이해가 앞에 나타나서 닦는 바에 대해 모습[상(相)]을 떠난다.

법성의 체는 인색함과 탐냄이 없는 줄 알기 때문에 수순하여 보시바라밀[단바라밀]을 수행한다. 법성은 물들어 더럽혀짐이 없어 오욕(五欲)의 허물을 떠난 줄 알기 때문에 수순하여 지계 바라밀[시라바라밀]을 수행한다. 법성은 괴로움이 없어 성내고 괴로워함을 떠난 줄 알기 때문에 수순하여 인욕바라밀[찬제바 라밀]을 수행한다. 법성은 몸과 마음의 모습이 없어 게으름을 떠난 줄 알기 때문에 수순하여 정진바라밀[비리야바라밀]을 수 행한다. 법성은 항상 안정되어 그 체에는 산란함이 없는 줄 알 기 때문에 수순하여 선정바라밀[선바라밀]을 수행한다. 법성은 체가 밝아서 무명을 떠난 줄 알기 때문에 수순하여 반야바라밀 을 수행한다.

"첫 번째 아승기겁(의 수행)이 가득 차려 하기 때문에"란 십지보살 이전 일아승기겁이 가득 찼을 때이니 10회향에서 초지보살로 들어가기 직 전에 해당한다. 이때 "진여법에 대한 깊은 이해가 앞에 나타나서 닦은 바에 모든 상을 떠난다"고 하니 해행을 통해 얻은 발심[회향심]을 나타 낸다.

"법성의 체는 … 반야바라밀을 수행한다"는 발심이 의지하는 해 행을 말한다. 법이 공함을 잘 이'해'하고 육바라밀을 수'행'하여 회향'심'

을 '발'한다. 회향심을 일으킴으로써 10회향으로 나아간다. 그리고 일아
승기겁이 가득 찰 때 10지[초지]로 들어선다.

　　육바라밀은 이후 〈다섯 가지 수행[오행(五行)]〉에서 설명한다.
〈다섯 가지 수행〉에서 육바라밀 내용을 언급하기 때문이다.

3) 증득하여 발심하는 것〔증발심(證發心)〕

증발심이란 초지 이상 나아가 제10지까지 해당한다. 앞 이중(二重)의 유
사한 발심에 의거하여 법신을 '증'득하고 진'심'을 일으킨다[발].

● **증발심의 모습**

　　증득하여 발심하는 것[증발심]에 대해 말해보자.

　　정심지(淨心地)로부터 보살구경지에 이르기까지 어떤 경계를
증득하는가? 이른바 진여이다. 전식에 의거하여 경계라고 말
하지만 이 증득은 경계가 없고 오직 진여지(眞如智)뿐이므로
법신이라 이름한다. 이 보살은 일념 사이에 시방의 남김 없는
세계에 이르러 모든 부처님께 공양하여 법륜 굴리기를 청한
다. 오직 중생을 개도(開導)하여 이롭게 하기 위해서이지, 문자
[미묘한 말씀을 듣고자 함, 칭찬]를 위해서가 아니다. 혹은 단계[지
(地)]를 건너뛰어 빨리 정각을 이루는 것을 보인다. 겁약한 중
생을 위해서이다. 혹은 "나는 한량없는 아승기겁 동안 불도를
이룬다"고 말씀하신다. 게으르고 교만한 중생을 위해서이다.
이와 같이 불가사의한 무수한 방편을 보이지만, 실로 보살은

종성의 근이 동등하고, 발심이 곧 동등하고, 증득한 것도 역시 동등하여 벗어나는 경우는 없다. 모든 보살이 모두 다 삼아승 기겁을 거치기 때문이다. 다만 중생 세계가 같지 않고 보는 것 과 듣는 것에 대해 능력[근(根)]·바람[욕(欲)]·성품이 다름에 따라 수행을 보여주는 데도 차별이 있다.

정심지[초지]에서 보살구경지[제10지]까지 증득하는 경계는 진여라고 한다. 보통 능견(能見)의 작용이 있는 전식에 대해 대상을 경계라고 말한 다. 초지에서 제10지까지 일어난 지혜는 전식에 의해서만 진여를 증득 한다. 그래서 전식[능견(能見)]에 대해 임시로 경계[소견(所見)]라고 말하 지만, 바로 지혜에 나아가서는 능·소가 없다. 따라서 이 증득은 경계가 없다. "이 보살은 일념 사이에 … 수행을 보여주는 데도 차별이 있다"는 증발심의 공덕을 찬탄하는 내용이다.

> 또 이 보살이 발심하는 모습에는 세 가지 마음의 미세한 모습
> 이 있다.
> 세 가지는 무엇인가?
> 첫째, 진심(眞心)이다. 분별이 없기 때문이다.
> 둘째, 방편심(方便心)이다. 자연스럽게 두루 행하여 중생을 이
> 롭게 하기 때문이다.
> 셋째, 업식심(業識心)이다. 미세하게 일어나고 사라지기 때문
> 이다.

진심은 무분별지[근본지]를 말하고, 방편심은 무분별후득지[방편지]를 말한다. 업식심은 무분별지와 무분별후득지가 의지하는 아려야식이다. 물론 사실 전식과 현식도 있지만 근본의 미세한 모습[업식]만 언급하였다. 그런데 이 업식은 발심의 공덕이 아니다. 두 가지 지혜가 일어날 때 불지(佛地)의 깨끗한 덕과 달리 미세하게 생멸하는 이러한 허물[업식심]이 있어 합하여 발심의 모습으로 말할 뿐이다.

● 증발심 공덕의 작용

그렇다면 증발심의 공덕이 원만하게 되었을 때 어떠한 작용으로 드러나는가.

> 또 이 보살은 공덕이 다 이루어져 색구경처에서 모든 세간 가운데 가장 높고 큰 몸을 보인다. 이른바 일념 상응의 지혜로써 무명이 단박에 없어지니 일체종지(一切種智)라 이름한다. 자연스럽게 불가사의한 작용[부사의업(不思議業)]이 있어 시방에 나타내어 중생을 이롭게 한다.

공덕이 다 이루어졌다는 것은 제10지에서 인행(因行)[보살의 수행]이 다 이루어졌다는 말이다. 따라서 그 결과[과위]로 그 보살은 색구경처에서 성도한다. 이때 보신의 타수용신으로 모든 세간 가운데 가장 높고 큰 몸을 보인다. 보신을 자수용신과 타수용신으로 나눈다. 스스로 증득한 법락을 자기가 수용하는 불신을 자수용신이라 하고, 다른 이들이 그 법락을 수용하게 하고자 나타내는 불신을 타수용신이라고 한다. 이때 생주이멸의 일체 망념이 다 사라진다. 이 상태를 일념이라 한다. 일념은 시각이 마음의 근원에 이르러 본각과 일치한 상태이다. 일념이 본각과 계합하기에 '상응'이라 말한다. 일념상응혜는 일념시각이 본각심원에 계합하여 상응하는 지혜이다.

이러한 지혜로 무명이 단박에 없어지니 일체종지라 이름한다. 이로써 진심(眞心)이 완성되어 자리의 덕을 갖춘다. 그리고 일체종지가 원만하기 때문에 자연스럽게 부사의업으로 시방에 나투어 중생을 이롭게 한다. 이는 방편심의 완성으로 이타의 덕을 갖춘다. 중생계의 모습에 따라 공덕의 작용이 다함이 없으므로 부사의업(不思議業)이라 한다. 이와 같이 자리·이타의 원만이 바로 증발심의 공덕의 작용이다. 이를 완성하기 위해 가장 높고 큰 몸을 보인다.

● 일체종지에 대한 문답

묻는다.

"허공이 가없기 때문에 세계가 가없으며, 세계가 가없기 때문에 중생이 가없으며, 중생이 가없기 때문에 마음 작용[심행(心行)]의 차별도 또한 가없다. 이와 같은 경계는 한계 지을 수 없어서 알기 어렵고 이해하기 어렵다. 만약 무명이 끊어진다면 심상(心想)이 없는데, 어떻게 알기에 일체종지라 이름하는가?"

답한다.

"일체 경계는 본래 일심이라 상념을 떠난다. 중생은 경계를 헛되게 보기 때문에 마음에 한정됨이 있으며, 상념을 헛되게 일

으켜서 법성과 일치하지 않기 때문에 분명히 알지 못한다. 모
든 부처님께서는 망견·망상을 떠나서 두루 하지 않는 것이 없
다. 마음이 진실하기 때문에 곧 이것이 모든 법의 본성이다. 자
체로 일체 망법을 환하게 비춘다. (이것이 대지혜의 작용이다.) 대
지혜의 작용이 있어서 무량한 방편으로 모든 중생이 응당 이해
할 바를 따라서 여러 가지 법의(法義)를 모두 열어 보인다. 그러
므로 일체종지라 이름한다."

'심상이 다하여 무념이 되면 생각이 없다는 말인데, 어떻게 사물을 알 수
있기에 일체를 아는 일체종지라고 이름하는가?'라는 질문이다. 답변은
이렇다. 일체 경계는 본래 일심이라 상념을 떠난다. 중생은 그릇되고 경
계를 보기 때문에 분명히 알지 못한다. 즉, 보는 바가 있기 때문에 보지
못하는 바가 있다. 반면에 모든 부처님께서는 망견·망상을 떠나 두루
하지 않는 것이 없다. 즉, 보는 바가 없기 때문에 보지 못하는 바가 없다.
부처님의 마음은 망상을 떠나 일심을 바탕으로 한다. 망상을 떠났기 때
문에 마음이 진실하고, 일심을 바탕으로 하기 때문에 모든 법의 본성이
다. 이 마음이 모든 망법의 체이므로 망법을 환하게 비춘다. 따라서 보는
바가 없기 때문에 보지 못하는 바가 없다. 따라서 일체종지라 이름한다.

● **부사의업에 대한 문답**

또 묻는다.
"만약 모든 부처님께서 자연업이 있어서 모든 곳에 나타나 중

생을 이롭게 한다면, 일체중생이 혹은 그 부처님의 몸을 보거나 혹은 신비한 변화를 보거나 혹은 그 말씀을 들어 이익이 있어야 한다. 그런데 어찌하여 세간에는 보지 못하는 이가 많은가?"

답한다.

"모든 부처님의 법신은 평등하게 모든 곳에 두루 하다. 의도하지[작의(作意)] 않기에 자연(自然)이라 한다. 다만 중생심에 (의거하여) 나타난다. 중생심이란 마치 거울과 같다. 거울에 만약 때가 있으면, 색상이 나타나지 않는다. 이와 같이 중생심에 만약 때가 있으면 법신이 나타나지 않기 때문이다."

이 문답은 앞서 진여훈습의 문답과 비슷하다. 가령 '만일 모든 중생에게 모두 진여가 있어서 똑같이 훈습해야 한다. 어찌하여 믿음이 있기도 하고 믿음이 없기도 하여 한없는 전후의 차별이 있는가?'라는 질문에, 진여와 대비되는 무명과 관련하여 '진여는 본래 하나이지만, 무명의 두터움과 얇음이 같지 않기에 차별이 있다'고 답한다.

여기서는 '부처님이 중생을 이롭게 하고자 몸을 나투시는데, 왜 보는 이가 있고 보지 못하는 이가 있는가'라는 물음에 '근기가 익고 익지 않음에 차이가 난다'는 취지로 답변한다. 논에서 '때'는 '번뇌'가 아니라 '근기가 익지 않음'을 뜻한다. 번뇌가 있어도 부처님을 볼 수 있다. 부처님이 세상에 계실 때에도 중생이 발심하더라도 번뇌가 없는 것은 아니다. 가령 부처님을 등진 제바달다도 부처님을 보았다.

13. 신심을 닦아가는 부분[수행신심분(修行信心分)]

이미 '논의 주제를 해석하는 부분[해석분]'을 설명하였다. 다음에는 '신심을 닦아가는 부분[수행신심분]'을 설명한다. 이 가운데 아직 정정취(正定聚)에 들어가지 못한 중생에 의거하기 때문에 '신심을 닦아 감'을 말한다.

어떠한 신심이며, 어떻게 수행하는가?

이전까지 일심(一心) 이문(二門) 삼대(三大)를 설명하였고, 이제 사신(四信)과 오행(五行)을 설명한다.

앞에서 신성취발심에서는 부정취중생에 의한다고 말하고, 여기서는 아직 정정취에 들어가지 못한 중생에 의한다고 말하였다. 이 또한 부정취이다. 부정취 내에 열등한 이와 수승한 이가 있다. 수승한 이는 더욱 도에 나아가고, 열등한 이는 퇴전할 수 있다. 앞에서는 수승한 이를 위해 분별발취도상을 말하였다. 지금은 열등한 이를 위해 믿음을 닦을 것을 말한다. 이른바 네 가지 신심[사신]과 다섯 가지 행[오행] 등으로 열등한 이가 믿음을 닦아 성취되면 다시 앞의 발심에 의해 도에 나아간다. 그러므로 앞의 해석분 가운데 분별발취도상과 지금 수행신심분에서 글의 의도는 다르지만 도에 나아가는 도리는 다르지 않다.

1) 네 가지 믿음[사신(四信)]

신심은 대략 말하자면 네 가지가 있다.

네 가지는 무엇인가?

첫째, 근본을 믿는다. 이른바 진여법을 즐겁게 생각하기 때문이다.

둘째, 부처님에게 한량없는 공덕이 있다고 믿는다. 항상 생각하여, 부처님을 가까이하고 공양하고 공경하여, 선근을 일으켜 일체지(一切智)를 구하고자 하기 때문이다.

셋째, 가르침에 큰 이익이 있음을 믿는다. 항상 생각하여, 모든 바라밀을 수행하기 때문이다.

넷째, 승가는 바르게 수행하여 자신도 이롭고 남도 이롭게 한다[자리이타]고 믿는다. 항상 즐겁게 모든 보살을 가까이 하여 여실한 수행을 배우고자 하기 때문이다.

이와 같이 논에서는 네 가지 믿음[사신(四信)]을 간단하게 언급하고 있다. '믿음은 도의 근본이고 공덕의 어머니'(『화엄경』)라고 할 정도로 믿음은 수행에 있어 근본이 된다. 부처님께서는 믿음을 손으로도 비유하셨다. '마치 손이 있는 사람은 보배산에 들어가서 마음대로 보물을 취하는 것과 같이, 믿음이 있는 이는 불법(佛法)의 보배산에 들어가서 마음대로 취한다. 믿음이 없는 이는 마치 손이 없는 것과 같나니, 손이 없는 이는 보배산에 들어가도 아무것도 취하는 것이 없는 것과 같이, 믿음이 없는 이는 불법의 보배산에 들어가도 아무것도 얻을 것이 없다.' (『대승본생심지관경』)

또한 믿음은 맹신이 아니다. 믿음과 맹신을 구별하기 위한 중요한 내용이 바로 지혜이다. '만일 사람이 신심은 있으나 지혜가 없으면 이 사람은 무명을 키우고, 지혜는 있으나 신심이 없으면 이 사람은 그릇된 소견을 키우게 된다.'(『열반경』)

『대승기신론』에서는 근본과 불법승 삼보 넷을 믿음의 대상으로 한다. 그중에 "첫째 근본을 믿는다"에서 근본은 진여법을 말한다. 진여법은 모든 부처님께서 귀의할 대상이며, 모든 행동의 근원이기 때문이다. 근본을 믿는 것뿐만 아니라 삼보 역시 믿는 이유를 언급하여 맹신과 구분한다. 그리고 "일체지를 구하고자", "모든 바라밀을 수행하기", "여실한 수행을 배우고자" 등 수행을 언급하고 있다.

2) 다섯 가지 수행[오행(五行)]

수행에 다섯 가지 방편[문(門)]이 있어 이러한 믿음을 이룬다.
다섯 가지는 무엇인가?
첫째 보시문, 둘째 지계문, 셋째 인욕문, 넷째 정진문, 다섯째
지관문이다.

다섯 가지 수행[오행(五行)]은 육바라밀에 해당한다. 선정과 반야를 합하여 지관문으로 한다. 그러므로 육바라밀에 대해 간단하게 살펴보고 이후 논에서 언급하는 내용을 보기로 한다.

육바라밀은 대승 보살들의 실천 덕목으로서 보시(布施)·지계(持戒)·인욕(忍辱)·정진(精進)·선정(禪定)·반야(般若) 등의 바라밀을 말한다. 바라밀은 보통 '미혹의 이 언덕에서 깨달음의 저 언덕에 이르다[건너다]'라는 뜻으로 도피안(到彼岸), 도(度) 등으로 번역한다. 또는 완성, 성

취, 최상 등으로 풀이한다. 육바라밀을 이루는 실천 덕목은 어떤 의미가 있는지 살펴보자.

보시바라밀: '단(檀)바라밀' 또는 '단나(檀那)바라밀'이라 음역한다. 아무런 조건 없이 주고, 즉 보수를 바라지 않고 봉사하여 모든 이에게 기쁨과 평화를 주며, 즐거움을 주는 것을 말한다. 굶주린 사람에게 먹을 것을 주고 헐벗은 사람에게 입을 것을 주며[재보시(財布施)], 진리를 알지 못하는 사람에게 법을 전하고[법보시(法布施)], 두려워하는 사람에게 용기와 위안을 준다[무외시(無畏施)].

지계바라밀: '시라(尸羅)바라밀'이라 음역한다. 계를 잘 지니는 것을 말한다. 스스로 자기 자신의 그릇됨을 고치고, 남을 보호하며, 적은 것에 만족하고, 착한 것을 권장하고 악한 것을 싫어하며, 옳지 않은 것을 막고 옳은 것을 실천한다.

인욕바라밀: '찬제(羼提)바라밀'이라 음역한다. 참기 어려운 일을 참고 욕된 일을 당하여서도 스스로 성냄을 참고, 남을 이해하고 용서하고 사랑하며, 자신의 이익이나 명예에 집착하지 않고, 원망하지 않는 무아행(無我行)을 말한다.

정진바라밀: '비리야(毘梨耶)바라밀'이라 음역한다. 한결같은 마음으로 정성을 다해 끊임없이 계속하는 줄기찬 노력이며, 게으름과 방일에 물들지 않는 생활을 말한다.

선정바라밀: '선나(禪那)바라밀'이라 음역한다. 모든 헛된 생각을 버리고 마음을 고요히 한 곳에 집중하는 것을 말한다. 번뇌 망상으로 인하여 생겨나는 번거롭고 소란한 마음을 진정시켜 정신을 통일하는 것으로, 정

(定) 또는 삼매(三昧)라고 한다.

반야바라밀: '지혜바라밀'이라고도 한다. 반야는 진리를 직관하는 지혜이다. 이 지혜는 경험이나 사색을 통해 얻는 지식과 다르다. 모든 분별을 떠난 무분별지이고, 진리의 세계, 만물의 참모습을 환히 비추어 보는 지혜이다. 이때 세속의 차별상을 살피는 방편지로서 무분별후득지도 포함한다.

(1) 네 가지 수행

우선 다섯 가지 수행 가운데 네 가지 수행인 보시·지계·인욕·정진을 살펴본다. 앞에서 설명한 육바라밀과 지금 논에서 언급하는 내용을 보면 쉽게 이해할 수 있다.

어떻게 보시문[시문(施門)]을 수행하는가?

만약 와서 구하는 이들을 보게 되면 가지고 있는 재물을 힘닿는 대로 줌으로써 스스로 인색과 탐욕을 버리고 그들로 하여금 기쁘게 한다. 만약 재난·공포·핍박을 받는 사람을 보게 되면 자기가 감당할 수 있는 능력에 따라 두려움을 없애준다. 만약 와서 법을 구하는 중생이 있으면 자기가 아는 대로 방편으로 설명한다. 명예·이익·공경을 탐내지 않고, 오직 자리이타를 생각하여 보리에 회향하기 때문이다.

어떻게 지계문[계문(戒門)]을 수행하는가?

이른바 살생하지 않고, 도둑질하지 않고, 음행하지 않고, 이간질[양설(兩舌)] 하지 않고, 험한 말[악구(惡口)] 하지 않고, 거짓말

[망언(妄言)]하지 않고, 번지르르한 말[기어(綺語)] 하지 않고, 탐욕·질투·속임수·아첨·성냄·사견을 멀리 떠난다. 만약 출가한 자라면 번뇌를 꺾어 누르기 위해 응당 시끄러운 곳을 멀리 떠나고 항상 고요한 곳에 거처하여 소욕(少欲)과 지족(知足)과 두타(頭陀) 등의 수행을 닦는다. 나아가 작은 죄라도 마음에 두려움을 내어 부끄러워하고 뉘우쳐서 여래께서 제정한 금하는 계율[금계(禁戒)]을 가벼이 여기지 않는다. 마땅히 다른 사람이 비웃고 싫어할 만한 일을 하지 않도록 스스로 잘 지켜서 중생으로 하여금 망령되이 (삼보를 비방하는) 허물을 일으키지 않게 해야 하기 때문이다.

어떻게 인욕문[인문(忍門)]을 수행하는가?

이른바 응당 다른 사람이 괴롭히는 것을 참고 마음에 보복을 품지 않는다. 마땅히 이익과 손해, 비방과 칭송, 칭찬과 질책, 괴로움과 즐거움 등의 법을 역시 마땅히 참아야 하기 때문이다.

어떻게 정진문[진문(進門)]을 수행하는가?

이른바 모든 선한 일에 마음이 게으르거나 물러나지 않는다. 굳세고 강하게 뜻을 세워 겁약을 멀리 떠난다. 과거 먼 때로부터 일체 몸과 마음의 큰 고통을 받아 아무런 이익이 없음을 마땅히 생각한다. 그러므로 응당 모든 공덕을 부지런히 닦아 자리이타하여 온갖 괴로움을 떠난다.

또한 혹은 어떤 사람이 비록 신심(信心)을 수행해도 이전 생으로부터 중죄와 악업의 장애가 많기 때문에 삿된 마구니와 여러 귀신에게 괴롭힘을 당하거나, 혹은 세간의 일로 여러 가지로 얽매이거나, 혹은 병고(病苦) 때문에 괴로움을 당하는 등, 이와 같은 많은 장애가 있다. 그러므로 응당 용맹하게 정근하여 밤 낮으로 여섯 차례 모든 부처님께 예배하면서 성심으로 참회하고 권청하고 수회하고 보리에 회향하기를 항상 그치지 않아야 한다. (이렇게 하면) 모든 장애를 벗어나고 선근이 증장하기 때문이다.

"또한 혹은 어떤 사람이" 이하 글을 정진의 내용으로 보기도 하고, 앞의 네 가지 수행에 대한 장애를 제거하는 방편으로 보기도 한다. 원효 스님은 후자로 본다.

(2) 지관문(止觀門)

선정바라밀에서 '선정'은 모든 헛된 생각을 버린다[그친다]는 측면에서 지(止)[사마타]로서, 반야바라밀에서 '반야'는 직관하는 지혜라는 측면에서 관(觀)[비발사나]으로서 합하여 지관문을 세운다.

어떻게 지관문을 수행하는가?
이른바 지(止)라 하는 것은, 일체 경계상을 그치는 것이다. 사마타관을 따르는[수순(隨順)] 뜻이기 때문이다.
이른바 관(觀)이라 하는 것은, 이른바 인연생멸상을 분별하는 것이다. 비발사나관을 따르는 뜻이기 때문이다.
어떻게 수순하는가?
이 두 가지[사마타관·비발사나관] 뜻으로써 점점 닦아 서로 여의

지 않아서 쌍으로 눈앞에 나타나기 때문이다.

지(止)는 범어 사마타(śamatha)의 의역이다. 일체 경계상을 멈춘다는 의미에서 '지'라 한다. 관(觀)은 범어 비발사나(vipaśayanā)의 의역이다. 오늘날 비파사나 또는 위빠사나 등으로 발음한다. 생멸상을 관찰한다는 의미에서 '관'이라 한다.

수행자가 앞서 분별을 통해 바깥 경계를 짓다가 이제 지혜로써 바깥 경계상을 없앤다. 경계상이 이미 그치면 분별할 것이 없기 때문에 '지(止)'라 한다. 생멸문에 의거하여 모든 법상을 관찰하기 때문에 분별한다고 하며 이를 관(觀)이라고 한다. 말하자면 진여문에 의해 모든 경계상을 그치기 때문에 분별할 것이 없다. 곧 무분별지를 이룬다. 생멸문에 의거하여 모든 상을 분별한다. 곧 무분별후득지를 이룬다.

논에서 '사마타관' '비발사나관'이라고 한역한 이유는 방편과 정관(正觀)을 구별하기 위해서 정관일 경우에는 그대로 범어를 두었다. 모두 번역한다면 지관, 관관이라고 해야 한다. 그런데 지와 관이 쌍으로 작용할 때가 곧 정관임을 나타내고자 사마타관, 비발사나관이라 말한다. 지, 관은 방편이다. 방편에 있을 때는 지는 모든 경계상을 그쳐 정관의 지를 따르기 때문에 "사마타관[지관]에 따르는 뜻"이라고 하고, 관은 또 인연생멸상을 분별하여 정관의 관을 따르기 때문에 "비발사나관[관관]에 따르는 뜻"이라고 한다.

그렇다면 어떻게 따르는가[수순하는가]. 사마타관과 바발사나관의 뜻으로써 지와 관[방편]을 점점 닦아서 서로 떠나지 않아서 지와 관이 쌍[정관]으로 눈앞에 나타난다.

모습[상]에 따르면 정(定)[선정]을 지라 하고, 혜(慧)[반야]를 관이라 하지만, 사실 정도 지·관에 통하고 혜도 지·관에 통한다. 어느 하나가 없으면 지도 아니고 관도 아니다. 단지 어떤 특성[상]이 강조되는가에 따라 지 또는 관이라 이름할 뿐이다.

① 지(止) 수행

● 지(止)를 닦는 차례

만약 지(止)를 닦는다면, 고요한 곳에 머물러 단정하게 앉아서 뜻[목적]을 바르게 해야 한다. 호흡에 의거하지 않고, 형색에 의거하지 않고, 공에 의거하지 않고, 지수화풍에 의거하지 않고, 나아가 견문각지(見聞覺知)[분별]에 의거하지 않는다〈내주(內住)〉. 일체 모든 상념을 생각마다 모두 제거한다〈등주(等住)〉. 또한 제거한다는 생각마저도 버린다〈안주(安住)〉. 일체법은 본래 모습이 없기 때문에 한순간도 생겨나지도 않고 한순간도 사라지지 않는다〈근주(近住)〉. 또한 마음을 따라서 밖으로 경계를 생각하지 않는다〈조순(調順)〉. 그 후 마음으로 마음을 제거한다〈적정(寂靜)〉. 만약 마음이 치달려 흩어지면 곧 거두어 정념(正念)에 머물게 해야 한다. 이 정념이란 오직 마음뿐이고 바깥 경계가 없음을 알아야 한다. 곧 또한 이 마음도 역시 자상이 없어서 한순간도 얻을 수 없다〈최극적정〉. 만약 자리로부터 일어나 가거나 오거나 나아가거나 머무는 등의 행위가 있더라도 언제나 항상 방편을 생각하여 수순하고 관찰하여 오래 익혀 익숙하게 되면 그 마음이 머물게 된다〈전주일취(專住一趣)〉. 그 마음이 머물기 때문에 점점 예리해져서 진여삼매에 수순하여 들어가게 된다 〈등지(等持)〉. 번뇌를 깊이 조복하고 신심이 증장하여 속히 불퇴 전의 경지를 이룬다. 오직 의혹·불신·비방·중죄업장·아만이 있고 게으른 사람은 제외한다. 이러한 사람들은 들어갈 수 없다.

지(止)는 범어 사마타의 의역이다. 일체 경계상을 멈춘다는 의미에서 '지'라 한다.

먼저 지를 닦고자 한다면 다섯 가지 조건을 갖춰야 한다. 첫째, 고요한 곳에 머문다. 둘째, 지계가 청정해야 한다. 셋째, 옷과 먹을 것을 갖춰야 한다. 넷째, 선지식이 있어야 한다. 다섯째, 경계를 반연하는[생각하는] 일을 쉬어야 한다. 논에서는 간략하게 첫째 "고요한 곳"만 말하였다. "단정하게 앉아서"는 몸을 고르게 함[조신(調身)]을 나타낸다. "뜻[목적] 을 바르게 해야 한다"는 마음을 고르게 함[조심(調心)]을 나타낸다. 말세 수행자 가운데 바르게 원하는 이는 적고 그릇되게 구하는 이는 많다. 명 예와 이익을 위하는 이들이다. 고요한 모습을 나타내지만 헛되이 세월 을 보내어 정(定)을 얻을 수 없다. 이러한 그릇되게 구하는 것을 떠나야 하기 때문에 "뜻을 바르게 해야 한다"라고 한다. 또한 정심(定心)이 이치 와 상응하여 자신도 제도하고 다른 이도 제도하며 위없는 도에 이르려 고 하기 때문에 "뜻을 바르게 한다"고 한다.

"견문각지(見聞覺知)"는 '보고 듣고 깨달아 안다'는 뜻이 아니다. '눈으로 보고[견], 귀로 듣고 코로 냄새를 맡고[문], 혀로 맛을 보고 몸으 로 느끼고[각], 마음으로 안다[지]'는 뜻으로 분별을 뜻한다.

원효 스님은 『유가사지론』 「성문지」에 언급된 아홉 가지 심주(心住)로 지 수행을 설명한다. 아홉 가지 심주는 선정을 닦을 때 마음을 한 군데 머물러 산란치 않게 하는[심일경성(心一境性)] 지의 수행이다. 즉, 바깥 경계에 의지하지 않는 내주(內住), 모든 치달리는 상(想)을 없애는 등주(等住), 없앴다는 생각도 없애는 안주(安住), 마음을 멀리 여의지 않고 머무는 근주(近住), 마음을 꺾어서 밖으로 흩어지지 않게 하는 조순(調順), 움직이는 마음이 일어나지 않는 적정(寂靜), 정념에 머무는 최극적정(最極寂靜), 마음을 전일하게 유지하는 전주일취(專住一趣), 진여삼매에 들어가는 등지(等持)이다. 위에 인용된 글 가운데 해당되는 내용 끝에 〈 〉로 나타내었다.

"번뇌를 깊이 조복하고 신심이 증장하여 속히 불퇴전의 경지를 이룬다"는 진여삼매의 작용을 말한다.

● **지(止) 수행의 뛰어난 공덕**

다음은 지(止)를 닦은 결과로서 뛰어난 공덕을 말한다.

> 또한 이 삼매에 의거하기 때문에 곧 법계가 한 모습임[법계일상(法界一相)]을 안다. 이른바 일체 모든 부처님의 법신은 중생신(衆生身)과 평등하여 둘이 없다. 곧 일행삼매(一行三昧)라 이름한다. 마땅히 알라. 진여가 곧 삼매의 근본이다. 만일 누구든지 (이 삼매를) 수행하면 점점 무량한 삼매를 낸다.

앞의 진여삼매에 의해 일행삼매 등 모든 삼매를 낼 수 있다. 『문수반야경』에 의하면, 법계는 하나의 모습[일상(一相)]인데, 법계를 반연함을 일행삼매라 한다. 일행삼매에 들어간 이는 갠지스강의 모래수처럼 많은 부처님의 법계에 차별상이 없음을 다 안다. 만약 일행삼매를 얻으면 모든 경전의 법문을 하나하나 분별하여 모두 다 분명히 알아 결코 걸림이 없다. 밤낮으로 항상 설법하여도 지혜와 변재(辯才)가 결코 끊어지지 않는다. 다문제일 아난존자의 다문과 변재조차 이 사람의 다문과 변재에 백천 분의 일에도 미치지 못한다.

● 지(止) 수행 중에 일어나는 장애

수행 도중 눈 앞에 펼쳐진 상황을 보고 어리석은 판단을 한다. 역경계를 만나서 도중에 포기하거나, 순경계를 만나서 그것에 빠진다. 역경계(逆境界)란 자신에게 거스르는 상황을 말하고, 순경계(順境界)는 자신에게 맞거나 이로운 상황을 말한다. 모두 마장(魔障)이다. 그런데 역경계보다 더 위험한 것이 순경계이다. 역경계는 본인이 이것을 극복해야 된다고 알거나 그것으로부터 벗어나려고 노력을 한다. 그러나 순경계는 그와 다르다. 수행 도중 이러한 현상들이 일어나는데, 이때 이러한 순경계가 이익되는 줄 알고 수행은 어디로 가고 그 현상들을 쫓아다니기에 바쁘다. 우선 지(止) 수행 도중 일어나는 장애에 대해 논에서 다음과 같이 언급한다.

우선 장애를 대략 밝힌다.

혹 어떤 중생이 선근의 힘이 없으면 모든 마구니와 외도와 귀신에 의해 미혹되어 어지럽게 된다. 만약 좌선 중에 어떤 형체를 나타내어 공포를 일으키거나, 혹은 단정한 남녀 등의 모습을 나타낼 경우, 오직 마음뿐임을 생각해야 한다. 그렇게 되면 경계가 곧 사라져 끝내 괴롭히지 못한다.

그리고 장애를 구체적으로 밝힌다.

혹은 천상(天像)과 보살상을 나타내거나, 또한 상호를 갖춘 여래상을 짓는다. 혹은 다라니를 말하고, 혹은 보시·지계·인욕·정진·선정·지혜를 말하며, 혹은 평등하고 공하고 모습 없고 [무상(無相)] 원함 없고[무원(無願)] 원망 없고[무원(無怨)] 사랑 없고[무친(無親)] 원인 없고[무인(無因)] 결과 없어[무과(無果)] 필경 공적함이 참된 열반이라고 말한다. 혹은 사람들에게 전생인 과거 일을 알게 하고, 또한 미래 일도 알게 하고, 타심지를 얻게 한다. 말하는 재주[변재(辯才)]가 막힘이 없어서 중생들로 하여금 세간의 명예나 이익의 일에 탐착하게 한다. 또 사람들로 하여금 자주 화내고 자주 기뻐하게 하여 성품에 일정한 기준이 없게 한다. 혹은 따뜻한 마음이 많게 하고, 잠이 많고 병이 많아서 그 마음이 게으르게 한다. 혹은 갑자기 정진하다가 뒤에 곧 그만두어 불신하는 마음을 내어 의심이 많고 염려가 많게 한다. 혹은 본래의 뛰어난 수행을 버리고 다시 잡스런 업을 닦게 하며, 혹은 세속의 일에 집착하여 갖가지로 얽매이게 한다. 또한 사람으로 하여금 (진여삼매와) 조금 비슷한 여러 삼매를 얻게 한다. 모두 외도에 의해 얻어진 것이지 참다운 삼매가 아니다. 혹은 또한 사람들로 하여금 혹은 하루, 혹은 이틀, 혹은

사흘 내지 이레를 선정 가운데 머물면서 자연스럽게 맛 나는
음식을 얻고 몸과 마음이 상쾌하여 배가 고프지도 않고 목이
마르지도 않게 하여 그것[선정]에 애착하게 한다. 혹은 사람들
로 하여금 음식에 일정한 한계가 없게 하여 잠깐 많이 먹다가
잠깐 적게 먹게 하고, 안색을 바뀌게 한다.

● 장애를 다스리는 방법

이러한 장애를 다스리는 방법은 위 '장애를 대략 밝힌' 내용에서 언급한
바와 같이 "오직 마음뿐임을 생각해야 한다. 그렇게 되면 경계가 곧 사
라져 끝내 괴롭히지 못한다." 그러나 순경계에 빠져 그것을 다스리기 쉽
지 않다. 그렇다고 눈에 보이는 현상들이 다 그릇된 것은 아니다. 이에
대한 원효 스님의 문답을 정리해 본다.

〈문〉 보살 형상 등을 보는 것은 혹은 숙세의 선근에 의해 일어나기도 한
　　　다. 이 경우와 마구니 등에 의해 일어난 경우를 어떻게 구분하여 판
　　　단하는가?

〈답〉 실로 이런 일이 있으니 신중해야 한다. 그릇된 경우와 바른 경우[사정
　　　(邪正)]를 구분하기 어렵지만, 세 가지 방법으로 시험해보면 알 수
　　　있다.

　　　첫째, 정(定)으로 연마한다. 정심(定心)에 들어가 경계상 가운데 취
　　　하지도 않고 버리지도 않으며 다만 평등하게 정에 머문다. 만약 이
　　　것이 선근(善根)에서 나온 것이라면 선정의 힘이 더욱 깊어져서 선
　　　근이 더욱 일어난다. 만약 마구니 짓이라면 오래지 않아 그 경계가

저절로 무너진다.

둘째, 본래 닦던 수행으로 다스린다. 본래 닦던 수행을 계속 닦아갈 때 경계가 더욱 밝아지면 거짓이 아니고, 점점 경계가 무너진다면 거짓이다.

셋째, 지혜로 관찰한다. 나타난 모습을 관찰하여 근원을 찾아서, 생겨나는 곳을 보지 못하고 공적함을 깊이 알아서 마음이 머물러 집착하지 않으면, 그릇된 것은 마땅히 스스로 사라지고 바른 것은 스스로 나타난다.

장애를 다스리는 방법에 대해 논에서는 다음과 같이 설명한다.

> 이러한 의미 때문에 수행하는 이는 항상 지혜로써 관찰하여 이 마음을 그릇된 그물에 떨어지지 않게 해야 한다. 부지런히 정념(正念)하여 취하지도 않고 집착하지 않으면 이러한 모든 업장을 멀리 떠날 수 있다.

"지혜로써 관찰하여"란 앞에서 말한, '셋째, 지혜로 관찰한다'에 해당한다. "부지런히 정념하여 취하지도 집착하지도 않으면"이란 '첫째, 정으로 연마한다'와 '둘째, 본래 닦던 수행으로 다스린다'를 통틀어 나타낸다. 만약 마음으로 취하거나 집착하면 곧 바른 것[正]을 버리고 그릇된 것[邪]을 이룬다. 만약 취하거나 집착하지 않으면 정을 나타낸다. 따라서 사정(邪正)의 구분은 집착하는가, 집착하지 않는가 하는 집착 여부에 있다. 집착하지 않는 자는 어떤 장애이든 멀리 떠날 수 있다.

● 외도 삼매와 진여삼매의 차이

응당 알라. 외도에게 있는 삼매는 모두 (아)견·(아)애·아만의 마음을 여의지 못한다. 세간의 명예와 이익과 공경을 탐착하기 때문이다. 진여삼매란 보는 모습에 머물지 않고 얻는 모습에도 머물지 않으며 나아가 선정에서 벗어난 때[출정(出定)]에도 게으름과 거만함이 없어서 번뇌가 점점 엷어진다. 만약 모든 범부가 이 (진여)삼매법을 닦지 않으면 여래종성에 들어갈 수 있는, 그러한 일은 없다. (왜냐하면) 세간의 모든 선정 삼매를 닦으면 흔히 (거기에) 맛 들어 집착한다. 아견에 의해 삼계에 얽매여 외도의 선정과 함께하는데, 만약 선지식의 보호를 떠나면 외도의 견해를 일으키기 때문이다.

수행자는 진여삼매를 닦아야만 비로소 여래종성의 불퇴위에 들어간다. 이밖에는 들어갈 방법은 없다. 이밖에는 불퇴위에 들어갈 방법이 없기 때문에 "만약 모든 범부가 이 (진여)삼매법을 닦지 않으면 여래종성에 들어갈 수 있는, 그러한 일은 없다"고 하였다. "세간의 모든 선정 삼매"는 부정관(不淨觀)과 수식관(數息觀) 등을 말한다. 만약 진여삼매에 의거하지 않고 이러한 삼매만을 닦는다면 들어가는 경계에 집착하기 때문에 삼계에 얽혀 외도와 같이하게 된다.

● 지(止) 수행의 열 가지 현세 이익

이 삼매를 닦는 후세의 이익은 자세히 진술할 수 없기 때문에 여기서 현세의 이익만을 대략 나타낸다.

또한 부지런히 정진하여 전념으로 이 삼매를 닦는 이는 현세에서 열 가지 이익을 얻는다.

열 가지는 무엇인가?

첫째, 항상 시방 모든 불보살님의 보호를 받는다.

둘째, 모든 마구니와 악귀에 의한 공포를 받지 않는다.

셋째, 아흔다섯 가지 외도와 귀신에 의해 미혹되거나 혼란스럽게 되지 않는다.

넷째, 매우 깊은 법에 대한 비방에서 멀리 떠나 중죄의 업장이 점점 엷어진다.

다섯째, 일체 의심과 모든 나쁜 생각[각관(覺觀)]을 없앤다.

여섯째, 여래의 경계에 대한 믿음이 커진다.

일곱째, 근심과 후회를 멀리 떠나 생사 가운데 용맹하여 겁내지 않는다.

여덟째, 그 마음이 부드럽고 온화하여 교만을 버려서 다른 사람으로부터 괴롭힘을 받지 않는다.

아홉째, 비록 선정을 얻지 못했다 하더라도 언제나 모든 경계처에 대하여 번뇌를 줄여서 세간을 즐기지 않는다.

열째, 만일 삼매를 얻으면 바깥 대상[외연(外緣)]의 모든 소리에 놀라지 않는다.

② 관(觀) 수행

관(觀)은 범어 비발사나[비파사나, 위빠사나]의 의역이다. 인연생멸상을 관찰한다는 의미에서 '관'이라 한다. 이러한 관 수행 방법에는 네 가지가 있다. 첫째, 법상관(法相觀)이다. 무상(無常), 고(苦), 유전(流轉), 부정(不淨)을 관한다. 둘째, 대비관(大悲觀)이고, 셋째, 서원관(誓願觀)이고, 넷째는 정진관(精進觀)이다. 대비관, 서원관, 정진관에 대한 의미는 알기 쉽고, 아래 논의 글에서 간단하게 설명하므로 해당 글 앞에 〈 〉로 나타낸다.

> 또한 만약 어떤 사람이 오직 지(止)만을 닦으면 곧 마음이 가라앉거나 혹은 게을러지거나 해서 여러 선한 일을 즐기지 않고 대비를 멀리 떠나게 된다. 그러므로 관(觀)을 닦는다.
>
> 〈법상관〉 관(觀)을 닦아 익히는 이는 '일체 세간의 유위법은 오래 머물지 않고 잠깐 동안에 변하여 없어지며 모든 마음의 작용은 찰나찰나 생멸하기 때문에 괴로움[고(苦)]이다'라고 마땅히 살펴야 한다. '과거 생각했던 모든 법은 흐릿하여 분명치 않아서 꿈과 같다'고 살펴야 하며, '현재 생각하는 모든 법은 번개와 같다'고 살펴야 하며, '미래 생각할 모든 법은 구름과 같이 갑자기 일어난다'고 살펴야 한다. '세간의 모든 몸뚱이는 모두 다 깨끗하지 못하고 갖가지로 더러워서 즐거워할 것이 하나도 없다'고 살펴야 한다.
>
> 〈대비관〉 이와 같이 생각해야 한다. '일체중생은 시작 없는 때로부터 모두 무명이 훈습하기 때문에 마음을 생멸하게 한다. (그리하여) 이미 일체 몸과 마음의 큰 괴로움을 받았으며, 현재에

도 곧 한량없는 핍박이 있으며, 미래에 받을 괴로움도 한계가 없어서 버리기 어렵고 떠나기 어렵다. 그런데도 이를 깨닫지 못한다. 중생이 이처럼 매우 가엾구나.'

〈서원관〉 이러한 생각을 하고서 곧 용맹스럽게 대서원을 세워야 한다. '원컨대 제 마음이 분별을 떠나 시방에 두루 하여 일체 모든 선한 공덕을 수행하게 하며, 미래가 다하도록 한량없는 방편으로 고뇌하는 일체중생을 구제하여 열반·제일의락(第一義樂)을 얻게 하여 주소서.'

〈정진관〉 이러한 원을 일으키기 때문에 언제 어디서나 여러 선행을 자기 능력에 따라 버리지 않고 닦아서 마음에 게으름이 없다. 오직 앉을 때 지(止)에 전념하는 경우를 제외하고는 언제나 행해야 할 것과 행하지 말아야 할 것을 살펴야 한다.

마지막 "오직 앉을 때 … 살펴야 한다"는 문장은 관 수행을 권하는 글이다.

③ 지·관을 함께 닦음

걷거나 머물거나 눕거나 일어나거나 언제나 지관을 함께 수행해야 한다. 이른바 비록 모든 법의 자성은 생겨나지 않음을 생각하지만, 또한 곧 인연으로 화합한 선악의 업, 고락 등의 과보는 사라지지도 않고 무너지지도 않음을 생각한다. 비록 인연(화합)한 선악의 업보를 생각하지만 또한 곧 자성은 얻을 수 없음을 생각한다. 만약 지(止)를 닦으면, 세간에 대한 범부의 집착을 다스리고 이승의 겁약한 소견을 버릴 수 있다. 만약 관(觀)을 닦으면, 대비를 일으키지 않는 이승의 좁은 마음의 허물을 다스리고 선근을 닦지 않는 범부의 과오를 멀리 떠난다. 이러한 뜻에 의해 이 지·관 두 가지 방편은 함께 서로 도와 이뤄지며 서로 떨어질 수 없다. 만약 지·관이 갖춰지지 않으면 곧 보리의 도에 들어갈 수 없다.

지와 관은 함께 닦는 수행이다. 지라고 말하지만 관 수행도 함께 진행되며, 관 수행이라고 말하지만 지 수행도 함께 진행된다. 단지 어느 측면을 더 강조하고 부각하는가에 따라 지[사마타] 수행, 관[위빠사나] 수행이라고 말할 뿐이다.

"비록 모든 법의 자성은 생겨나지 않음을 생각하지만"은 비유(非有)의 측면에 의하여 지를 닦는 것이고, "또한 곧 인연으로 화합한 선악의 업, 고락 등의 과보는 사라지지도 않고 무너지지도 않음을 생각한다"는 비무(非無)의 측면에 의하여 관을 닦는 것이다. 이는 지를 버리지 않고 관을 닦는 것이다.

"비록 인연(화합)한 선악의 업보를 생각하지만"은 인연화합한 가명(假名)의 측면에 의하여 관을 닦는 것이고, "또한 곧 자성은 얻을 수 없음을 생각한다"는 실상(實相)의 측면에서 지를 닦는 것이다. 이는 관을 버리지 않고 지를 닦는 것이다.

"만약 지(止)를 닦으면, … 과오를 멀리 떠난다"는 장애를 다스리고 허물을 떠나는 것을 나타낸다. 즉, 만약 지를 닦으면, 범부의 집착을 다스리기 때문에 아집을 없애고, 이승의 겁약한 소견을 다스린다. 이승은 오음[오온]이 있다고 보아[법집] 그 고통을 두려워하기 때문이다. 만약 관(觀)을 닦으면, 이승의 좁은 마음의 허물을 다스려서 대비를 일으키고, 범부의 게으른 잘못을 다스린다. 범부는 무상(無常)을 보지 못하여 분발하여 도에 나아가기를 게을리하기 때문이다.

따라서 지·관 두 가지 방편으로 서로 보완하며 수행하여, 유(有)와 무(無), 가(假)와 실(實) 등 한 측면에 편중되지 않아야 하고, 범부와 이승에게 일어나기 쉬운 장애와 허물을 멀리 떠나야 한다. 지와 관은 떨어질 수 없다. 가령 새의 양 날개와 같고, 수레의 두 바퀴와 같다. 그러므로 만약 지·관이 갖춰지지 않으면 곧 보리의 도에 들어갈 수 없다.

3) 염불 수행

다음은 지금까지 언급한 다섯 가지 수행을 실천하기 힘든 이들을 위해 염불 수행을 권하는 내용이다. 일심(一心) 이문(二門) 삼대(三大) 사신(四信) 오행(五行)에 이어 육자(六字)[나무아미타불]에 해당한다. 육자염불이라고 한다.

> 또한 어떤 중생은 처음 이 법[오행]을 배워서 바른 믿음[정신(正信)]을 구하고자 하지만, 그 마음이 겁약하다. 따라서 이 사바세계에 머물면서 모든 부처님을 만나 친히 받들고 공양하지 못할까 스스로 두려워하고, '신심은 성취하기가 어렵다'고 두려워하며 말하니, 마음에 물러나고자 하는 자이다.
>
> (이러한 자는) 마땅히 알아야 한다. 여래께서는 뛰어난 방편이 있어 신심을 보호한다. 이른바 마음을 오로지 하여 부처님을

생각한 인연으로 원(願)에 따라 타방의 불국토에 태어나 항상 부처님을 친히 뵙고 영원히 악도를 떠난다. 가령 경전에서 말씀하셨다. "만약 어떤 사람이 서방극락세계의 아미타불을 오로지 생각하고 닦은 선근으로 회향하여 저 세계에 태어나기를 원한다면 곧 왕생하여 항상 부처님을 뵙기 때문에 끝내 물러남이 없다." 만약 그 부처님의 진여법신을 관하여 항상 부지런히 닦으면 끝내 왕생하여 정정취에 머물기 때문이다.

마음이 겁약한 이가 신심을 보호할 수 있는 뛰어난 방편이 있다. 바로 염불 수행이다. 이른바 염불 수행의 인연으로 원에 따라 타방의 불국토[극락]에 태어난다.

글에서 "만약 그 부처님의 진여법신을 관하여 항상 부지런히 닦으면 끝내 왕생하여"라고 하였다. 이는 10주 이상의 보살은 조금이나마 진여법신을 보기 때문에 끝내 왕생한다고 하였고, 초지 이상의 보살은 부처님의 진여법신을 틀림없이 보기 때문에 끝내 왕생한다고 하였다. 여기서는 10주 이상을 이야기하고자 하기에 "진여법신을 관하여"라고 하였다. 법신을 아직 보지 못했다고 해서 극락에 왕생할 수 없다는 말은 아니다.

14. 이익을 보여 수행을 권하는
부분〔권수이익분(勸修利益分)〕

이미 '신심을 닦아가는 부분〔수행신심분〕'을 설명하였다. 다음에
는 '이익을 보여 수행을 권하는 부분〔권수이익분〕'을 설명한다.
이와 같이 대승이라는 여러 부처님의 비밀스러운 가르침〔비장
(秘藏)〕을 내가 이미 모두 설명하였다.

『대승기신론』 본론 다섯 부분 가운데 마지막 부분〔제5장〕이다. 제5장은
크게 세 부분으로 나뉜다. 첫째, 이익을 들어 수행을 권하는 부분이고,
둘째, 불신(不信)의 과보를 보여 수행을 권하는 부분이고, 셋째, 삼세의
보살을 언급하며 수행을 권하는 부분이다. 특히 이익을 통해 수행을 권
하는 부분에 있어서는 문혜(聞慧), 사혜(思慧), 수혜(修慧)의 내용이 언급
된다. 문혜는 법문을 듣고서 얻는 지혜, 사혜는 들은 법문을 생각하여 얻
는 지혜, 수혜는 생각한 대로 수행해서 얻는 지혜이다. 그 해당되는 내용
앞에 〈 〉로 나타낸다.

● 이익을 들어 수행을 권함

만일 어떤 중생이 여래의 매우 깊은 경계에 대해 바른 믿음을
내어 비방을 멀리 떠나고 대승도에 들고자 한다면, 마땅히 이
논을 가지고 헤아리고〔사량(思量)〕 닦아 익혀라〔수습(修習)〕. 구
경에 무상도에 이를 수 있다.

〈문혜〉 만약 어떤 사람이 이 법을 듣고 나서 겁약한 마음을 내지 않으면, 마땅히 알라, 이 사람은 틀림없이 부처님의 종자를 이어서 반드시 모든 부처님으로부터 수기를 받게 된다.

〈사혜〉 가령 어떤 사람이 삼천대천세계에 가득한 중생을 교화하여 십선을 행하게 한다 하더라도, 어떤 사람이 한 번 식사하는 시간에 이 법을 바르게 생각하는 것만 못하다. 앞의 공덕보다 뛰어나서 비유할 수가 없다.

〈수혜〉 또한 만일 사람이 하룻낮 하룻밤 동안이라도 이 논을 받아 지녀서 관찰하고 수행한다면, 공덕은 한량없고 가없어서 이루 다 말할 수가 없다. 가령 시방의 일체 모든 부처님께서 각기 무량무변한 아승기겁 동안 그 공덕을 찬탄하더라도 또한 다할 수가 없다. 왜 그러한가? 이른바 법성의 공덕은 다함이 없기 때문이다. 이 사람의 공덕 역시 이와 같아서 한계가 없다.

● 불신(不信)의 과보를 보이고 수행을 권함

어떤 중생이 이 논에 대해 비방하고 불신하면, 죄의 과보로 무량겁을 지나도록 큰 고뇌를 받는다. 그러므로 중생은 다만 우러러 믿어야 하며, 비방해서는 안 된다. 스스로 깊이 해치고 또한 다른 사람도 해쳐서 일체 삼보 종자를 끊기 때문이다. 일체 여래께서 모두 이 법에 의해 열반을 얻기 때문이며, 일체 보살이 이로 인해 수행하여 부처님의 지혜에 들어가기 때문이다.

마땅히 알라. 과거의 보살도 이미 이 법에 의해 청정한 믿음을
이루었고, 현재의 보살도 이제 이 법에 의해 청정한 믿음을 이
루며, 미래의 보살도 이 법에 의해 청정한 믿음을 이룬다.
그러므로 중생은 (이 논을) 부지런히 닦고 배워야 한다.

15. 논을 설한 공덕을 중생에게 돌리다〔회향게〕

"대승의 믿음을 일으키는 법"에 대한 설명을 마치고 마지막을 회향게로
장엄한다. 회향이란 자신이 닦은 선근 공덕을 다른 중생에게 돌리거나,
또는 깨달음을 얻는 데 돌리는 것을 말한다. 따라서 마명 보살 또한 부처
님의 가르침을 전하고 그 공덕을 중생들에게 회향하며 논을 마친다.

아래 〈회향게〉 첫 구절 "모든 부처님의 매우 깊고 광대한 뜻"은
대승의 의미를 말한다. 이는 체대·상대·용대의 의미이다. 이러한 의미
를 이 논에서 다섯 분단[장]으로 구분하여 총지(總持)로 설명하였다. 이
는 〈회향게〉 두 번째 구절에 해당한다. 〈제1장 논을 지은 인연을 설명하
는 부분[인연분]〉에서 "어떤 중생은 반대로 광범위한 논에는 글이 많은
것을 번거롭게 여겨서 총지(總持)[요약, 다라니]에는 글은 적지만 많은 의
미를 담는 것을 좋아하여 잘 이해한다"고 하였다. 따라서 〈회향게〉 전반
부 두 구절은 제1장 마지막 문장에서 "이 논은 여래께서 설하신 광대하
고 깊은 법의 한없는 뜻을 총괄하여 담아내고자 하기 때문에, 이 논을 말

해야 한다"와 연결되는 말이다.

　　이 논을 지은 이유는, "중생으로 하여금 모든 괴로움을 벗어나고 궁극의 즐거움을 얻게 하고자 하는 것"이였다. 따라서 이 논을 지은 공덕을 널리 일체중생계로 회향하여 이롭게 하고자 한다. 〈회향게〉 후반부 두 구절이 이에 해당한다. 이 구절에는, 중생들이 의심과 그릇된 집착을 버리고, 진여에 대한 올바른 신심을 일으키고, 신심을 바탕으로 수행하여 진여삼매를 성취한 뒤, 진여삼매로써 보리도에 이르게 하고자, 법성이 지니고 있는 본래 공덕 그대로 중생에게 온전히 돌려주고자 하는 염원을 담고 있다.

> 모든 부처님의 매우 깊고 광대한 뜻을
>
> 제가 이제 분단[분(分)]에 따라 총지(總持)로 설명하였으니,
>
> 법성과 같은 이러한 공덕을 회향하여
>
> 널리 일체중생계를 이롭게 하고자 합니다.

『대승기신론』 우리말 번역을 통해
전체 흐름 속에서 논에 대한 필자의 생각을 살펴볼 수 있고,
필자의 설명에 공감할 수 있으리라.
원효 스님의 『대승기신론소』를 중심으로 목차를 나누었다.

『대승기신론』 우리말 번역

부 록

『대승기신론(大乘起信論)』

마명 보살 지음
양 천축 삼장법사 진제 한역

Ⅰ. 귀경게

목숨 바쳐 귀의합니다, 온 시방에서

가장 뛰어난 업과 두루 한 지혜를 갖추고

색신(色身)은 걸림 없이 자재하며

세상을 구제하는 대비하신 분〈불보〉과

아울러 저 몸의 체(體)와 상(相)인

법성 진여의 바다〈법보〉와

무량한 공덕을 갖춘 이의

여실한 수행 등〈승보〉*에게.

중생으로 하여금

의혹을 제거하고 잘못된 집착을 버리게 하여

대승의 바른 믿음을 일으켜

부처님의 종자를 끊어지지 않게 하고자 하기 때문입니다.

---

* 귀경게를 삼보로 구분하는 견해는 다양하다. 여기서는 원효 스님에 의거한다.

Ⅱ. 본론

논하여 보자.

대승[마하연]의 믿음[신근(身根)]을 일으키는 법이 있다.

그러므로 설명해야 한다.

설명에 다섯 가지 구분이 있다.

다섯 가지는 무엇인가?

첫째, 논을 지은 인연을 설명하는 부분[인연분(因緣分)]이다.

둘째, 논의 주제를 세우는 부분[입의분(立義分)]이다.

셋째, 논의 주제를 해석하는 부분[해석분(解釋分)]이다.

넷째, 신심을 닦아가는 부분[수행신심분(修行信心分)]이다.

다섯째, 이익을 보여 수행을 권하는 부분[권수이익분(勸修利益分)]이다.

제1장 논을 지은 인연을 설명하는 부분[인연분(因緣分)]

먼저 '논을 지은 인연을 설명하는 부분[인연분(因緣分)]'을 설명한다.

묻는다.

"어떤 인연으로 이 논을 지었는가?"

답한다.

"여덟 가지 인연이 있다. 여덟 가지는 무엇인가?

첫째, 모든 인연을 총괄할 수 있는 인연[인연 총상(總相)]이다. 이른바 중생으로 하여금 모든 괴로움을 벗어나고 궁극의 즐거움을 얻게 하고자 하는 것이지, 세간의 명예와 이익 그리고 공경을 구하고자 하는 것은 아니기 때문이다.

둘째, 여래께서 (설한 일체 법문의) 근본 뜻을 해석하여 모든 중생으로 하여금 바르게 이해하여 틀리지 않도록 하기 위해서이다.

셋째, 선근(善根)이 성숙한 중생으로 하여금 대승법[마하연법]을 감당하여 신심이 물러나지 않게 하기 위해서이다.

넷째, 선근이 미진한 중생으로 하여금 신심을 닦아 익히게 하기 위해서이다.

다섯째, 방편을 보여 나쁜 업장(業障)을 없애서 그 마음을 잘 보호하고, 어리석음과 교만을 멀리 떠나 사악한 그물에서 벗어나게 하기 위해서이다.

여섯째, 지관(止觀)의 수행을 보여 범부와 이승이 지니는 마음의 허물을 다스리기 위해서이다.

일곱째, 오로지 염불에 힘쓰는 방편을 보여 부처님 앞에 태어나서 결코 신심이 물러나지 않게 하기 위해서이다.

여덟째, 이익을 보여 수행을 권하기 위해서이다.

이러한 인연이 있기 때문에 논을 지었다."

묻는다.

"경전 가운데 이러한 가르침이 갖추어 있는데, 어찌하여 거듭 설명해야 하는가."

답한다.

"경전 가운데 비록 이러한 가르침이 있지만 중생의 근기에 따른 행위가 같지 않아서 받아 이해하는 조건이 다르다. 이른바 여래께서 세상에 계실 적에는 중생의 근기도 예리하고 설법하는 사람도 색·심의 업이 뛰어나서 원음(圓音)으로 한 번 연설하면 다른 종류의 중생들이 똑같이 이해하므로 논을 필요로 하지 않았다.

여래께서 돌아가신 후에는, 혹 어떤 중생은 자력으로 널리 듣고서 이해하고, 혹은 어떤 중생은 자력으로 적게 듣고서 많이 이해하고, 혹은 어떤 중생은 자기 마음의 힘이 없어서 광범위한 논에 의거하여 이해하고, 또한 어떤 중생은 반대로 광범위한 논에는 글이 많은 것을 번거롭게 여겨서 총지(總持)[요약, 다라니]에는 글이 적지만 많은 의미를 담은 것을 좋아하여 잘 이해한다.

이처럼 이 논은 여래께서 설하신 광대하고 깊은 법의 한없는 뜻을 총괄하여 담아내고자 하기 때문에, 이 논을 말해야 한다."

제2장 논의 주제를 세우는 부분〔입의분(立義分)〕

이미 '논을 지은 인연을 설명하는 부분[인연분(因緣分)]'을 설명하였다.

다음에는 '논의 주제를 세우는 부분[입의분(立義分)]'을 설명한다.

대승[마하연]이란 총괄하여 설명하면 두 가지가 있다.

두 가지는 무엇인가?

첫째, 법(法)[대승법]이다.

둘째, 의(義)[대승의 의미]이다.

이른바 (대승)법이란 중생심(衆生心)을 말한다.

이 마음이 곧 일체 세간법과 출세간법을 포괄한다.

이 마음에 의해 대승의 의미를 나타낸다.

왜 그러한가?

이 마음의 진여상[심진여상(心眞如相)]은 대승의 체(體)를 보이기 때문이고, 이 마음의 생멸인연상[심생멸인연상(心生滅因緣相)]은 대승의 자체(自體)·상(相)[공덕]·용(用)[작용]을 보이기 때문이다.

이른바 의(義)[대승의 의미]에는 세 가지가 있다.

세 가지는 무엇인가?

(대의 의미)

첫째, 체대(體大)이다. 일체법은 진여로서 평등하여 늘지도 줄지도 않기 때문이다.

둘째, 상대(相大)이다. 여래장(如來藏)에 한량없는 성품의 공덕[성공덕(性功德)]을 갖추고 있기 때문이다.

셋째, 용대(用大)이다. 일체 세간과 출세간의 선(善)한 인과(因果)를 잘 생성하기 때문이다.

(승의 의미)

일체 모든 부처님께서 본래 타는 것이기 때문이고, 모든 보살이 모두 이 법을 타고 여래의 경지에 이르기 때문이다.

제3장 논의 주제를 해석하는 부분[해석분(解釋分)]

이미 '논의 주제를 세우는 부분[입의분(立義分)]'을 설명하였다. 다음에는 '논의 주제를 해석하는 부분[해석분(解釋分)]'을 설명한다.

'논의 주제를 해석하는 부분[해석분]'은 세 가지가 있다.

세 가지는 무엇인가?

첫째, 대승의 바른 뜻을 나타냄[현시정의(顯示正義)]이다.

둘째, 그릇된 집착을 다스림[대치사집(對治邪執)]이다.

셋째, 도에 발심 수행하여 나아가는 모습을 분별함[분별발취도상(分別發趣道相)]이다.

제1절 대승의 바른 뜻을 나타냄[현시정의(顯示正義)]

대승의 바른 뜻을 나타냄[현시정의]에 대해 말해보자.

제1항 대승의 뜻을 풀이함

1. 법(대승법)을 해석함

일심법에 의하여 두 가지 문이 있다.

두 가지는 무엇인가?

첫째, 심진여문(心眞如門)이다.

둘째, 심생멸문(心生滅門)이다.

이 두 가지 문이 각각 일체법을 모두 포함하고 있다.

이 의미는 무엇인가?

이 두 문이 서로 여의지 않기 때문이다.

1) 심진여문(心眞如門)

(1) 언설을 떠난 진여[이언진여(離言眞如)]

심진여란 곧 일법계(一法界)의 대총상(大總相) 법문(法門)의 체(體)이다.

이른바 심성은 생겨나지도 않고 사라지지도 않는다. 일체 모든 법은 오직 망념(妄念)에 의해 차별이 있다. 만약 망념을 여의면 일체 경계상은 없다. 그러므로 일체법은 본래부터 말[언설상(言說相)]을 떠나고 글[명자상(名字相)]을 떠나고 마음의 분별[심연상(心緣相)]을 떠난다. 결국 평등하여 변화가 없고 파괴할 수 없다. 오직 일심뿐이다. 그러므로 진여라 이름한다. 일체의 언설은 임시 이름이고 실체가 없으며, 다만 망념을 따른 것으로 그 실체를 얻을 수 없기 때문이다.

진여라 말한 것도 또한 모습이 없다. 이른바 언설의 궁극으로서 말에 의해 말을 버린다. 이 진여의 체는 버릴 만한 것이 없다. 일체법은 모두 다 참되기[진(眞)] 때문이다. 또한 세울 만한 것이 없다. 일체법은 모두 똑같기[여(如)] 때문이다. 마땅히 알라. 일체법은 말할 수 없고 생각할 수 없기 때문에 진여라고 이름한다.

묻는다.

"만약 이와 같은 의미라면 모든 중생들이 어떻게 따라서[수순(隨順)] 들어갈[득입(得入)] 수 있는가?"

답한다.

"비록 일체법을 말한다고 하여도 말하는 자도 없고 말해지는 것도 없으며, 비록 생각한다고 하여도 역시 생각하는 자도 없고 생각되는 것도 없는 줄 안다면, 이를 '따른다[수순]'고 한다. 만약 망념을 여읜다면 '들어간다[득입]'고 한다."

(2) 언설에 의거한 진여[의언진여(依言眞如)]

또한 진여란 언설에 의거하여 분별하면 두 가지 의미가 있다.

두 가지는 무엇인가?

첫째, 여실공(如實空)이다. 궁극적으로 참모습[실(實)]을 나타내기 때문이다.

둘째, 여실불공(如實不空)이다. 무루(無漏)[번뇌 없는] 성품의 공덕을 갖춘 자체가 있기 때문이다.

공(空)이라고 말하는 것은, 본래부터 일체 염법(染法)과 상응하지 않기 때문이다. 이른바 일체법의 차별된 모습을 떠난다. 허망한 분별심[심념(心念)]이 없기 때문이다. 마땅히 알라. 진여의 자성은 모습이 있는 것도 아니고, 모습이 없는 것도 아니고, 모습이 있지 않은 것도 아니고, 모습이 없지 않은 것도 아니고, 있음과 없음 두 모습을 함께 갖춘 것도 아니다. 또한 같은 모습도 아니고, 다른 모습도 아니고, 같은 모습이 아닌 것도 아니고, 다른 모습이 아닌 것도 아니고, 같음과 다름 두 모습을 함께 갖춘 것도 아니다. 나아가 전체적으로 설명한다. 일체중생은 망심(妄心)이 있으므로 찰나찰나 분별하여 모두 (진여와) 상응하지 않기 때문에 (진여를) 공이라 말하지만, 만약 망심을 떠나면 실로 공이라 할 것도 없기 때문이다.

불공(不空)이라 말하는 것은, 이미 법체가 공하여 허망함이 없음을 나타냈기 때문에 곧 이 진심(眞心)은 항상하여 변하지 않고 정법(淨法)을 충만하게 갖추고 있다. 그러므로 불공이라 이름한다. 또한 (진여에는) 취할 만한 모습이 없다. 망념을 떠난 경계는 오직 깨달음과 상응하기 때문이다.

2) 심생멸문(心生滅門)

(1) 염정생멸(染淨生滅)

① 심생멸(心生滅)

심생멸에 대해 말해보자.

여래장에 의지하여 생멸심이 있다. 이른바 불생불멸이 생멸과 더불어 화합하여 같지도 않고 다르지도 않은 것을 아려야식(阿黎耶識)이라고 한다.

이 식에 두 가지 의미가 있어 일체법을 포괄하며, 일체법을 생성한다.

두 가지는 무엇인가?

첫째, 각(覺)의 의미이다.

둘째, 불각(不覺)의 의미이다.

a. 각(覺)의 의미

ⓐ 본각과 시각의 관계

각의 의미라고 하는 것은 심체가 망념을 떠난 것을 말한다. 망념을 떠난 모습이란 허공계와 같아 두루 하지 않는 바가 없어서 법계일상(法界一相)이다. 바로 여래의 평등한 법신이다. 이 법신에 의거하여 본각(本覺)이라 이름한다.

왜 그러한가?

본각의 의미란 시각(始覺)의 의미에 상대해 말한다. 그런데 시각이란 바로 본각과 같기 때문이다. 시각의 의미란, 본각에 의거하기 때문에 불각(不覺)이 있으며 불각에 의거하므로 시각이 있다고 말하기 때문이다.

ⓑ 시각(始覺)

또 마음의 근원[심원(心源)]을 깨달았기 때문에 구경각(究竟覺)이라고 이름하며, 마음의 근원을 깨닫지 못했기 때문에 구경각이 아니다.

이 뜻은 무엇인가?

가령, 범부는 앞 망념에 악을 일으켰다고 깨달아 알기 때문에 뒤 망념을 멈춰 그 (뒤 망념이) 일어나지 않게 할 수 있다. 비록 또한 각(覺)이라고 하지만, 곧 이는 불각(不覺)이기 때문이다.

가령, 이승(二乘)의 관지(觀智)[바른 지혜]와 초발심보살 등은 망념의 달라짐을 깨달아 망념에는 이상(異相)이 없어져 '두드러지게 분별하여 집착하는 모습[추분별집착상(麤分別執着相)]'을 버렸기 때문에 상사각(相似覺)[비슷한 깨달음]이라 이름한다.

가령, 법신보살[초지 이상 십지보살] 등은 망념의 머묾을 깨달아 망념에는 주상(住相)이 없어져 '분별과 두드러진 망념의 모습[분별추념상(分別麤念相)]'을 떠났기 때문에 수분각(隨分覺)[분에 따르는 깨달음]이라고 이름한다.

가령, 보살지(菩薩地)가 다한 경우[등각]에는 방편을 충만하게 갖춰 일념이 (마음 자체와) 상응하고 마음이 처음 일어나는 모습을 깨달아 마음에는 처음 모습[초상(初相)]이 없다. 미세한 망념을 멀리 떠나기 때문에 심성을 보게 되어 마음이 곧 상주(常住)하므로 구경각(究竟覺)이라 이름한다. 그러므로 경전에서 "만약 어떤 중생이 무념(無念)을 본다면 곧 불지(佛智)에 향하게 된다"고 말씀하셨다.

또 (앞에서 '마음이 처음 일어나는 모습을 깨달아'에서) 마음이 일어난다는 것은, 알 만한 처음 모습[초상(初相)]이 없는데도 처음 모습을 안다고 하는 것이니, 곧 무념을 말한다.

그러므로 일체중생[금강유정 이전]을 각(覺)[깨달음]이라고 이름하지 못한다. 본래부터 찰나찰나 상속하여 아직 망념을 여의지 않았기 때문에 무시무명(無始無明)이라 한다. 만약 망념이 없게[무념(無念)] 되면 심상(心相)의 생주이멸(生住異滅)을 안다. (생주이멸은) 무념과 같기 때문이다. 그런데 실로 시각의 차이는 없다. 사상(四相)이 동시에 있으며 모두 자립하지 못하니 본래 평등하여 동일한 각(覺)[진여본각]이기 때문이다.

ⓒ 본각(本覺)

(수염본각(隨染本覺)[염오에 따른 본각])

또한 본각이 염오[염(染)]에 따라 분별하여 두 가지 모습을 내지만, 그 본각과 서로 떨어지지 않는다.

두 가지는 무엇인가?

첫째, 지정상(智淨相)[지혜가 깨끗한 모습]이다.

둘째, 부사의업상(不思議業相)[생각하거나 논의할 수 없는 업의 모습]이다.

지정상이라는 것은, 이른바 법력의 훈습에 의하여 여실히 수행하여 방편을 충만하게 갖춤으로써 화합식상(和合識相)을 깨뜨리고 상속심상(相續心相)을 없애어 법신을 나타내어 지혜가 맑고 깨끗하기 때문이다.

이 뜻은 무엇인가?

모든 심식(心識)의 모습은 모두 무명이지만 무명의 모습이 본각의 성품을 여의지 않으므로 파괴할 수 있는 것도 아니며 파괴할 수 없는 것도 아니다. 가령, 큰 바다의 물은 바람으로 인하여 물결이 일어나는데, 물의 모습과 바람의 모습이 서로 떨어지지 않지만, 물은 움직이는 성질이 아니므로 만약 바람이 그쳐서 없어지면 움직이는 모습은 곧 사라지지만 물의 젖는 성질은 무너지지 않기 때문이다. 이와 같이 중생의 자성청정심(自性淸淨心)은 무명의 바람으로 인하여 움직이는데, 마음과 무명은 모두 형상이 없어서 서로 떨어지지 않지만, 마음은 움직이는 성질이 아니므로 만일 무명이 없어지면 상속은 곧 없어지지만 지혜의 본성은 무너지지 않기 때문이다.

부사의업상이라는 것은, 지혜가 맑아짐에 의하여 모든 뛰어난 경계를 짓는다. 이른바 무량한 공덕의 모습이 항상 끊어짐이 없어서, 중생의 근기에 따라 자연스럽게 상응하여 여러 가지로 나타나서 이익을 얻게 하기 때문이다.

(성정본각(性淨本覺)[자성청정한 본각])

다음에 (자성청정한) 각(覺)의 체상이라는 것은 네 가지 큰 뜻이 있어서 허공과 같고, 맑은 거울과 같다.

네 가지는 무엇인가?

첫째, 여실공경(如實空鏡)[참답게 공한 거울]이다. 모든 마음의 경계상을 멀리 떠나서 나타낼 만한 법이 없다. 깨달아 비추는[각조(覺照)] 뜻이 아니기 때문이다.

둘째, 인훈습경(因熏習鏡)[원인으로 훈습하는 거울]이다. 여실불공(如實不空)을 말한다. 일체 세간의 경계가 모두 그 가운데 나타나지만, 나오지도 않고 들어가지도 않고, 잃지도 않고 깨지지도 않아서, 일심에 항상 머무른다. 일체법이 곧 진실성이기 때문이다. 또 일체 염법이 더럽힐 수 없다. 지혜의 체성은 움직이지 않아서 무루(無漏)[번뇌 없음]를 갖추어 중생을 훈습하기 때문이다.

셋째, 법출리경(法出離鏡)[법이 장애를 벗어난 거울]이다. 불공법이 번뇌애(煩惱礙)[번뇌로 인한 장애]와 지애(智礙)[지혜에 대한 장애]를 벗어나고 화합상을 떠나서 깨끗하고 맑고 밝기 때문이다.

넷째, 연훈습경(緣熏習鏡)[조건으로 훈습하는 거울]이다. 법출리에 의하기 때문에 중생의 마음을 두루 비추어서 선근을 닦도록 하는데 (중생의) 생각에 따라 갖가지 모습을 나타내기 때문이다.

b. 불각(不覺)의 의미

ⓐ 근본불각[무명]

언급한 불각의 뜻에 대해 말해보자. 이른바 진여법이 하나임을 여실히 알지 못하기 때문에 불각의 마음이 일어나서 그 망념이 있게 된다. 망념은 자상이 없어서 본각을 여의지 않는다. 가령 방향에 미혹된 사람은 방향에 의거하기 때문에 미혹하지만, 만약 방향을 떠난다면 미혹함이 없는 것처럼, 중생도 그러하다. 각에 의거하기 때문에 미혹하지만, 만약 각의 성품을 떠난다면 불각이 없다. 불각의 망상심이 있기 때문에 이름과 의미를 알아서 진각(眞覺)이라고 말한다. 만약 불각의 마음을 떠난다면 곧 말할 만한 진각의 자상은 없다.

ⓑ 지말불각[삼세육추]

(세 가지 미세한 불각[삼세불각(三細不覺)])

또한 불각에 의거하기 때문에 세 가지 모습이 생겨나서 저 불각[근본불각]과 상응하여 여의지 않는다.

세 가지는 무엇인가?

첫째, 무명업상(無明業相)이다. 불각에 의거하기 때문에 마음이 움직이니 업이라고 이름한다. 깨달으면 움직이지 않고, 움직이면 괴로움[고(苦)]이 있다. 결과는 원인을 여의지 않기 때문이다.

둘째, 능견상(能見相)이다. 움직임에 의거하기 때문에 본다[능견(能見)]. 움직이지 않는다면 본다는 것도 없다.

셋째, 경계상(境界相)이다. 본다는 것[능견]에 의거하기 때문에 경계가 허망하게 나타난다. 본다는 것[견]을 떠난다면 경계도 없다.

(여섯 가지 두드러진 불각[육추불각(六麤不覺)])

경계의 조건[연(緣)]이 있기 때문에 다시 여섯 가지 모습을 낸다.

여섯 가지는 무엇인가?

첫째, 지상(智相)이다. 경계에 의거하여 좋음[애(愛)]과 좋지 않음[불애(不愛)]을 분별하는 마음이 일어나기 때문이다.

둘째, 상속상(相續相)이다. 지상에 의거하기 때문에 그 고락의 감각을 내니 마음이 망념을 일으켜 상응하여 끊어지지 않기 때문이다.

셋째, 집취상(執取相)이다. 상속에 의거하여 경계를 생각해서 고락에 머물러 마음이 집착을 일으키기 때문이다.

넷째, 계명자상(計名字相)이다. 그릇된 집착에 의거하여 임시로 시설된 명칭과 언설의 모습을 분별하기 때문이다.

다섯째, 기업상(起業相)이다. 이름자[명자(名字)]에 의거하여 이름을 따라가면서 집착하여 여러 가지 업을 짓기 때문이다.

여섯째, 업계고상(業繫苦相)이다. 업에 의거하여 과보를 받아서 자재하지 못하기 때문이다.

마땅히 알라. 무명이 모든 염법을 낸다. 모든 염법은 모두 불각의 모습이기 때문이다.

c. 각과 불각의 같고 다름[동이(同異)]

또한 각과 불각의 두 가지 모습이 있다.

두 가지는 무엇인가?

첫째, 같은 모습[동상(同相)]이다.

둘째, 다른 모습[이상(異相)]이다.

같은 모습[동상]에 대해 말해보자. 가령 여러 가지 질그릇은 모두 똑같은 흙 알갱이 성질의 모습인 것처럼, 이와 같이 무루(無漏)와 무명(無明)의 여러 가지 업환(業幻)[업의 작용으로 들어난 모습]도 다 똑같은 진여 성품의 모습이다. 그러므로 경전 가운데 이 진여의 뜻에 의거하기 때문에 다음과 같이 말씀하셨다. "일체중생은 본래 상주하여 열반에 들어 있다. 보리의 법은 닦을 수 있는 모습이 아니고, 지을 수 있는 모습이 아니니, 끝내 얻을 수 없다. 또한 볼만한 색상이 없지만 색상을 보는 일이 있는 것은, 오직 염오의 업환에 따라 지은 것이지 지혜의 색인 불공(不空)의 성품은 아니다. 지혜의 모습은 볼 수 있는 것이 없기 때문이다."

다른 모습[이상]에 대해 말해보자. 여러 가지 질그릇이 각각 같지 않은 것처럼, 이와 같이 무루와 무명은 염법에 따른 환상[수염환(隨染幻)]의 차별이며 성품이 염오인 환상[성염환(性染幻)]의 차별이기 때문이다.

② 생멸인연(生滅因緣)

a. 생멸의 일어남

다음 생멸인연이라는 것은, 이른바 중생은 마음[심(心)]에 의거하여 의(意)와 의식(意識)이 일어나기 때문이다.

이 뜻은 무엇인가?

ⓐ 다섯 가지 의(5의(五意))

아려야식에 의거하여 무명이 있다고 설명한다.

불각으로 일어나서 능히 보고 능히 나타내고 능히 경계를 취할 수 있어서, 망념을 일으켜 서로 이어지기 때문에 '의(意)'라고 말한다. 이 의는 다섯 가지 이름이 있다.

다섯 가지는 무엇인가?

첫째, 업식(業識)이라 이름한다. 무명의 힘으로 불각의 마음이 움직이기 때문이다.

둘째, 전식(轉識)이라 이름한다. 움직이는 마음에 의하여 능히 보는 모습이기 때문이다.

셋째, 현식(現識)이라 이름한다. 이른바 일체 경계를 나타낸다. 마치 밝은 거울이 색상을 나타내는 것과 같이, 현식도 그러하다. 그 오진(五塵)[색성향미촉]이 상대하여 이르는 것에 따라 곧 나타나서 앞뒤가 없다. 언제나 임의로 일어나서 항상 앞에 있기 때문이다.

넷째, 지식(智識)이라 이름한다. 이른바 염법(染法)과 정법(淨法)을 분별하기 때문이다.

다섯째, 상속식(相續識)이라 이름한다. 망념과 상응하여 끊어지지 않기 때문이다. 과거 한량없는 기간의 선악의 업을 간직하여 잃어버리지 않게 하기 때문에, 또 현재와 미래의 고락 등의 과보를 성숙시켜 어긋남이 없게 하기 때문에, 현재 이미 지나간 일을 문득 생각하게 하고 미래의 일을 갑자기 헛되이 생각하게 한다.

그러므로 삼계(三界)는 허위이며, 오직 마음이 지은 것이다. 마음을 떠나면 육진의 경계는 없다.

이 뜻은 무엇인가?

일체법은 모두 마음으로부터 일어나서 망념으로 생긴다. 일체 분별은 곧 자심(自心)을 분별한 것이고, 마음은 마음을 볼 수 없다. 얻을 만한 모습이 없다.

마땅히 알라. 세간 모든 경계는 모두 중생의 무명 망심에 의거하여 유지된다. 그러므로 일체법은, 얻을 만한 실체가 없는 거울 속의 모습처럼, 오직 마음일 뿐 허망하다. 마음이 생기면 갖가지 법이 생기고, 마음이 사라지면 갖가지 법이 사라지기 때문이다.

ⓑ 의식

다음에 의식을 말해보자. 곧 이 상속식은 모든 범부의 집착이 점점 깊어짐에 의거하여 '나'와 '나의 것'을 그릇되게 헤아리고 갖가지 헛된 집착으로 일에 따라 반연하여 육진(六塵)을 분별하니, 의식이라 이름한다. 또한 분리식(分離識)이라고도 이름한다. 다시 분별사식(分別事識)이라고도 이름한다. 이 식은 견번뇌·애번뇌에 의해 증장하는 뜻이 있기 때문이다.

b. 인연의 체상

ⓐ 인연의 깊음

무명의 훈습에 의거하여 일어난 식이란, 범부가 알 수 있는 것이 아니며, 또한 이승의 지혜로써 깨달을 것도 아니다. 이른바 보살의 경우, 처음 바른 믿음[정신(正信)]에서 발심하고 관찰함으로써 법신을 증득한다면 조금 알게 되며, 보살구경지에 이르러도 다 알 수 없다. 오직 부처님만이 끝까지 다 아신다.

왜 그러한가?

이 마음은 본래부터 자성이 청정하지만, 무명이 있어서 이 무명에 의해 물들게 되어 그 염심이 있다. 비록 염심이 있지만 항상 변하지 않는다. 그러므로 이러한 뜻은 오직 부처님만 아신다.

ⓑ 인연의 차별

이른바 마음의 성품[심성(心性)]은 항상 망념이 없기 때문에 불변(不變)이라 이름한다.

일법계를 알지 못하기 때문에 마음에 상응하지 않아 홀연히 망념이 일어나는 것을 무명이라 이름한다.

염심(染心)은 여섯 가지가 있다.

여섯 가지는 무엇인가?

첫째, 집상응염(執相應染)[집착하는 상응염]이다. 이승의 경우 해탈한 경지, 보살의 경우 신상응지(信相應地)[믿음과 상응하는 지위][10해(十解)]에 의해 멀리 떠나기 때문이다.

둘째, 부단상응염(不斷相應染)[끊이지 않는 상응염]이다. 신상응지에 의거하여 방편을 닦아 점점 버려서 정심지(淨心地)[초지]를 얻고서 마침내 떠나기 때문이다.

셋째, 분별지상응염(分別智相應染)[분별지인 상응염]이다. 구계지(具戒地)[제2지에서 제6지]에 의거하여 점점 떠나며, 나아가 무상방편지(無相方便地)[제7지]에 이르러 마침내 떠나기 때문이다.

넷째, 현색불상응염(現色不相應染)[색을 나타내는 불상응염]이다. 색자재지(色自在地)[제8지]에 의거하여 떠나기 때문이다.

다섯째, 능견심불상응염(能見心不相應染)[능히 보는 마음인 불상응염]이다. 심자재지(心自在地)[제9지]에 의거하여 떠나기 때문이다.

여섯째, 근본업불상응염(根本業不相應染)[근본업인 불상응염]이다. 보살진지(菩薩盡地)[제10지]에 의거하여 여래지에 들어가서 떠나기 때문이다.

(앞에서) 일법계(一法界)의 뜻을 알지 못한다는 것[무명]은, 신상응지로부터 관찰하여 끊는 것을 배우고, 정심지에 들어가 분수에 따라 떠나게 되고, 여래지에 이르게 되어야 마침내 떠나기 때문이다.

상응의 뜻을 말하면, 이른바 심(心)과 염법(念法)[심소법]이 다르고 염·정의 차별에 의해 지상(知相)과 연상(緣相)이 같기 때문이다.

불상응의 뜻이란, 이른바 곧 심(心)에 상즉한 불각은 항상 별다름이 없어서 지상과 연상이 같다고 할 것이 없기 때문이다.

또한 염심의 뜻이란 번뇌애(煩惱礙)[번뇌로 인한 장애]라 이름한다. 진여근본지(眞如根本智)를 장애하기 때문이다.

무명의 뜻이란 지애(智礙)[지혜에 대한 장애]라 이름한다. 세간자연업지(世間自然業智)를 장애하기 때문이다.

이 뜻은 무엇인가?

염심에 의해 능히 보며, 능히 나타내며, 경계를 헛되이 집착하여 평등성을 어기기 때문이다. 일체법은 항상 고요하여 일어나는 모습이 없으나 무명불각이 헛되이 법과 어긋나기 때문에 세간의 모든 경계에 따르는 여러 가지 지혜를 얻을 수 없기 때문이다.

③ 생멸상(生滅相)

또한 생멸상을 분별한다면 두 가지가 있다.

두 가지는 무엇인가?

첫째, 두드러짐[추(麤)]이다. 마음과 더불어 상응하기 때문이다.

둘째, 미세함[세(細)]이다. 마음과 더불어 상응하지 않기 때문이다.

또 두드러짐 가운데 두드러짐[집상응염, 부단상응염]은 범부의 경계이고, 두드러짐 가운데 미세함[분별지상응염]과 미세함 가운데 두드러짐[현색불상응염, 능견심불상응염]은 보살의 경계이고, 미세함 가운데 미세함[근본업불상응염]은 부처님의 경계이다.

이 두 가지 생멸은 무명의 훈습에 의해 있다. 이른바 인(因)에 의거하고 연(緣)에 의거한다. 인에 의거한다는 것은 불각의 뜻이기 때문이고, 연에 의거한다는 것은 경계를 망령되이 짓는 뜻이기 때문이다. 만약 인이 사라진다면 연도 사라진다. 인이 사라지기 때문에 불상응심이 사라지고, 연이 사라지기 때문에 상응심이 사라진다.

묻는다.

"만약 마음이 사라진다면 어떻게 상속하며, 만약 상속한다면 어떻게 '마침내 사라진다'고 말할 수 있겠는가?"

답한다.

"사라진다고 말하는 것은 오직 심상(心相)만 사라진다는 것이지 심체(心體)가 사라진다는 것은 아니다. 가령 바람이 물에 의지하여 움직이는 모습[동상(動相)]이 있다. 만약 물이 없어지면 의지할 것이 없어 바람의 모습[풍상(風相)]이 끊어진다. 물은 없어지지 않으므로 바람의 모습이 상속한다. 오직 바람이 사라지기 때문에 움직이는 모습[동상]이 따라서 사라지지만 물이 사라지는 것은 아니다. 무명도 또한 그러하여 심체에 의지하여 움직인다. 만약 심체가 사라지면 의지할 것이 없어 중생이 끊어진다. 심체가 사라지지 않으므로 마음이 상속한다. 오직 어리석음이 사라지기 때문에 심상이 따라서 사라지지만 심지(心智)[마음의 지혜]가 사라지는 것은 아니다."

(2) 염정훈습(染淨熏習)

① 훈습의 의미

또한 네 가지 법으로써 훈습하는 의미가 있기 때문에 염법(染法)과 정법(淨法)이 일어나 끊어지지 않는다.

네 가지는 무엇인가?

첫째, 정법(淨法)이니, 진여라 이름한다.

둘째, 일체 염법(染法)의 인(因)이니, 무명이라 이름한다.

셋째, 망심(妄心)이니, 업식이라 이름한다.

넷째, 망경계(妄境界)이니, 이른바 육진(六塵)이다.

훈습의 뜻이란, 가령 세간의 옷에 실제로는 향기가 없지만 사람이 향으로 스며들어 배이게[훈습(熏習)] 하기 때문에 곧 향기가 있는 것과 같이, 이것 또한 그러하다. 진여정법에는 실로 더러움[염(染)]이 없지만 다만 무명으로 훈습하기 때문에 곧 더러운 모습[염상(染相)]이 있으며, 무명염법에는 실로 깨끗한 업[정업(淨業)]이 없지만 다만 진여로 훈습하기 때문에 깨끗한 작용[정용(淨用)]이 있다.

② 염법훈습

어떻게 훈습하여 염법을 일으켜 끊어지지 않게 하는가?

이른바 진여법에 의거하기 때문에 무명이 있다. 무명이라는 염법의 인(因)이 있기 때문에 곧 진여를 훈습한다. 훈습하기 때문에 곧 망심이 있다. 망심이 있어서 곧 무명을 훈습하여 진여법을 요달하지 못하기 때문에 불각의 망념이 일어나 망경계를 나타낸다. 망경계라는 염법의 연(緣)이 있기 때문에 곧 망심을 훈습하여 그 (망심)으로 하여금 망념하고 집착하게 하여 여러 가지 업을 지어서 일체 몸과 마음 등의 고통을 받게 한다.

이 망경계훈습의 의미에 두 가지가 있다.

두 가지는 무엇인가?

첫째, 망념을 증장하는 훈습[증장념훈습(增長念熏習)]이다.

둘째, 집취를 증장하는 훈습[증장취훈습(增長取熏習)]이다.

망심훈습의 의미에 두 가지가 있다.

두 가지는 무엇인가?

첫째, 업식의 근본적 훈습[업식근본훈습(業識根本熏習)]이다. 아라한과 벽지불과 일체 보살의 생멸의 괴로움을 받기 때문이다.

둘째, 증장된 분별사식의 훈습[증장분별사식훈습(增長分別事識熏習)]이다. 범부의 업에 얽매인 괴로움을 받기 때문이다.

무명훈습의 의미에 두 가지가 있다.

두 가지는 무엇인가?

첫째, 근본훈습(根本熏習)이다. 업식을 성취한다는 뜻이기 때문이다.

둘째, 일어난 견·애의 훈습[소기견애훈습(所起見愛熏習)]이다. 분별사식을 성취한다는 뜻이기 때문이다.

③ 정법훈습

어떻게 훈습하여 정법(淨法)을 일으켜 끊어지지 않게 하는가?

이른바 진여법이 있기 때문에 무명을 훈습한다. 훈습하는 인·연의 힘에 의해 곧 망심으로 하여금 생사의 괴로움을 싫어하고 열반을 구하기를 좋아하게 한다. 이 망심에 (생사의 괴로움을) 싫어하고 (열반을 구하기) 좋아하는 인·연이 있기 때문에 곧 진여를 훈습하여 스스로 자기의 본성을 믿는다. 마음이 망령되이 움직이는 것일 뿐 앞의 경계가 없음을 알아 멀리 떠나는 법을 닦는다. 앞의 경계가 없음을 여실히 알기 때문에 여러 가지 방편으로 수순하는 행을 일으켜서 집착하지도 않고 망령되이 생각하지도 않는다. 나아가 오랫동안 훈습한 힘 때문에 무명이 곧 사라진다. 무명이 사라지기 때문에 마음에 일어남이 없다. 일어남이 없기 때문에 경계가 따라서 사라진다. 인과 연이 다 사라지기 때문에 심상(心相)이 다 없어지니, '열반을 얻고 자연업(自然業)을 이룬다'고 이름한다.

망심훈습의 의미에 두 가지가 있다.

두 가지는 무엇인가?

첫째, 분별사식훈습(分別事識熏習)이다. 모든 범부와 이승인 등이 생사의 괴로움을 싫어함에 의거하여 힘이 닿는 대로 점차로 무상도(無上道)

에 나아가기 때문이다.

둘째, 의훈습(意熏習)이다. 이른바 모든 보살이 용맹하게 발심하여 속히 열반에 나아가기 때문이다.

진여훈습의 의미에 두 가지가 있다.

두 가지는 무엇인가?

첫째, 진여 자체와 상으로 인한 훈습[자체상훈습(自體相熏習)]이다.

둘째, 진여 작용으로 인한 훈습[용훈습(用熏習)]이다.

진여 자체와 상으로 인한 훈습[자체상훈습]이란, 시작 없는 때로부터 무루법을 갖추고 부사의업을 갖추며 경계의 성품을 짓는다. 이 두 가지 뜻에 의하여 항상 훈습한다. (경(境)·지(智)의 두 가지) 힘이 있기 때문에 중생으로 하여금 생사의 괴로움을 싫어하고 열반을 즐겨 구하여 스스로 자기 몸에 진여법이 있는 줄 믿어 발심하여 수행하게 한다.

묻는다.

"만일 이와 같은 뜻이라면 모든 중생에게 모두 진여가 있어서 똑같이 훈습해야 한다. 어찌하여 믿음이 있기도 하고 믿음이 없기도 하여 한없는 전후의 차별이 있는가? 모두 동시에 스스로 진여법이 있음을 알아서 방편을 부지런히 닦아 똑같이 열반에 들어가야 한다."

답한다.

"진여는 본래 하나이다. 그런데 한량없고 가없는 무명이 있어서 본래부터 자성이 차별되어 두터움과 얇음이 같지 않다. 그러므로 갠지스강의 모래보다 많은 상번뇌(上煩惱)가 무명에 의해 차별을 일으키고, 아견·아애의 염번뇌가 무명에 의해 차별을 일으킨다. 이와 같은 일체 번뇌가 무명에 의해 일어나는데 전후의 한량없는 차별이 있다. 오직 여래만이 이를 알 수 있기 때문이다.

또 (중생이) 모든 불법(을 성취함)에는 원인[인(因)]이 있고 조건[연(緣)]이 있다. 원인과 조건이 갖춰져야 비로소 (불법이) 이루어진다. 가령 나무 가운데 불의 성질이 불의 직접적인 원인[정인(正因)]이지만, 만약 어떤 사람이 알지 못하여 방편을 빌리지 않고 스스로 불이 나서 나무를 태운다고 한다면, 그런 경우는 없다. 중생도 그러하다. 비록 직접적인 원인이 훈습하는 힘은 있지만, 만약 모든 부처님·보살·선지식 등을 만나서 그들을 조건으로 삼지 않는다면, 스스로 번뇌를 끊고 열반에 들어가는 그런 경우는 없다. 만약 바깥 조건의 힘은 있지만 안으로 (원인인) 정법(淨法)에 아직 훈습하는 힘이 없다면, 또한 구경에 생사의 괴로움을 싫어하고 열반을 즐겨 구할 수 없다. 만약 원인과 조건을 갖춘다면, 이른바 스스로 훈습하는 힘이 있고, 또 모든 불보살님 등의 자비 원력으로 보호를 받기 때문에, 생사의 괴로움을 싫어하는 마음을 일으키고 열반이 있음을 믿어 선근을 닦아 익힌다. 선근을 닦는 일이 성숙하기 때문에 모든 불보살님께서 보여주고 가르치는 이익과 기쁨을 만난다. 이에 앞으로 나아가 열반의 도에 향한다."

진여 작용으로 인한 훈습[용훈습]이란, 곧 중생의 바깥 조건[외연(外緣)]의 힘이다. 이러한 바깥 조건에 한량없는 뜻이 있으나 대략 말하면 두 가지가 있다.

두 가지는 무엇인가?

첫째, 차별된 조건[차별연(差別緣)]이다.

둘째, 평등한 조건[평등연(平等緣)]이다.

차별된 조건[차별연]을 말해보자. 어떤 사람이 모든 불보살님 등에 의지하여 처음 마음을 내어 도를 구하기 시작할 때로부터 부처님이 되기에 이르기까지, 그 가운데에서 혹은 보기도 하고 혹은 생각하기도 한다. 혹은 권속·부모·친척이 되며, 혹은 심부름하는 급사가 되며, 혹은 친구가 되며, 혹은 원수가 된다. 혹은 사섭법을 일으키며 나아가 일체 보살이 짓는 한량없는 행위의 조건을 일으킨다. 대비로써 (중생을) 훈습하는 힘을 일으켜 중생으로 하여금 선근을 증장케 하여 혹은 보거나 혹은 들어서 이익을 얻게 하기 때문이다.

이 차별된 조건[차별연]에 두 가지가 있다.

두 가지는 무엇인가?

첫째, 가까운 조건[근연(近緣)]이다. 빨리 제도되기 때문이다.

둘째, 먼 조건[원연(遠緣)]이다. 오랜 시간이 지난 후 제도되기 때문이다.

이 가까운 조건[근연]과 먼 조건[원연], 두 조건을 분별하면 다시 두 가지가 있다.

두 가지는 무엇인가?

첫째, 수행을 증장시키는 조건[증장행연(增長行緣)]이다.

둘째, 도를 받는 조건[수도연(受道緣)]이다.

평등한 조건[평등연]을 말해보자. 모든 불보살님께서 모두 모든 중생을 해탈시키고자 하여 자연스럽게 훈습하여 항상 버리지 않는다. 동체 지혜의 힘으로써 (중생의) 견문(見聞)에 따라 응하여 나타나 업을 짓는다. 이른바 중생은 삼매에 의해 평등하게 모든 부처님을 볼 수 있기 때문이다.

이 체·용의 훈습을 분별하면 또한 두 가지가 있다.

두 가지는 무엇인가?

첫째, 아직 상응하지 않음[미상응(未相應)]이다. 범부와 이승과 초발의보살 등은 의와 의식의 훈습으로 믿음의 힘[신력(信力)]에 의거하기 때문에 수행을 잘 하지만, 체와 상응하는 무분별심을 아직 얻지 못하기 때문이며 용과 상응하는 자재업의 수행을 얻지 못하기 때문이다.

둘째, 이미 상응함[이상응(已相應)]이다. 이른바 법신보살이 (체와 상응하는) 무분별심을 얻고 모든 부처님의 지혜·작용과 더불어 상응하는 (자재업을 얻고), 오직 법력(法力)에 의하여 (제8지 이상 수행에서 공용(功用)이 없기 때문에) 저절로 수행하여 진여를 훈습하고 무명을 소멸하기 때문이다.

④ 훈습의 단절 여부

또한 염법은 시작 없는 때로부터 훈습하여 끊어지지 않다가, 나아가 부처님이 된 후에는 곧 끊어진다. 정법훈습은 곧 미래가 다하도록 끊어지지 않는다.

이 뜻은 무엇인가?

진여법은 항상 훈습하기 때문이다. 망심이 곧 사라지고, (망심이 사라지기 때문에) 법신이 나타나서 용훈습을 일으킨다. 그러므로 끊어짐이 없다.

2. 의(義)〔대승의 의미〕를 해석함

1) 체대·상대를 총괄해서 해석함

또한 진여의 자체·상을 말해보자. 〈체대〉 일체 범부·성문·연각·보살과 모든 부처님에게 증감이 없다. 앞에 생긴 것도 아니고 뒤에 사라지는 것도 아니다. 필경 늘 변함이 없다. 〈상대〉 본래부터 성품이 스스로 일체 공덕을 가득 갖춘다. 이른바 자체에 대지혜광명의 뜻이 있기 때문이며, 법계를 두루 비추는 뜻이 있기 때문이며, 진실하게 아는 뜻이 있기 때문이며, 자성청정심의 뜻이 있기 때문이며, 상락아정(常樂我淨)의 뜻이 있기 때문이며, 청량(淸凉)·불변·자재의 뜻이 있기 때문이다. 이와 같은 갠지스강의 모래보다 많은 불리(不離)·부단(不斷)·불이(不異)·부사의(不思議)한 불법을 갖추고, 나아가 충만하게 갖추어 부족한 바가 없는 뜻이기 때문에 여래장이라 이름하며, 또한 여래법신이라 이름한다.

묻는다.

"진여는 그 체가 평등하여 일체 모습을 떠났다고 위에서 말하였는데, 어찌하여 다시 진여의 체에 이와 같은 여러 가지 공덕이 있다고 말하는가?"

답한다.

"실로 이러한 모든 공덕의 뜻이 있으나, 차별된 모습이 없어서 똑같은 한 맛[일미(一味)]이며 오직 하나의 진여이다. 이 뜻은 무엇인가? 분별이 없어 분별상을 떠난다. 그러므로 둘이 없다. 또한 무슨 뜻으로 차별을 말할 수 있는가? 업식의 생멸상에 의해 보인다. 일체법은 본래 오직 마음뿐이라 실로 망념이 없다. 그런데 망심이 있어서 깨닫지 못하여 망념을 일으켜 모든 경계를 보기 때문에 무명이라 한다. 심성에 (무명이) 일어나지 않는 것이 곧 대지혜광명의 뜻이기 때문이다. 만약 마음이 봄[견(見)]을 일으키면 보지 못하는 모습이 있다. 심성이 봄을 떠나면 곧 법계를 두루 비추는 뜻이기 때문이다. 만약 마음에 움직임이 있으면 진실하게 아는 것이 아니며, 자성이 없으며, 상(常)도 아니고 낙(樂)도 아니고 아(我)도 아니고 정(淨)도 아니고, 번뇌하며, 힘없이 변화하며, 곧 자재하지 못하게 된다. 나아가 갠지스강의 모래보다 많은 망염(妄染)의 뜻을 갖게 된다. 이러한 뜻에 상대하기 때문에, 심성에 움직임이 없으면 갠지스강의 모래보다 많은 모든 깨끗한 공덕상의 뜻을 나타낼 수 있다. 만약 마음에 일어남이 있어 다시 생각할 만한 앞의 법을 본다면 곧 부족한 바가 있게 된다. (그러나) 이러한 정법의 무량한 공덕은 곧 일심이니, 다시 생각할 것이 없다. 그러므로 충만하게 갖추었으니 법신·여래장이라 한다."

2) 용대의 뜻을 별도 해석함

또한 진여의 용을 말해보자. 이른바 모든 부처님께서 본래 수행 단계[인지(因地)]에서 대자비를 일으키고 모든 바라밀을 닦아서 중생을 교화하며, 크나큰 서원을 세워 일체중생계를 모두 해탈시키고자 하여 미래가 다하도록 겁(劫)의 수를 한정하지 않는다. 모든 중생을 돌보기를 자기 몸과 같이 하기 때문이다. 그러면서도 중생상을 취하지 않는다. 이는 무슨 뜻에 의거하는가? 이른바 일체중생과 아울러 자기의 몸이 진여로서 평등하여 다름이 없음을 여실하게 알기 때문이다.

이와 같은 큰 방편지(方便智)가 있기 때문에 무명을 없애고 본래의 법신을 본다. 자연스럽게 부사의업의 여러 가지 작용이 있어, 곧 진여와 더불어 평등하게 모든 곳에 두루 하다. (그러나) 또한 역시 얻을 만한 작용의 모습은 없다. 왜 그런가? 이른바 모든 부처님께서는 오직 법신(法身)의 지혜 모습인 몸이다. 제일의제(第一義諦)에는 세제(世諦)의 경계가 없어 모든 행위를 떠나지만, 다만 중생의 견문에 따라 이롭게 한다. 그러므로 용이라 말한다.

이 용에 두 가지가 있다.

두 가지 무엇인가?

첫째, 분별사식에 의거한다. 범부와 이승의 마음에 보이는 것을 응신(應身)이라 이름한다. 전식이 나타낸 것인 줄 알지 못하기 때문에 밖에서 온 것이라 보고 색의 한계[분제(分際)]를 취하여 (응신이 한량없음을) 다 알지 못하기 때문이다.

둘째, 업식에 의거한다. 이른바 초발의로부터 나아가 보살구경지에 이르기까지 모든 보살의 마음에 보이는 것을 보신(報身)이라 한다. 몸에는 무량한 색이 있고, 색에 무량한 상(相)이 있고, 상에 무량한 호(好)가 있다. 머무는 세상[의과(依果), 기세간]도 무량한 여러 가지 장엄이 있다. 나타내는 바에 따라서 곧 가없고 다함 없어 한계 지어진 모습을 떠난다. 응하는 바에 따라 항상 머물러 훼손되지도 않고 잃지도 않는다. 이러한 공덕은 모두 모든 바라밀 등 무루행의 훈습과 부사의의 훈습으로 성취된 것으로 말미암아 한량없는 즐거운 모습[낙상(樂相)]을 갖추기 때문에 보신(報身)이라고 한다. 또 범부에게 보이는 것은 그 두드러진 색이다. 육도(六道)에 따라 각각 보는 것이 같지 않아 여러 가지 다른 부류이며, 즐거운 모습을 받는 것이 아니다. 그러므로 응신(應身)이라 말한다.

다음, 초발의보살 등[지전보살]에게 보이는 것은, (그들은) 진여법을 깊이 믿기 때문에 적은 부분으로나마 (보신을) 본다. 저 (보신의) 색상과 장엄 등의 일이 옴도 없고 감도 없어 한계를 떠났으며 오직 마음에 의하여 나타날 뿐 진여를 여의지 않음을 안다. 그런데 이 보살은 아직 스스로 분별한다. 아직 법신의 자리[십지보살]에 들어가지 못했기 때문이다. 만약 정심(淨心)[정심지, 초지]을 얻으면 보이는 바가 미묘하여 그 작용이 점점 뛰어나게 된다. 나아가 보살지가 다하는 데에 이르면 (보신을) 보는 일이 구경에 이른다. 만약 업식을 떠나면 곧 보는 모습[견상(見相)]이 없다. 모든 부처님의 법신은 피차 번갈아 보는 색상이 없기 때문이다.

묻는다.

"만약 모든 부처님의 법신이 색상을 떠났다면 어떻게 색상을 나타낼 수 있는가?"

답한다.

"곧 이 법신이 색의 실체이기 때문에 색을 나타낼 수 있다. 이른바 본래 부터 색과 심은 둘이 아니다. 색의 본성이 곧 지(智)이기 때문에 색의 실체에 형체가 없는 것을 지신(智身)이라 이름한다. 지(智)의 본성이 곧 색이기 때문에 법신이 모든 곳에 두루 한다고 말한다. 나타낸 색은 한계가 없다. (보살의) 마음에 따라 시방세계에 무량한 보살과 무량한 보신과 무량한 장엄을 나타낸다. 각각 차별은 있지만 모두 한계가 없어서 서로 방해하지 않는다. 이는 심식(心識)의 분별로 알 수 있는 것이 아니다. 진여의 자재한 용의 뜻이기 때문이다."

제2항 생멸문에서 진여문으로 들어감

다음은 생멸문으로부터 곧 진여문에 들어가는 것을 나타낸다.

이른바 색과 심인 오음을 추구해보자. (색인) 육진경계는 필경 생각할 만한 (모양이) 없다. 심[마음]은 형상이 없어서 시방으로 찾아보아도 끝내 얻을 수가 없다. 가령 사람이 미혹하기 때문에 동쪽을 서쪽이라고 하지만, 방향 자체는 실로 변하지 않는다. 중생도 그러하다. 무명으로 미혹하기 때문에 마음을 망념이라 하지만 마음은 실로 움직이지 않는다. 만약 관찰하여 마음에 망념이 없는 줄 알면 곧 수순하여 진여문에 들어가기 때문이다.

제2절 그릇된 집착을 다스림〔대치사집(對治邪執)〕

제1항 그릇된 집착과 아견

그릇된 집착을 다스림에 대해 말해 보자.

일체 그릇된 집착은 모두 아견(我見)에 의거한다. 만약 아(我)를 떠나면 곧 그릇된 집착은 없다.

이 아견에 두 가지가 있다.

두 가지는 무엇인가?

첫째, 인아견(人我見)이다.

둘째, 법아견(法我見)이다.

제2항 그릇된 집착을 다스려 떠남

1. 인아견(人我見)

인아견에 대해 말해보자.

모든 범부에 의해 (인아견은) 다섯 가지가 있다고 한다.

다섯 가지는 무엇인가?

첫째, 경에서 "여래 법신이 필경 적막하여 허공과 같다"고 하는 말을 듣고, 이것이 (중생들이 부처님의 몸에 모습[상]이 있다고 여기는) 집착을 깨뜨리기 위한 것인 줄 모르기 때문에 곧 '허공이 여래성(如來性)'이라 여긴다. 어떻게 (이 견해를) 다스리는가? (다음과 같이) 밝힘으로써 (다스린다.) 허공의 모습은 망법(妄法)이며 실체가 없어 참되지 못하다. 그렇지만 색에 대비되기 때문에 볼만한 모습이 있어 마음으로 하여금 생멸하게 한다. 일체 색법은 본래 마음이고 실로 (마음) 밖의 색은 없다. 만약 밖의 색이 없다면 곧 허공의 모습도 없다. 이른바 일체 경계는 오직 마음이 망령되게 일어나기 때문에 있다. 만약 망령된 움직임을 떠나면 일체 경계가 사라지고, 오직 하나의 진심(眞心)이 두루 하지 않은 바가 없다. 이를 여래의 광대한 본성의 지혜인 구경의 뜻이라고 한다. 허공의 모습과 같은 것은 아니기 때문이다.

둘째, 경에서 "세간의 모든 법은 끝내 체가 공하고 나아가 열반·진여의 법도 끝내 공하다. 본래부터 스스로 공하여 일체 모습을 떠났다"고 하는 말을 듣고, 이것이 집착을 깨뜨리기 위한 것인 줄 모르기 때문에 곧 '진여·열반의 본성은 오직 공'이라 여긴다. 어떻게 (이 견해를) 다스리는가? (다음과 같이) 밝힘으로써 (다스린다.) 진여법신은 자체가 공하지 않다. 무량한 성공덕(性功德)을 갖추고 있기 때문이다.

셋째, 경에서 "여래장은 증감이 없어서 자체에 일체 공덕의 법을 갖추었다"고 하는 말을 듣고, 이해하지 못하기 때문에 곧 '여래장에는 색법·심법 자상의 차별이 있다'고 말한다. 어떻게 (이 견해를) 다스리는가? 오직 진여의 뜻에 의거하여 (위의 경전 구절을) 말하였기 때문이다. 생멸하는 염법(染法)의 뜻에 의해 나타남을 차별이라고 말하기 때문이다.

넷째는, 경에서 "모든 세간의 생사 염법은 다 여래장에 의해 있으므로 일체 모든 법은 진여를 여의지 않는다"고 하는 말을 듣고, 이해하지 못하기 때문에 '여래장 자체에 일체 세간의 생사 등의 법을 갖추었다'고 말한다. 어떻게 (이 견해를) 다스리는가? 여래장은 본래부터 갠지스강의 모래보다 많은 모든 깨끗한 공덕만이 있어 여의지도 않고 끊어지지도 않아 진여의 뜻과 다르지 않기 때문이다. 갠지스강의 모래보다 많은 번뇌의 염법은 오직 허망하게 있으며 그 자성은 본래부터 없어서 시작 없는 때로부터 일찍이 여래장과 상응하지 않기 때문이다. 만약 여래장 자체에 망법이 있지만 깨달아 영원히 망법을 쉬게 한다면, 그것은 있을 수가 없다.

다섯째, 경에서 "여래장에 의거하기 때문에 생사가 있고, 여래장에 의거하기 때문에 열반을 얻는다"고 하는 말을 듣고, 이해하지 못하기 때문에 '중생은 시작이 있다'고 하고, 시작을 여기기 때문에 또한 '여래께서 얻은 열반은 끝이 있어서 다시 중생이 된다'고 말한다. 어떻게 (이 견해를) 다스리는가? 여래장은 처음이 없기 때문에 무명의 모습도 시작이 없다. 만약 삼계 밖에 또 처음 생겨나는 중생이 있다고 한다면 곧 이는 외도 경전의 말이다. 또 여래장은 끝이 없다. 모든 부처님께서 얻은 열반은 그 (여래장)과 상응하여 곧 끝이 없기 때문이다.

2. 법아견(法我見)

법아견에 대해 말해보자.

이승의 둔한 근기[둔근(鈍根)]를 대상으로 하기 때문에 여래께서는 다만 인무아(人無我)만을 말씀하셨다. 따라서 하신 말씀은 구경이 아니다. 그런데 오음의 생멸법이 있음을 보고 생사를 두려워하고 열반을 망령되게 취하려 한다. 어떻게 (이 견해를) 다스리는가? 오음법은 자성이 생겨나지 않으니, 곧 사라짐도 없다. 본래 열반이기 때문이다.

제3항 그릇된 집착을 마침내 다 떠남

다음에 그릇된 집착을 마침내 다 떠남에 대해 말해보자.

마땅히 알라. 염법과 정법은 모두 서로 의지하여 말할 만한 자상이 없다. 그러므로 일체법은 본래부터 색도 아니고 심도 아니고 지(智)도 아니고 식도 아니고 유(有)도 아니고 무(無)도 아니어서 끝내 그 모습을 말할 수 없다. 그런데 언설이 있는 것은, 마땅히 알라, 여래의 묘한 방편으로 언설을 빌어 중생을 인도하는 것이다. 그 취지는 모두 망념을 떠나 진여에 돌아가게 하기 위한 것이다. 일체법을 생각하면 마음을 생멸하게 하여 참된 지혜에 들어가지 못하기 때문이다.

제3절 도에 발심 수행하여
나아가는 모습을 분별함〔분별발취도상(分別發趣道相)〕

도에 발심 수행하여 나아가는 모습을 분별한다〔분별발취도상(分別發趣道相)〕는 것은, 이른바 일체 모든 부처님께서 증득하신 도에 일체 보살이 발심 수행하여 나아가는 뜻이기 때문이다.

발심을 대략 말하면 세 가지가 있다.

세 가지는 무엇인가?

첫째, 믿음을 성취하여 발심하는 것[신성취발심(信成就發心)]이다.

둘째, 이해하고 수행하여 발심하는 것[해행발심(解行發心)]이다.

셋째, 증득하여 발심하는 것[증발심(證發心)]이다.

제1항 믿음을 성취하여 발심하는 것〔신성취발심(信成就發心)〕

믿음을 성취하여 발심하는 것[신성취발심]에 대해 말해보자.

어떤 사람에 의해 어떤 수행법을 닦아서 믿음을 성취하여 발심을 감당할 수 있는가?

이른바 부정취(不定聚) 중생의 경우, (여래장 내의) 훈습의 힘과 (앞서 닦은) 선근의 힘이 있기 때문에 업의 과보를 믿고 십선(十善)을 일으킨다. 생사의 괴로움을 싫어하고 무상보리를 구하고자 하며, 여러 부처님을 만나 직접 받들어 공양하고 신심을 수행한다. 일만 겁을 지나서 신심이 성취된다. 그러므로 여러 불보살님께서 가르쳐서 발심하게 하거나, 혹은 대비에 의해 스스로 발심하거나, 혹은 정법이 장차 소멸하려고 하기 때문에 법을 지키고자 하는 인연으로 스스로 발심한다. 이와 같이 신심이 성취되어 발심한 사람은 정정취(正定聚)에 들어가 끝내 물러나지 않는다. 이를 여래종(如來種) 가운데 머물러 직접적인 원인[정인(正因)]과 상응한다고 한다.

만약 어떤 중생은 선근이 매우 적어 아득히 먼 옛날부터 번뇌가 매우 두텁다면, 비록 부처님을 만나 역시 공양하게 되더라도 인천(人天)의 종자를 일으키거나 혹은 이승의 종자를 일으킨다. 설사 대승을 구하는 자가 있더라도 근기가 결정되지 않아서 혹은 나아가고 혹은 물러난다. 혹 여러 부처님께 공양하여 일만 겁이 지나지 않아서 중도에 연(緣)을 만나 또한 발심한다. 이른바 부처님의 모습을 보고 발심하거나, 혹은 여러 스님에게 공양함으로 인해 발심하거나, 혹은 이승인의 가르침에 의해 발심하거나, 혹은 다른 사람에게 배워 발심한다. 이와 같은 발심은 모두 결정되지 않았기 때문에 나쁜 인연을 만나면 혹은 물러나서 이승(二乘)의 지위로 떨어지기도 한다.

다음에 믿음을 성취하여 발심하는 것이란, 어떤 마음을 일으키는가?

대략 말하자면 세 가지가 있다.

세 가지는 무엇인가?

첫째, 직심(直心)[곧은 마음]이다. 진여법을 바르게 생각하기 때문이다.

둘째, 심심(深心)[깊은 마음]이다. 일체 모든 선행을 모으기를 좋아하기 때문이다.

셋째, 대비심(大悲心)이다. 모든 중생의 괴로움을 뽑아주고자 하기 때문이다.

묻는다.

"법계는 하나의 모습이며 부처님의 체는 둘이 없다고 위에서 말하였는데, 무슨 까닭으로 오직 진여만을 생각하지 않고 다시 모든 선행을 배우려고 하는가?"

답한다.

"비유하자면, 큰 마니보는 체성이 맑고 깨끗하지만, 광석의 때가 있다. 만약 사람이 마니보의 체성을 생각하면서도 방편으로써 갖가지로 갈고 다듬지 않으면 끝내 깨끗해질 수 없다. 이와 같이 중생의 진여법도 그 체성이 텅 비고 깨끗하지만, 한량없는 번뇌의 더러운 때가 있다. 만약 사람이 비록 진여를 생각하지만 방편으로써 갖가지로 훈습하여 닦지 않으면 또한 깨끗해질 수가 없다. 때가 한량없어 일체법에 두루 하기 때문에 일체 선행을 닦아서 다스린다. 만약 사람이 일체 선법을 수행하면 절로 진여법에 돌아가 따르기 때문이다.

방편을 대략 설명하자면 네 가지가 있다.

네 가지는 무엇인가?

첫째, 행의 근본이 되는 방편[행근본방편(行根本方便)]이다. 이른바 일체법은 자성이 생겨나지 않음을 보고서 그릇된 견해를 떠나 생사에 머물지 않고, 일체법은 인연으로 화합하여 업과(業果)를 잃지 않음을 보고서 대비를 일으켜 여러 복덕을 닦아 중생을 교화하여 열반에 머물지 않는다. 법성은 머묾이 없다는 것을 따르기 때문이다.

둘째, 능히 그치게 하는 방편[능지방편(能止方便)]이다. 이른바 부끄러워하고 허물을 뉘우쳐서 모든 악법을 그쳐서 증장하지 않게 한다. 법성은 모든 허물을 떠난다는 것을 따르기 때문이다.

셋째, 선근을 일으켜 증장시키는 방편[발기선근증장방편(發起善根增長方便)]이다. 이른바 삼보께 부지런히 공양하고 예배하며, 모든 부처님을 찬탄하고 따라 기뻐하며 가르침을 권하여 청한다. 삼보를 애경하는 따뜻한 마음 때문에 믿음이 증장되어, 나아가 무상의 도에 뜻을 두어 구한다. 또 불법승의 힘으로 보호받아 업장을 녹이고 선근이 물러나지 않는다. 법성은 어리석음의 장애를 떠난다는 것을 따르기 때문이다.

넷째, 대원으로 평등하게 하는 방편[대원평등방편(大願平等方便)]이다. 이른바 미래가 다하도록 일체중생을 교화, 제도하여 남김없이 모두 무여열반(無餘涅槃)에 들도록 발원한다. 법성은 끊어짐이 없다는 것을 따르기 때문이다. 법성은 광대하여 모든 중생에게 두루 하여 평등하고 둘이 없어서 피차를 생각하지 않고 구경에 적멸하기 때문이다."

보살은 이 마음을 내기 때문에 조금이나마 법신을 보게 된다. 법신을 보기 때문에 그 원력에 따라서 여덟 가지로 나타내어 중생을 이롭게 한다. 이른바 도솔천으로부터 내려오고, 모태에 들어가고, 모태에 머물고, 모태에서 나오고, 출가하고, 성도하고, 법륜을 굴리고, 열반에 든다. 그런데 이 보살을 아직 법신이라 하지 않는다. 과거 한량없는 때로부터 유루업을 끊어버리지 못하고 그 태어나는 바에 따라서 미세한 고통과 상응한다. (그렇다고) 역시 업에 묶인 것은 아니다. 대원(大願)의 자재한 힘이 있기 때문이다. 가령 경전 가운데 혹은 "악취에 물러나 떨어짐이 있다"고 말한 것은 사실 물러나 떨어지는 것이 아니다. 다만 초학(初學)보살로서 아직 정위(正位)에 들지 않았는데 게으른 자를 위해 두려워하여 용맹하게 하고자 하기 위한 것이다. 또 이 보살은 한 번 발심한 후에는 겁약한 마음을 멀리 떠나서 이승의 지위에 떨어지는 것을 끝내 두려워하지 않는다. 가령 무량무변한 아승기겁 동안 어려운 수행을 부지런히 닦아야만 열반을 얻는다는 말을 듣더라도 겁내지 않는다. 일체법은 본래부터 그 자체로 열반임을 믿어 알기 때문이다.

제2항 이해하고 수행하여 발심하는 것〔해행발심(解行發心)〕

이해하고 수행하여 발심하는 것[해행발심]에 대해 말해보자.

이는 더욱 뛰어나다는 것을 알아야 한다. 이 보살은 처음 정신(正信)[발심주]으로부터 첫 번째 아승기겁(의 수행)이 가득 차려 하기 때문에 진여법에 대한 깊은 이해가 앞에 나타나서 닦는 바에 대해 모습[상(相)]을 떠난다. 법성의 체는 인색함과 탐냄이 없는 줄 알기 때문에 수순하여 보시바라밀[단바라밀]을 수행한다. 법성은 물들어 더럽혀짐이 없어 오욕(五欲)의 허물을 떠난 줄 알기 때문에 수순하여 지계바라밀[시라바라밀]을 수행한다. 법성은 괴로움이 없어 성내고 괴로워함을 떠난 줄 알기 때문에 수순하여 인욕바라밀[찬제바라밀]을 수행한다. 법성은 몸과 마음의 모습이 없어 게으름을 떠난 줄 알기 때문에 수순하여 정진바라밀[비리야바라밀]을 수행한다. 법성은 항상 안정되어 그 체에는 산란함이 없는 줄 알기 때문에 수순하여 선정바라밀[선바라밀]을 수행한다. 법성은 체가 밝아서 무명을 떠난 줄 알기 때문에 수순하여 반야바라밀을 수행한다.

제3항 증득하여 발심하는 것[증발심(證發心)]

증득하여 발심하는 것[증발심]에 대해 말해보자.

정심지(淨心地)로부터 보살구경지에 이르기까지 어떤 경계를 증득하는가? 이른바 진여이다. 전식에 의거하여 경계라고 말하지만 이 증득은 경계가 없고 오직 진여지(眞如智)뿐이므로 법신이라 이름한다. 이 보살은 일념 사이에 시방의 남김 없는 세계에 이르러 모든 부처님께 공양하여 법륜 굴리기를 청한다. 오직 중생을 개도(開導)하여 이롭게 하기 위해서이지, 문자[미묘한 말씀을 듣고자 함, 칭찬]를 위해서가 아니다. 혹은 단계[지(地)]를 건너뛰어 빨리 정각을 이루는 것을 보인다. 겁약한 중생을 위해서이다. 혹은 "나는 한량없는 아승기겁 동안 불도를 이룬다"고 말씀하신다. 게으르고 교만한 중생을 위해서이다. 이와 같이 불가사의한 무수한 방편을 보이지만, 실로 보살은 종성의 근이 동등하고, 발심이 곧 동등하고, 증득한 것도 역시 동등하여 벗어나는 경우는 없다. 모든 보살이 모두 다 삼아승기겁을 거치기 때문이다. 다만 중생 세계가 같지 않고 보는 것과 듣는 것에 대해 능력[근(根)]·바람[욕(欲)]·성품이 다름에 따라 수행을 보여주는 데도 차별이 있다.

또 이 보살이 발심하는 모습에는 세 가지 마음의 미세한 모습이 있다.

세 가지는 무엇인가?

첫째, 진심(眞心)이다. 분별이 없기 때문이다.

둘째, 방편심(方便心)이다. 자연스럽게 두루 행하여 중생을 이롭게 하기 때문이다.

셋째, 업식심(業識心)이다. 미세하게 일어나고 사라지기 때문이다.

또 이 보살은 공덕이 다 이루어져 색구경처에서 모든 세간 가운데 가장 높고 큰 몸을 보인다. 이른바 일념 상응의 지혜로써 무명이 단박에 없어지니 일체종지(一切種智)라 이름한다. 자연스럽게 불가사의한 작용[부사의업(不思議業)]이 있어 시방에 나타내어 중생을 이롭게 한다.

묻는다.

"허공이 가없기 때문에 세계가 가없으며, 세계가 가없기 때문에 중생이 가없으며, 중생이 가없기 때문에 마음 작용[심행(心行)]의 차별도 또한 가없다. 이와 같은 경계는 한계 지을 수 없어서 알기 어렵고 이해하기 어렵다. 만약 무명이 끊어진다면 심상(心想)이 없는데, 어떻게 알기에 일체종지라 이름하는가?"

답한다.

"일체 경계는 본래 일심이라 상념을 떠난다. 중생은 경계를 헛되게 보기 때문에 마음에 한정됨이 있으며, 상념을 헛되게 일으켜서 법성과 일치하지 않기 때문에 분명히 알지 못한다. 모든 부처님께서는 망견·망상을 떠나서 두루 하지 않는 것이 없다. 마음이 진실하기 때문에 곧 이것이 모든 법의 본성이다. 자체로 일체 망법을 환하게 비춘다. (이것이 대지혜의 작용이다.) 대지혜의 작용이 있어서 무량한 방편으로 모든 중생이 응당 이해할 바를 따라서 여러 가지 법의(法義)를 모두 열어 보인다. 그러므로 일체종지라 이름한다."

또 묻는다.

"만약 모든 부처님께서 자연업이 있어서 모든 곳에 나타나 중생을 이롭게 한다면, 일체중생이 혹은 그 부처님의 몸을 보거나 혹은 신비한 변화를 보거나 혹은 그 말씀을 들어 이익이 있어야 한다. 그런데 어찌하여 세간에는 보지 못하는 이가 많은가?"

답한다.

"모든 부처님의 법신은 평등하게 모든 곳에 두루 하다. 의도하지[작의(作意)] 않기에 자연(自然)이라 한다. 다만 중생심에 (의거하여) 나타난다. 중생심이란 마치 거울과 같다. 거울에 만약 때가 있으면, 색상이 나타나지 않는다. 이와 같이 중생심에 만약 때가 있으면 법신이 나타나지 않기 때문이다."

제4장 신심을 닦아가는 부분〔수행신심분(修行信心分)〕

이미 '논의 주제를 해석하는 부분[해석분]'을 설명하였다. 다음에는 '신심을 닦아가는 부분[수행신심분]'을 설명한다. 이 가운데 아직 정정취(正定聚)에 들어가지 못한 중생에 의거하기 때문에 '신심을 닦아 감'을 말한다.

어떠한 신심이며, 어떻게 수행하는가?

제1절 네 가지 믿음〔사신(四信)〕

신심은 대략 말하자면 네 가지가 있다.

네 가지는 무엇인가?

첫째, 근본을 믿는다. 이른바 진여법을 즐겁게 생각하기 때문이다.

둘째, 부처님에게 한량없는 공덕이 있다고 믿는다. 항상 생각하여, 부처님을 가까이하고 공양하고 공경하여, 선근을 일으켜 일체지(一切智)를 구하고자 하기 때문이다.

셋째, 가르침에 큰 이익이 있음을 믿는다. 항상 생각하여, 모든 바라밀을 수행하기 때문이다.

넷째, 승가는 바르게 수행하여 자신도 이롭고 남도 이롭게 한다[자리이타]고 믿는다. 항상 즐겁게 모든 보살을 가까이하여 여실한 수행을 배우고자 하기 때문이다.

제2절 다섯 가지 수행(오행(五行))

수행에 다섯 가지 방편[문(門)]이 있어 이러한 믿음을 이룬다.

다섯 가지는 무엇인가?

첫째 보시문, 둘째 지계문, 셋째 인욕문, 넷째 정진문, 다섯째 지관문이다.

제1항 네 가지 수행

어떻게 보시문[시문(施門)]을 수행하는가?

만약 와서 구하는 이들을 보게 되면 가지고 있는 재물을 힘닿는 대로 줌으로써 스스로 인색과 탐욕을 버리고 그들로 하여금 기쁘게 한다. 만약 재난·공포·핍박을 받는 사람을 보게 되면 자기가 감당할 수 있는 능력에 따라 두려움을 없애준다. 만약 와서 법을 구하는 중생이 있으면 자기가 아는 대로 방편으로 설명한다. 명예·이익·공경을 탐내지 않고, 오직 자리이타를 생각하여 보리에 회향하기 때문이다.

어떻게 지계문[계문(戒門)]을 수행하는가?

이른바 살생하지 않고, 도둑질하지 않고, 음행하지 않고, 이간질[양설(兩舌)]하지 않고, 험한 말[악구(惡口)] 하지 않고, 거짓말[망언(妄言)]하지 않고, 번지르르한 말[기어(綺語)] 하지 않고, 탐욕·질투·속임수·아첨·성냄·사견을 멀리 떠난다. 만약 출가한 자라면 번뇌를 꺾어 누르기 위해 응당 시끄러운 곳을 멀리 떠나고 항상 고요한 곳에 거처하여 소욕(少欲)과 지족(知足)과 두타(頭陀) 등의 수행을 닦는다. 나아가 작은 죄라도 마음에 두려움을 내어 부끄러워하고 뉘우쳐서 여래께서 제정한 금하는 계율[금계(禁戒)]을 가벼이 여기지 않는다. 마땅히 다른 사람이 비웃고 싫어할 만한 일을 하지 않도록 스스로 잘 지켜서 중생으로 하여금 망령되이 (삼보를 비방하는) 허물을 일으키지 않게 해야 하기 때문이다.

어떻게 인욕문[인문(忍門)]을 수행하는가?

이른바 응당 다른 사람이 괴롭히는 것을 참고 마음에 보복을 품지 않는다. 마땅히 이익과 손해, 비방과 칭송, 칭찬과 질책, 괴로움과 즐거움 등의 법을 역시 마땅히 참아야 하기 때문이다.

어떻게 정진문[진문(進門)]을 수행하는가?

이른바 모든 선한 일에 마음이 게으르거나 물러나지 않는다. 굳세고 강하게 뜻을 세워 겁약을 멀리 떠난다. 과거 먼 때로부터 일체 몸과 마음의 큰 고통을 받아 아무런 이익이 없음을 마땅히 생각한다. 그러므로 응당 모든 공덕을 부지런히 닦아 자리이타하여 온갖 괴로움을 떠난다.

또한 혹은 어떤 사람이 비록 신심(信心)을 수행해도 이전 생으로부터 중죄와 악업의 장애가 많기 때문에 삿된 마구니와 여러 귀신에게 괴롭힘을 당하거나, 혹은 세간의 일로 여러 가지로 얽매이거나, 혹은 병고(病苦) 때문에 괴로움을 당하는 등, 이와 같은 많은 장애가 있다. 그러므로 응당 용맹하게 정근하여 밤낮으로 여섯 차례 모든 부처님께 예배하면서 성심으로 참회하고 권청하고 수희하고 보리에 회향하기를 항상 그치지 않아야 한다. (이렇게 하면) 모든 장애를 벗어나고 선근이 증장하기 때문이다.

제2항 지관문(止觀門)

어떻게 지관문을 수행하는가?

이른바 지(止)라 하는 것은, 일체 경계상을 그치는 것이다. 사마타관을 따르는[수순(隨順)] 뜻이기 때문이다.

이른바 관(觀)이라 하는 것은, 이른바 인연생멸상을 분별하는 것이다. 비발사나관을 따르는 뜻이기 때문이다.

어떻게 수순하는가?

이 두 가지[사마타관·비발사나관] 뜻으로써 점점 닦아 서로 여의지 않아서 쌍으로 눈앞에 나타나기 때문이다.

1. 지(止) 수행

만약 지(止)를 닦는다면, 고요한 곳에 머물러 단정하게 앉아서 뜻[목적]을 바르게 해야 한다. 호흡에 의거하지 않고, 형색에 의거하지 않고, 공에 의거하지 않고, 지수화풍에 의거하지 않고, 나아가 견문각지(見聞覺知)[분별]에 의거하지 않는다. 일체 모든 상념을 생각마다 모두 제거한다. 또한 제거한다는 생각마저도 버린다. 일체법은 본래 모습이 없기 때문에 한순간도 생겨나지도 않고 한순간도 사라지지 않는다. 또한 마음을 따라서 밖으로 경계를 생각하지 않는다. 그 후 마음으로 마음을 제거한다. 만약 마음이 치달려 흩어지면 곧 거두어 정념(正念)에 머물게 해야 한다. 이 정념이란 오직 마음뿐이고 바깥 경계가 없음을 알아야 한다. 곧 또한 이 마음도 역시 자상이 없어서 한순간도 얻을 수 없다. 만약 자리로부터 일어나 가거나 오거나 나아가거나 머무는 등의 행위가 있더라도 언제나 항상 방편을 생각하여 수순하고 관찰하여 오래 익혀 익숙하게 되면 그 마음이 머물게 된다. 그 마음이 머물기 때문에 점점 예리해져서 진여삼매에 수순하여 들어가게 된다. 번뇌를 깊이 조복하고 신심이 증장하여 속히 불퇴전의 경지를 이룬다. 오직 의혹·불신·비방·중죄업장·아만이 있고 게으른 사람은 제외한다. 이러한 사람들은 들어갈 수 없다.

또한 이 삼매에 의거하기 때문에 곧 법계가 한 모습임[법계일상(法界一相)]을 안다. 이른바 일체 모든 부처님의 법신은 중생신(衆生身)과 평등하여 둘이 없다. 곧 일행삼매(一行三昧)라 이름한다. 마땅히 알라. 진여가 곧 삼매의 근본이다. 만일 누구든지 (이 삼매를) 수행하면 점점 무량한 삼매를 낸다.

혹 어떤 중생이 선근의 힘이 없으면 모든 마구니와 외도와 귀신에 의해 미혹되어 어지럽게 된다. 만약 좌선 중에 어떤 형체를 나타내어 공포를 일으키거나, 혹은 단정한 남녀 등의 모습을 나타낼 경우, 오직 마음뿐임을 생각해야 한다. 그렇게 되면 경계가 곧 사라져 끝내 괴롭히지 못한다. 혹은 천상(天像)과 보살상을 나타내거나, 또한 상호를 갖춘 여래상을 짓는다. 혹은 다라니를 말하고, 혹은 보시·지계·인욕·정진·선정·지혜를 말하며, 혹은 평등하고 공하고 모습 없고[무상(無相)] 원함 없고[무원(無願)] 원망 없고[무원(無怨)] 사랑 없고[무친(無親)] 원인 없고[무인(無因)] 결과 없어[무과(無果)] 필경 공적함이 참된 열반이라고 말한다. 혹은 사람들에게 전생인 과거 일을 알게 하고, 또한 미래 일도 알게 하고, 타심지를 얻게 한다. 말하는 재주[변재(辯才)]가 막힘이 없어서 중생들로 하여금 세간의 명예나 이익의 일에 탐착하게 한다. 또 사람들로 하여금 자주 화내고 자주 기뻐하게 하여 성품에 일정한 기준이 없게 한다. 혹은 따뜻한 마음이 많게 하고, 잠이 많고 병이 많아서 그 마음이 게으르게 한다. 혹은 갑자기 정진하다가 뒤에 곧 그만두어 불신하는 마음을 내어 의심이 많고 염려가 많게 한다. 혹은 본래의 뛰어난 수행을 버리고 다시 잡스런 업을 닦게 하며, 혹은 세속의 일에 집착하여 갖가지로 얽매이게 한다. 또한 사람으로 하여금 (진여삼매와) 조금 비슷한 여러 삼매를 얻게 한다. 모두 외도에 의해 얻어진 것이지 참다운 삼매가 아니다. 혹은 또한 사람들로 하여금 혹은 하루, 혹은 이틀, 혹은 사흘 내지 이레를 선정 가운데 머물면서 자연스럽게 맛 나는 음식을 얻고 몸과 마음이 상쾌하여 배가 고프지도 않고 목이 마르지도 않게 하여 그것[선정]에 애착하게 한다. 혹은 사람들로 하여금 음식에 일정한 한계가 없게 하여 잠깐 많이 먹다가 잠깐 적게 먹게 하고, 안색을 바뀌게 한다.

이러한 의미 때문에 수행하는 이는 항상 지혜로써 관찰하여 이 마음을 그릇된 그물에 떨어지지 않게 해야 한다. 부지런히 정념(正念)하여 취하지도 않고 집착하지 않으면 이러한 모든 업장을 멀리 떠날 수 있다.

응당 알라. 외도에게 있는 삼매는 모두 (아)견·(아)애·아만의 마음을 여의지 못한다. 세간의 명예와 이익과 공경을 탐착하기 때문이다. 진여삼매란 보는 모습에 머물지 않고 얻는 모습에도 머물지 않으며 나아가 선정에서 벗어난 때[출정(出定)]에도 게으름과 거만함이 없어서 번뇌가 점점 엷어진다. 만약 모든 범부가 이 (진여)삼매법을 닦지 않으면 여래종성에 들어갈 수 있는, 그러한 일은 없다. (왜냐하면) 세간의 모든 선정 삼매를 닦으면 흔히 (거기에) 맛 들어 집착한다. 아견에 의해 삼계에 얽매여 외도의 선정과 함께 하는데, 만약 선지식의 보호를 떠나면 외도의 견해를 일으키기 때문이다.

또한 부지런히 정진하여 전념으로 이 삼매를 닦는 이는 현세에서 열 가지 이익을 얻는다.

열 가지는 무엇인가?

첫째, 항상 시방 모든 불보살님의 보호를 받는다.

둘째, 모든 마구니와 악귀에 의한 공포를 받지 않는다.

셋째, 아흔다섯 가지 외도와 귀신에 의해 미혹되거나 혼란스럽게 되지 않는다.

넷째, 매우 깊은 법에 대한 비방에서 멀리 떠나 중죄의 업장이 점점 엷어진다.

다섯째, 일체 의심과 모든 나쁜 생각[각관(覺觀)]을 없앤다.

여섯째, 여래의 경계에 대한 믿음이 커진다.

일곱째, 근심과 후회를 멀리 떠나 생사 가운데 용맹하여 겁내지 않는다.

여덟째, 그 마음이 부드럽고 온화하여 교만을 버려서 다른 사람으로부터 괴롭힘을 받지 않는다.

아홉째, 비록 선정을 얻지 못했다 하더라도 언제나 모든 경계처에 대하여 번뇌를 줄여서 세간을 즐기지 않는다.

열째, 만일 삼매를 얻으면 바깥 대상[외연(外緣)]의 모든 소리에 놀라지 않는다.

2. 관(觀) 수행

또한 만약 어떤 사람이 오직 지(止)만을 닦으면 곧 마음이 가라앉거나 혹은 게을러지거나 해서 여러 선한 일을 즐기지 않고 대비를 멀리 떠나게 된다. 그러므로 관(觀)을 닦는다.

관(觀)을 닦아 익히는 이는 '일체 세간의 유위법은 오래 머물지 않고 잠깐 동안에 변하여 없어지며 모든 마음의 작용은 찰나찰나 생멸하기 때문에 괴로움[고(苦)]이다'라고 마땅히 살펴야 한다. '과거 생각했던 모든 법은 흐릿하여 분명치 않아서 꿈과 같다'고 살펴야 하며, '현재 생각하는 모든 법은 번개와 같다'고 살펴야 하며, '미래 생각할 모든 법은 구름과 같이 갑자기 일어난다'고 살펴야 한다. '세간의 모든 몸뚱이는 모두 다 깨끗하지 못하고 갖가지로 더러워서 즐거워할 것이 하나도 없다'고 살펴야 한다.

이와 같이 생각해야 한다. '일체중생은 시작 없는 때로부터 모두 무명이 훈습하기 때문에 마음을 생멸하게 한다. (그리하여) 이미 일체 몸과 마음의 큰 괴로움을 받았으며, 현재에도 곧 한량없는 핍박이 있으며, 미래에 받을 괴로움도 한계가 없어서 버리기 어렵고 떠나기 어렵다. 그런데도 이를 깨닫지 못한다. 중생이 이처럼 매우 가엾구나.'

이러한 생각을 하고서 곧 용맹스럽게 대서원을 세워야 한다. '원컨대 제 마음이 분별을 떠나 시방에 두루 하여 일체 모든 선한 공덕을 수행하게 하며, 미래가 다하도록 한량없는 방편으로 고뇌하는 일체중생을 구제하여 열반·제일의락(第一義樂)을 얻게 하여 주소서.'

이러한 원을 일으키기 때문에 언제 어디서나 여러 선행을 자기 능력에 따라 버리지 않고 닦아서 마음에 게으름이 없다.

오직 앉을 때 지(止)에 전념하는 경우를 제외하고는 언제나 행해야 할 것과 행하지 말아야 할 것을 살펴야 한다.

3. 지·관을 함께 닦음

 걷거나 머물거나 눕거나 일어나거나 언제나 지관을 함께 수행해야 한다. 이른바 비록 모든 법의 자성은 생겨나지 않음을 생각하지만, 또한 곧 인연으로 화합한 선악의 업, 고락 등의 과보는 사라지지도 않고 무너지지도 않음을 생각한다. 비록 인연(화합)한 선악의 업보를 생각하지만 또한 곧 자성은 얻을 수 없음을 생각한다. 만약 지(止)를 닦으면, 세간에 대한 범부의 집착을 다스리고 이승의 겁약한 소견을 버릴 수 있다. 만약 관(觀)을 닦으면, 대비를 일으키지 않는 이승의 좁은 마음의 허물을 다스리고 선근을 닦지 않는 범부의 과오를 멀리 떠난다. 이러한 뜻에 의해 이 지·관 두 가지 방편은 함께 서로 도와 이뤄지며 서로 떨어질 수 없다. 만약 지·관이 갖춰지지 않으면 곧 보리의 도에 들어갈 수 없다.

제3절 염불 수행

또한 어떤 중생은 처음 이 법[오행]을 배워서 바른 믿음[정신(正信)]을 구하고자 하지만, 그 마음이 겁약하다. 따라서 이 사바세계에 머물면서 모든 부처님을 만나 친히 받들고 공양하지 못할까 스스로 두려워하고, '신심은 성취하기가 어렵다'고 두려워하며 말하니, 마음에 물러나고자 하는 자이다.

(이러한 자는) 마땅히 알아야 한다. 여래께서는 뛰어난 방편이 있어 신심을 보호한다. 이른바 마음을 오로지 하여 부처님을 생각한 인연으로 원(願)에 따라 타방의 불국토에 태어나 항상 부처님을 친히 뵙고 영원히 악도를 떠난다. 가령 경전에서 말씀하셨다. "만약 어떤 사람이 서방극락세계의 아미타불을 오로지 생각하고 닦은 선근으로 회향하여 저 세계에

태어나기를 원한다면 곧 왕생하여 항상 부처님을 뵙기 때문에 끝내 물러남이 없다." 만약 그 부처님의 진여법신을 관하여 항상 부지런히 닦으면 끝내 왕생하여 정정취에 머물기 때문이다.

제5장 이익을 보여 수행을 권하는 부분〔권수이익분(勸修利益分)〕

이미 '신심을 닦아가는 부분〔수행신심분〕'을 설명하였다. 다음에는 '이익을 보여 수행을 권하는 부분〔권수이익분〕'을 설명한다.

이와 같이 대승이라는 여러 부처님의 비밀스러운 가르침〔비장(秘藏)〕을 내가 이미 모두 설명하였다.

만일 어떤 중생이 여래의 매우 깊은 경계에 대해 바른 믿음을 내어 비방을 멀리 떠나고 대승도에 들고자 한다면, 마땅히 이 논을 가지고 헤아리고〔사량(思量)〕 닦아 익혀라〔수습(修習)〕. 구경에 무상도에 이를 수 있다.

만약 어떤 사람이 이 법을 듣고 나서 겁약한 마음을 내지 않으면, 마땅히 알라, 이 사람은 틀림없이 부처님의 종자를 이어서 반드시 모든 부처님으로부터 수기를 받게 된다.

가령 어떤 사람이 삼천대천세계에 가득한 중생을 교화하여 십선을 행하게 한다 하더라도, 어떤 사람이 한 번 식사하는 시간에 이 법을 바르게 생각하는 것만 못하다. 앞의 공덕보다 뛰어나서 비유할 수가 없다.

또한 만일 사람이 하룻낮 하룻밤 동안이라도 이 논을 받아 지녀서 관찰하고 수행한다면, 공덕은 한량없고 가없어서 이루 다 말할 수가 없다. 가령 시방의 일체 모든 부처님께서 각기 무량무변한 아승기겁 동안 그 공덕을 찬탄하더라도 또한 다할 수가 없다. 왜 그러한가? 이른바 법성의 공덕은 다함이 없기 때문이다. 이 사람의 공덕 역시 이와 같아서 한계가 없다.

어떤 중생이 이 논에 대해 비방하고 불신하면, 죄의 과보로 무량겁을 지나도록 큰 고뇌를 받는다. 그러므로 중생은 다만 우러러 믿어야 하며, 비방해서는 안 된다. 스스로 깊이 해치고 또한 다른 사람도 해쳐서 일체 삼보 종자를 끊기 때문이다. 일체 여래께서 모두 이 법에 의해 열반을 얻기 때문이며, 일체 보살이 이로 인해 수행하여 부처님의 지혜에 들어가기 때문이다.

마땅히 알라. 과거의 보살도 이미 이 법에 의해 청정한 믿음을 이루었고, 현재의 보살도 이제 이 법에 의해 청정한 믿음을 이루며, 미래의 보살도 이 법에 의해 청정한 믿음을 이룬다.

그러므로 중생은 (이 논을) 부지런히 닦고 배워야 한다.

Ⅲ. 회향게

모든 부처님의 매우 깊고 광대한 뜻을
제가 이제 분단[분(分)]에 따라 총지(總持)로 설명하였으니,
법성과 같은 이러한 공덕을 회향하여
널리 일체중생계를 이롭게 하고자 합니다.

참고 문헌

원전

마명 보살, 진제 삼장 역, 『대승기신론』, 대정장32.

마명 보살, 실차난타 삼장 역, 『대승기신론』, 대정장32.

법장 스님, 『대승기신론의기』, 대정장44.

원효 스님, 『대승기신론소·별기』, 한국불교전서1, 동국대출판부, 1979.

지욱 스님, 『대승기신론열망소』, 대정장44.

태현 스님, 『대승기신론내의약탐기』, 한국불교전서3, 동국대출판부, 1980.

저서

고산 스님 편저, 『대승기신론강의』, 보련각, 1988.

명오 스님 옮김, 우익지욱 스님 지음, 『대승기신론열망소』, 민족사, 2010.

목경찬, 『부처님께 다가가는 방법』, 조계종출판사, 2010.

목경찬, 『연기법으로 읽는 불교』, 불광출판사, 2014.

목경찬, 『유식불교의 이해』, 불광출판사, 2012.

무진장 편저, 『대승기신론』, 해성사, 2006.

박인석 옮김, 태현 스님 저, 『대승기신론내의약탐기』, 동국대출판부, 2011.

박태현, 『대승기신론 사상 연구』, 민족사, 1994.

송찬우 옮김, 감산 대사 풀이, 『대승기신론』, 세계사, 1996.

오형근 역, 『대승기신론소병별기』, 대승, 2013.

은정희 역주, 『원효의 대승기신론 소·별기』, 일지사, 2003.

이평래, 『대승기신론 강설』, 민족사, 2014.

지안 스님, 『대승기신론 신강』, 조계종출판사, 2014.

한자경, 『대승기신론 강해』, 불광출판사, 2013.

아카시 에타쓰(明石惠達) 저, 『대승기신론-양역대조 내용분과』, 나가타분쇼도(永田文昌堂), 1956.

대승기신론 입문

불성(佛性)의 믿음으로 가는 길

ⓒ 목경찬, 2018

2018년 11월 30일 초판 1쇄 발행
2025년 4월 18일 초판 3쇄 발행

지은이 목경찬
발행인 박상근(至弘) • 편집인 류지호 • 편집이사 양동민
편집 김재호, 양민호, 김소영, 최호승, 정유리 • 디자인 쿠담디자인
제작 김명환 • 마케팅 김대현, 김대우, 이선호, 류지수 • 관리 윤정안
콘텐츠국 유권준, 김희준
펴낸 곳 불광출판사 (03169) 서울시 종로구 사직로10길 17 인왕빌딩 301호
　　　 대표전화 02) 420-3200 편집부 02) 420-3300 팩시밀리 02) 420-3400
　　　 출판등록 제300-2009-130호(1979. 10. 10.)

ISBN 978-89-7479-486-6 (03220)

값 20,000원